インドの憲法〔新版〕

「国民国家」の困難性と可能性

孝忠　延夫　著
浅野　宜之

関西大学出版部

【本書は関西大学研究成果出版補助金規程による刊行】

まえがき

　インド憲法前文は，「われら，インド国民は（We, the People of India）」で始まる。

　1950年1月26日に施行された，このインド憲法は，100回を超す改正を経て，その「基本構造」をより豊かにし（もちろん，「危機」と呼ばれる時期もあったし，「憲法改正権」の限界を超えると最高裁判所が判断する事例も少なくはなかったが），国民国家インドとインド国民の統一と統合を支えるシンボルとしての役割を果たしてきた。インドの人々が誇りをもって語るものの一つが，この「インド憲法」であることは間違いない。

　「悠久のインド」あるいは「差別と貧困のインド社会」という従来のインド・イメージは，まだ強いのかもしれない。しかし，同時に，「台頭するインド」イメージも急速に広まっているようである。これらのイメージではなく，「実体としてのインド」の現在とこれからを理解する鍵のひとつは，「世界最大の民主主義国」ともいわれるインドの基本的枠組み，基本的あり方を定めるインド憲法といえるだろう。

　1880年，次のように述べた文がある。「1つのインドというものは，いまもかつても存在しない。インドのいかなる国も，ヨーロッパ的な観念におけるような物理的，政治的，社会的そして宗教的な統一体ではない。インドについて，われわれが，最初に，そして最も知らねばならないのは，まさにこの事実なのだ。過去においてインドという国や国民は存在しなかったし，将来もありえないであろう」（J. ストレイチー）。そもそも，20世紀後半に成立する初期のヨーロッパ連合（EU）と同じような面積に，より多様な言語を話す人々が生活するインド亜大陸に一つの国民国家を建設し，維持し，発展させることなど不可能だと考えられていたのである。これを可能にしたのが，インドの人々であり，インド憲法である。インド憲法制定は，「おそらく1787年にフィラデルフィアで開始されて以来の，最も偉大な政治的試みであり，…この栄誉はインド人に帰せられる」（G. オースティン）という評価はあながち誇大ともいえないように思われる。

i

インドは，「ヨーロッパの過去であり，未来でもある」といわれることがある。この「ヨーロッパ」を「日本」に置き換えてみることも出来るだろう。サブタイトルを本書初版で「21世紀国民国家の将来像」とし，本書のそれを「「国民国家」の困難性と可能性」とした所以である。

　本書は，『インドの憲法 21世紀国民国家の将来像』（関西大学出版部，2006年）の新版である。同書で筆者らは，インド憲法の前文，本文，及び附則の全訳を試みたが，本書は，その後の憲法改正（第101次改正まで）を加味して新たに和訳するとともに，読者のインド憲法理解の助けとなるようインド憲法の制定，改正内容，その特徴の叙述を書き改めたものである。

　和訳にあたっては，公式サイト http://www.india.gov.in/my-government/consitution-india に加えて，P.M. Bakshi, *The Constitution of India*, 14th ed., Universal, 2017; Mahendra Pal Singh, *V.N. Shukla's Constitution of India*, 13th ed., EBC, 2017.などを参照した。

　なお，インド憲法和訳中，（　）内は原文にある文言，〔　〕内は訳者が注記した文言である。また，原則として現行条項の数字又は記号が憲法改正（削除）によって抜けている箇所のみその旨明記している。

目　次

まえがき ・・ ⅰ

第一章　インド憲法の制定とその特色 ・・・・・・・・・・・・・・・・・・・ 1
　序 ・・ 3
　Ⅰ．インド憲法の制定 ・・・・・・・・・・・・・・・・・・・・・・・・・・・・・ 4
　Ⅱ．統治の仕組みとその特色 ・・・・・・・・・・・・・・・・・・・・・・・ 9
　Ⅲ．基本的人権の保障とその特色 ・・・・・・・・・・・・・・・・・・・ 24

第二章　インド憲法の基本的特質とインド憲法の改正 ・・・・・・・・ 33
　Ⅰ．インド憲法の基本的特質 ・・・・・・・・・・・・・・・・・・・・・・・ 35
　Ⅱ．インド憲法の改正 ・・・・・・・・・・・・・・・・・・・・・・・・・・・・・ 38

第三章　インド憲法（和訳） ・・・・・・・・・・・・・・・・・・・・・・・・・・・ 77
　前　文 ・・・ 79
　第 1 編　連邦及びその領域 ・・・・・・・・・・・・・・・・・・・・・・・ 79
　第 2 編　市民権 ・・・・・・・・・・・・・・・・・・・・・・・・・・・・・・・・・ 81
　第 3 編　基本権 ・・・・・・・・・・・・・・・・・・・・・・・・・・・・・・・・・ 82
　第 4 編　国家政策の指導原則 ・・・・・・・・・・・・・・・・・・・・・・ 94
　第4A編　基本義務 ・・・・・・・・・・・・・・・・・・・・・・・・・・・・・・・ 98
　第 5 編　連邦 ・・・・・・・・・・・・・・・・・・・・・・・・・・・・・・・・・・・ 99
　第 6 編　州 ・・・・・・・・・・・・・・・・・・・・・・・・・・・・・・・・・・・・・ 137
　第 7 編　第一附則Ｂ編に規定する州〔削除〕 ・・・・・・・・・・ 170
　第 8 編　連邦直轄領 ・・・・・・・・・・・・・・・・・・・・・・・・・・・・・ 170
　第 9 編　パンチャーヤト ・・・・・・・・・・・・・・・・・・・・・・・・・・ 175
　第9A編　自治都市 ・・・・・・・・・・・・・・・・・・・・・・・・・・・・・・・ 182

ⅲ

第9B編	協同組合 ・・・・・・・・・・・・・・・・・・・・	191
第10編	指定地域及び部族地域・・・・・・・・・・・・・・	196
第11編	連邦と州との関係・・・・・・・・・・・・・・・・	197
第12編	財政、財産、契約及び訴訟・・・・・・・・・・・	204
第13編	インド領内における取引、商業及び交通・・・・・・・・	220
第14編	連邦及び州の公務・・・・・・・・・・・・・・・	222
第14A編	審判所・・・・・・・・・・・・・・・・・・・・	230
第15編	選挙・・・・・・・・・・・・・・・・・・・・・	232
第16編	特定階層に対する特別規定・・・・・・・・・・・	234
第17編	公用語・・・・・・・・・・・・・・・・・・・・	243
第18編	非常事態規定・・・・・・・・・・・・・・・・・	247
第19編	雑則・・・・・・・・・・・・・・・・・・・・・	254
第20編	憲法改正・・・・・・・・・・・・・・・・・・・	261
第21編	暫定的、経過的及び特別規定・・・・・・・・・・	262
第22編	略称、施行、ヒンディー語による正文及び廃止・・・・・・	280

第一附則・・・・・・・・・・・・・・・・・・・・・・・・・ 281

第二附則・・・・・・・・・・・・・・・・・・・・・・・・・ 285

第三附則・・・・・・・・・・・・・・・・・・・・・・・・・ 290

第四附則・・・・・・・・・・・・・・・・・・・・・・・・・ 293

第五附則・・・・・・・・・・・・・・・・・・・・・・・・・ 294

第六附則・・・・・・・・・・・・・・・・・・・・・・・・・ 296

第七附則・・・・・・・・・・・・・・・・・・・・・・・・・ 314

第八附則・・・・・・・・・・・・・・・・・・・・・・・・・ 326

第九附則・・・・・・・・・・・・・・・・・・・・・・・・・ 327

第十附則・・・・・・・・・・・・・・・・・・・・・・・・・ 342

第十一附則・・・・・・・・・・・・・・・・・・・・・・・・ 346

第十二附則・・・・・・・・・・・・・・・・・・・・・・・・ 347

あとがき・・・・・・・・・・・・・・・・・・・・・・・・・ 349

第一章　インド憲法の制定とその特色

第一章　インド憲法の制定とその特色

序

　「インドの歴史は，統一と分裂の繰り返しである」と一般的にいわれてきた。また，「多様性のなかの統一」をめざしてきたのがインドの歴史であるともいわれている。1600年，東インド会社の設立以来，イギリスはインドに明確な形で進出し，とりわけ18世紀の後半から19世紀にかけてのイギリスによるインド支配がインド社会の階層的な構造の一面に決定的な影響を与えてきた。多くの場合，イギリス植民地としてのインドは，アジアにおけるイギリス法「移入・移植」のモデルとして紹介・検討されてきた。しかし，インドは，たんなる「受身」の存在ではなかった。コモン・ローをインド社会に適合させつつ成文法化，あるいは社会に内在化させていこうとする試みは，インドからイギリス植民地を中心とした非西欧世界に「再輸出」されていったのである。

　独立の過程でパキスタンが分離・独立していったとはいえ，インドの独立はインドの地に，連邦制を採用する主権在民の民主主義共和国としての統一国家が初めて成立したことを意味した。インド憲法は，このインド共和国（正式名称は「共和国」の入らない「インド」。国内的名称は，「バーラト」である）の基本法として制定され，「世界最大の民主主義国家」の憲法として，幾多の改正を経つつも約70年，一貫して立憲主義と基本的人権保障の準則として機能してきた。多くの危機に遭遇しながらも，立憲主義を堅持してきたことは，現代立憲主義憲法の1つのモデルとしての地位を高めている。インド憲法のこのモデルとしての地位は，現在と将来の国民国家（Nation-State）が当面し，また直面するであろう諸問題への解決と対応を，すでに20世紀半ばに示し得ていたとして，非西欧諸国からのみならず，最近では立憲主義の「母国」を自称する西欧諸国からも評価され始めている。インド憲法は，立憲主義憲法の現在であり，かつ未来を示唆するものでもあろう。

3

Ⅰ．インド憲法の制定

1．インド憲法制定前史

(1) 1861年インド参事会法

19世紀後半には，植民地インドの基本的あり方・統治手法にかかわる「統治法」制定法化の動きが始まる。1858年8月，東インド会社は，すべての権限をイギリス国王に移譲するものとされ，イギリスによるインドの直接統治が始まった。このことにより，インド統治は，イギリス議会での審議対象となり，インド統治の責任者としてインド担当国務大臣がおかれ，その補佐機関としてインド参事会が設置されることとなった(1861年インド参事会法)。インド参事会は，1853年，総督補佐のためにイギリス人だけのメンバーで発足したものだったが，その後人数も増やされ，地方参事会ではその半数はインド政庁関係者以外の民間人とすることが定められた(1909年参事会法)。限られた範囲ではあったが参事会が答申，発議することも徐々に増え，内容によっては法律制定にもかかわるようになっていった。ただ，この1861年法は，一定の状況の下での立法権をインド参事会とは切り離してインド総督に与えていた。

(2) 1919年インド統治法

20世紀は，インド独立に向けての明確な動きが始まった世紀でもあった。

1915年，1861年インド参事会法を廃止する1915年インド統治法が制定され，その後，インド人自身による自治政府設立に向けた，モンタギュー・チェルムズフォード報告に基づく，インド統治に関わる包括的な法律として1919年統治法が制定された(1921年から実施)。この統治法は，インドの統治機構を中央と州とに分け，中央(インド政庁)は，軍事・外交・藩王国・関税・郵政を管轄するものとし，新たに州政庁を設けた。その管轄事項は，留保事項と移管事項とに二分され，総督任命の州知事が留保事項を管轄し，治安維持・司法・財政・地税・灌漑・飢饉などを扱い，知事と州大臣が移管事項，すなわち，教育・農業・地方自治などを扱うものとされた。この制度により，一

4

部の事項については行政参事会が国王に対して責任を負うものとされ，その他の事項については大臣の意見に基づき知事が責任を負うこととなった。

　また，中央と州の両立法府議員の選挙制度が導入され，限定的ではあったが直接選挙制度がおこなわれることとなった。また，1909年モーリー・ミントー改革で採用された宗教別分離選挙制度が維持された。

　州立法参事会については，州により定数が異なっており，たとえば，マドラス127人，ボンベイ111人，ベンガル139人，パンジャーブ93人，アッサム50人などとされた。その20％未満を職務上の議員に充てることが出来，70％以上が選挙による選出議員でなければならないと定められた。その任期は3年であるが，知事はいつでも解散が出来た。

　より徹底した自治を求める人々の運動とそれに対するイギリスの強権的な対応など（ジャリヤーンワーラー・バーグ事件など）により，1919年統治法の施行は遅れ，さらに会議派が州参事会選挙をボイコットしたことなどのため，参事会での支持を十分に得られない者が大臣に指名されるなどの問題が起こった。この統治法が十分に運用されなかったことの理由としては，財政問題，公務員の非協力，管轄事項の分類の困難さ，なども挙げられている。

(3) 1935年統治法

　イギリスは，「自治」をめざすインドの人々の動きに対応し，サイモン委員会構想，英印円卓会議など一連の試みを経て，1935年8月，新たなインド統治法を制定した。この統治法の基本的特徴としては，第1にインド人民の主権を否定していることである。イギリスのインド支配の正当性，合憲性が確認されている。第2に，イギリス領インドと藩王国とからなる連邦制の採用を提起していることである。しかし，諸藩王国の不参加により，この統治法の連邦条項は実施されなかった。第3に，インド総督に中央政府での大きな権限を与え，行政権を総督の手に集中したことである。また，限定的な州自治がイギリス領11州に導入された。しかし，総督が任命する州知事の権限は強大であり，州知事は単独で州議会の議決を無効にすることができた。

　連邦政府については，いわゆる「両頭制」の導入を試みた。政府は，総督

と大臣会議から構成され，総督は，外交，防衛，宗教，部族問題などを除いて大臣会議の諮問を受けて行動することとされていた。また，総督は，その管轄事項に関して総督令を発することができた。総督は，州に対しては総督であり，藩王国に対しては国王の代理人であった。連邦の立法府は，国王（総督が代理），行政参事会，立法参事会から構成された。総督には，立法権，拒否権も与えられていた。連邦裁判所は，デリーに設置され，長官のほか6人以内の裁判官で構成された。連邦裁判所は，州と連邦との，あるいは州などの間の紛争についての第1審管轄権を持つほか，控訴審としての役割を有していた。連邦裁判所の判決について枢密院に上告することもできた。

　11の知事州に関しては，知事の事務処理は，知事に権限が付与された（大臣の諮問を必要としない）事項，大臣の諮問に拘束されない事項，そして大臣の諮問に基づいて処理すべき事項，とに分けられていた。知事には，知事令発布権などにみられるように総督に類似した権限が与えられていた。州の立法府の構成は，それぞれの州により異なっている。6州は両院制であり，5州は1院制をとっている。立法参事会の議員は，宗教別分離選挙での，または各種組織での選挙により選出され，立法院議員は選挙区選挙または任命により選出された。この選挙権には，経済的・教育的資格要件があり，選挙権を持つものは，人口の約14%にすぎなかった。

　1935年法に基づく中央政府の運用は結局実施されなかったが，州については1937年に選挙が実施された。この選挙ではいくつかの州で会議派が多数を占め，大臣会議を構成したが，1939年，ドイツに対する宣戦布告とともに大臣は辞任し，知事が州行政を担当した。

2．インドの独立とインド憲法の制定

(1) インドの独立

　1947年7月15日，インド独立法がイギリス議会を通過し，同月18日に国王の裁可を得た。このことにより，その前年から活動を始めていたインド憲法制定議会（以下「制憲議会」という）は，自動的にインドの最高機関となった。このインド独立法は，次のような内容を有していた。

第一章　インド憲法の制定とその特色

① 　1947年 8 月15日より，インドとパキスタンに完全な自治領としての地位を与えること
② 　イギリス国王は，両自治領の勧告に従って，インドとパキスタンに総督を任命すること
③ 　インド連邦の領土は，分割されたインドの旧イギリス領諸州と，同連邦への参加に同意するインド藩王国とから成ること
④ 　両自治領の議会は，両自治領のための完全な立法権を有すること
⑤ 　制憲議会は，自治領議会によって行使されるすべての権能を行使すること
⑥ 　インド藩王に対するイギリス国王の宗主権は，消滅し，同時にインド藩王に対するインド政庁の至上権も消滅すること
⑦ 　新憲法が制定されるまでは，1935年インド統治法が，一定の読替えをおこなったうえで，インド憲法としての効力を有すること

　独立運動のなかで，インドの人々自身による，新たに建設すべき独立国家インドの基本的あり方を示す「憲法」構想についての論議はもちろん存在していた。しかしながら制憲議会は，内閣使節団のプランにのっとり，1946年11月に設置された。この制憲議会の議員は，間接選挙によって選出されたが，イギリス領インドから選出された296議席の内，会議派は211議席，ムスリム連盟は73議席を占めていた。ただ，パキスタンとの分離・独立の動きの中で，パキスタン制憲議会が1947年 6 月 3 日に設置され，インド制憲議会は再編成を余儀なくされる。この結果，新たな構成のもとでの制憲議会は，同年12月になってから再開された。

（2）インド憲法の制定
　制憲議会の基本目標と性格を明確にするために J. ネルーが提案した『目標決議』が，1947年 1 月22日に採択される。この決議は，憲法制定後も憲法改正理由などの中でしばしば援用されることになるが，制定されるべきインド憲法の基本構造と基本的特質を示すものであった。その概略は，次のようにまとめられよう。

7

① インドは，独立した主権をもつ共和国である。

② イギリス領インド，インド藩王国，その他のインドの領域及び独立主権国インドの構成領域となることを望む領域は，すべてインド連邦を構成するものとする。

③ 前項の各領域は，自治単位としての地位を保持する。

④ 独立主権国家インドの一切の権力及び権威は，インド国民に由来する。

⑤ 社会的・経済的・政治的正義，地位，機会及び法の下の平等，並びに思想・表現・信仰・職業・結社・法と公共道徳にしたがった行為の自由は，保障されなければならない。

⑥ 後進地域及び部族地域におけるマイノリティ，被抑圧階級その他の後進階層に対する適切な保護がなされなければならない。

⑦ 正義及び文明諸国の法にしたがい，共和国の領土保全並びに陸，海及び空への主権は，維持されなければならない。

⑧ この古来の国は，世界において正当で名誉ある地位を与えられ，世界平和の促進，人類の福祉のために充分な衷心からの貢献をおこなうものとする。

1947年8月14日（インド独立前日）招集された制憲議会は，同29日，B.R. アンベードカル以下7人の憲法起草委員会を任命した。同起草委員会は，10月に提出された憲法顧問案を土台に作業を進め，翌1948年2月，全315条及び8附則からなる起草委員会案を制憲議会に提出した。

制憲議会は，2年11ヶ月18日（11会期）にわたって審議をおこない（憲法起草委員会案は，114日審議された），活発な審議（7635の修正案が出され，その内2473が審議の対象となった）を経て，1949年11月26日に可決された。この憲法の一部の条文は即日施行されたが（第5，6，7，8，9，60，324，366，367，372，380，388，391，392，及び339条），その大半は1950年1月26日に施行された。このインド憲法は，以下に紹介する内容と特徴によって注目されるとともに，世界一長文の憲法典であるといわれている（2018年4月1日現在，前文，第1条〜第395条（条文総数466），及び膨大な12の附則によって構成されている）。

参考文献

板倉和裕「インドの制憲政治とB.R. アンベードカル」『南アジア研究』第26号(2015年),
46-72頁

小谷汪之『インド社会・文化史論 「伝統」社会から植民地的近代へ』(明石書店, 2010年)

田辺明生・杉原薫・脇村孝平編『現代インド1多様性社会の挑戦』(東京大学出版会,
2015年)

長崎暢子・堀本武功・近藤則夫編『現代インド3深化するデモクラシー』(東京大学
出版会, 2015年)

堀本武功・広瀬崇子編『現代南アジア③ 民主主義へのとりくみ』(東京大学出版会,
2002年)

ラーマチャンドラ・グハ(佐藤宏訳)『インド現代史1947-2007(上・下)』(明石書店,
2012年)

Ⅱ. 統治の仕組みとその特色

インド憲法の特徴の一つとしてその条文数の多さがあるが, その理由の一
つにインドが連邦制国家であり, 憲法の統治機構に関わる規定にも連邦全体
(中央政府関連)の制度に関する規定と州レベルの制度に関する規定とがある
ことが挙げられる。インド憲法における統治機構に関する規定は, 立法府
(議会), 執行府(大統領・知事及び大臣会議), 司法府(裁判所), 地方制度(農村部
及び都市部), そして税制に大別される。この節では前述の制度に関わる規定
について概観したのち, それぞれについて特徴的な事項について記述する。

1. 連邦制

インドは2018年1月現在29の州および7の連邦直轄領(デリー首都圏を含む)
から構成される, 連邦国家である。29の州は憲法第一附則においてその領域
が定められているが近年でもその再編はなされており, もっとも最近では
2014年にアーンドラ・プラデーシュ州からテランガーナ州が分離した例があ
る。

連邦と州との立法管轄権については, まず第245条において国会はインド
領の全部又は一部について法律を制定することができるとし, 州議会は当該

州の全部又は一部について法律を制定することできると定めている。その上で第246条では国会の立法管轄事項を第七附則第1表に，州議会の立法管轄事項を同附則第2表に，そして国会と州議会の双方が立法管轄権を持つ事項を同附則第3表にそれぞれ掲げている。第1表では防衛，外交，通貨，最高裁判所及び高等裁判所の設置及び構成，会計検査などが列挙され，第2表では治安，公衆衛生，地方政府などが，そして第3表では刑事手続き，婚姻及び離婚，森林，社会保障などが列挙されている。国会が州議会に比べて広い立法管轄権を有することのほかに，大統領が州知事の任命権を持つこと，あるいは第356条に基づいて州政府による統治を停止できることなどをもとに，比較的中央の権限の強い連邦国家であると称される。

　アッサム州など北東部諸州のうちには，「部族地域(Tribal Area)」として憲法第六附則の適用対象となる地域がある。この地域には行政権の付与される県協議会又は地域協議会という名称の組織が置かれ，これは土地，森林，焼畑農業などについての立法権限も認められている。この地域は「自治県」としての位置づけとされているが，第六附則の適用を受けない地域であっても指定部族が多数居住している地域があり，これについては第五附則に基づき「指定地域」と宣言することが認められている。

2．議会

　国会は，上院(ラージャー・サバー：Rajya Sabha)と下院(ローク・サバー：Lok Sabha)により構成されている。憲法第79条では，これらに加えて大統領も国会を構成するものとして名を連ねている。上院は大統領が指名する12人の議員及び238人を超えない人数の各州及び連邦直轄領の代表により構成されることから，連邦制国家における各州代表という位置づけが強くなっている。上院議員は州議会議員による投票で選出される。各州及び連邦直轄領の代表により占められる議席の割合は，憲法第四附則において規定されている(第80条)。最大の人口を抱えるウッタル・プラデーシュ州からは31人の議員が選出されるのに対し，ナガランド州など東北部諸州はそれぞれ1人のみが選出されることとなっている。上院議長は副大統領が職務上務めることとさ

れており，副議長は上院議員の中から選出される(第89条)。下院は州におけ
る選挙区から直接選挙によって選出される530人を超えない議員及び連邦直
轄領を代表する20人を超えない議員，さらにアングロ・インディアン社会を
代表する２人を超えない指名議員により構成される(第81条，第331条)。上院
議員は30歳以上，下院議員は25歳以上でなければならない(第84条)。下院議
長，副議長は下院議員から選出される(第93条)。首相は下院において多数を
占める政党の長が就任することが通例となっている。

　上院は解散されないが，その議員の３分の１は２年の期間が経過するたび
に退職すると規定され，下院は解散される場合を除き，任期は５年とされて
いる(第83条)。

　上院と下院との関係をみると，下院が上院に優越している事項や下院に専
属の権限がみられる。その例として，租税の賦課等に関わる金銭法案の提出
は下院に限定されている(下院に先議権がある)こと(第109条)，法案の審議過程
において両院の意思が異なる場合に設置される合同会議については，構成す
る議員数が下院に属する者の方が多いこと，大臣会議に対する不信任決議は
下院のみがなしうることなどが挙げられる。これに対し，州立法管轄事項に
ついて「国家的利益から国会が法律を制定することが必要又は有益である」
と宣言する権利(第249条)は，州の代表者としての上院の位置づけに関わり，
上院の専権事項とされる。

　法案は，両議院で可決され大統領の認証を得たとき法律になる。大統領は
認証を保留することも可能であるが，再可決の上で大統領の下に提示された
場合は，大統領は再度保留することができないとされている(第111条)。国会
は通常１年に３回の会期(予算会期，モンスーン会期，冬季会期)に分かれて開催
されている。国会ではその事務を遂行するにあたってヒンディー語又は英語
を用いることとされているが(第120条)，国会又は州議会に提出される法案
や，これらが可決する制定法などは英文によるものと定められている(第348
条)。法律案等の議決は原則として議長を除く，出席し投票する議員の過半
数で決定される(第100条)。ただし，憲法改正法案の場合は両議院の総議員の
過半数であり，かつ出席して投票する議員の３分の２以上の多数による可決

11

が必要となる(第368条)。

　州議会は，ウッタル・プラデーシュ州やマハーラーシュトラ州などの人口の多い州においては上院と下院が設けられているが，多くの州では州議会(下院)のみの1院制をとっている。州議会に関する規定の多くは国会に関する規定に類似したものである。ただし州上院に関して，その議員総数は当該州下院の議員総数の3分の1を超えないと規定している点や州上院議員の選挙人に関する規定など，国会上院とは異なった規定を設けている点も見受けられる(第171条)。

　議員は，両議院の議員を兼ねることはできず，国会議員と州議会議員の職を兼ねることもできない(第101条)。議員の欠格事由には連邦政府又は州政府の下で，報酬を受ける職にある者(大臣などは例外とされる)，インド市民でない者などが挙げられているほか，憲法第十附則により欠格とされた者も，上院下院いずれの議員にもなることはできない(第102条)。

　憲法第十附則により欠格とされた者とは，いわゆる脱党防止規定に抵触した者をいう。1967年の第4次国会下院選挙において，それまで支配的であった国民会議派が内部分裂を引き起こした結果，国会下院選挙や州議会選挙で選出された議員が流動的に党籍を変更し，そのため州政権が倒れる事態がしばしば発生したことから脱党防止規定の制定が求められたものである。

　憲法第十附則では，自発的に政党党員としての地位を放棄した場合，政党やその代表者からの指示に反して事前の了承を得ることなく，議院における投票や棄権を行ったりした場合，議員としての資格を喪失するとしている。この第十附則の規定は，1985年脱党防止法に盛り込まれて運用されている。このような脱党防止規定はインドに限られたものではなく，例えば隣国バングラデシュでも同様の規定が設けられている。

　国会下院議員選挙は，小選挙区制により実施される。各州に割り当てられる下院の議席数と州の人口との割合ができる限り均しくなるように各州の議席数を割り当てなければならないとされており，さらに各州は，各選挙区に人口と当該選挙区に割り当てる議席数との割合が，できる限り州内で均しくなるように区分けしなければならないことが規定されている(第81条)。国会

12

第一章　インド憲法の制定とその特色

下院議員選挙をはじめ，州議会議員選挙などの準備や実施の監督を行うのが選挙委員会である。同委員会の委員は法律の定めに基づき大統領がこれを任命する（第324条）。

　国会下院及び州下院において特徴的な事項の一つが，議席の留保である。憲法第330条1項は，国会下院において指定カースト及び指定部族に対して議席の留保をおこなう旨定めている。その上で同条2項では，指定カースト及び指定部族のために留保される議席の数は当該州又は連邦直轄領に割り当てられる議席数に対して，当該州又は連邦直轄領における総人口数に対しての指定カースト又は指定部族の人口の割合にできるだけ均しくなるように定めなければならない旨規定している。州下院においても，国会下院と同様に議席の留保が行われる（第332条）。この留保措置は，指定カーストや指定部族に対して歴史的になされてきた社会的抑圧に対する補償的差別であるとされている。憲法制定当初は，この措置は憲法施行後10年間の時限的なものとされていたが，その後たびたびの憲法改正により10年ずつその期限が延長されてきている（最近では2010年の第95次改正がある）。この留保措置について，弱者層の政治的参加の拡大や被抑圧者層の顕在化といった点から積極的に評価する意見がある一方，この措置によりカーストの永続化につながったという意見や，国民会議派の一党支配に留保議席が活用されてきたという意見など，批判的な見方もまた存在する。いずれにしてもインド憲政において民主主義体制がほぼ継続的に維持されてきた中で，留保議席の存在は周縁化されてきた国民の政治・社会への関わりを考察するにあたり無視することのできないものであったということができる。

3．大統領と大臣会議

　連邦の執行権は，大統領に属する（第53条）。大統領は，国会両議院の被選出議員及び州下院の被選出議員により選出される（第54条）。大統領及び国会上院議長を兼ねる副大統領の任期は，5年とされる（第56条，第67条）。大統領の権能行使を補佐，助言する首相を長とする大臣会議が設置され，大統領は，大臣会議の助言に従いその権能を行使しなければならない（第74条）。首

相は，大統領が任命し，その他の大臣は首相の助言に基づき大統領が任命する（第75条）。なお，前述の脱党防止規定に関連し，いずれかの政党に属する議員が第十附則に基づきその資格を失ったとき，その任期が満了するときなどまで，大臣に任命される資格も有しないとされる（同条1B項）。大臣会議は，国会下院に対し連帯して責任を負う（同条3項）。

政府における法務部門の長とされる者が，法務総裁（Attorney General）である。法務総裁は，大統領が随時付議又は委託する法律事項について政府に助言などするほか，その責務を遂行するためにインド領内のすべての裁判所において聴聞をおこなう権利を有している（第76条）。

州には州知事が置かれ，執行権は州知事に属する（第153条，第154条）。州知事は，大統領により任命される（第155条）。連邦と同様，州にも知事を補佐する大臣会議が置かれる。州首相は州知事が任命し，その他の州大臣は，州首相の助言に基づき知事が任命する（第163条，第164条）。

連邦における大統領も，州における州知事も執行権の長とされているが実質的な政治的権限は首相，州首相を長とする大臣会議にあるとされる。しかし，緊急の事態において大統領令を発することで，それが国会再開6週間経過後には効力を失うとしても，暫定的な立法権をもつケースがしばしばみられる（第123条）。この大統領令による統治の起源はイギリスによる植民地統治期にさかのぼるとされ，銀行の国有化など経済政策に関わるもの，安全保障に関わるもの，国家人権委員会やインド証券取引局など重要な国家機関の設置に関わるものなど，国家的な重要政策において大統領令が先行することによる実施が常態化していることが指摘されている。この意味で大統領令の問題は，インドにおける立法府のあり方，ひいては民主主義と「法の支配」のあり方にも関係するものであるともされている。

4．裁判所

インド憲法における司法に関連する規定は，第5編第4章「連邦司法」第6編第5章「州における高等裁判所」及び同第6章「下級裁判所」の各章に設けられている。まず，第124条で最高裁判所の設置及び構成について規定

14

しており，憲法制定当初は「7人以内の裁判官で構成する」とされていたが，現在では長官を含め31人が定員となっている。また，この条項では最高裁判所裁判官の任免方法及びその資格などについても定められているが，とくに任命手続きについては後述するように司法と政府との間で対立を生み，緊張関係をもたらす重要な事項となっている。最高裁判官の任命に当たっては，同条によれば大統領が最高裁裁判官及び高等裁判所裁判官で必要と認める者との協議のうえで任命することが定められている。しかし実際には，最高裁長官及び数名の最高裁裁判官で構成されるコレージアム（collegium）と呼ばれる会議において推薦候補者が決定され，これが大統領に伝えられて任命される形がとられている。この方式は，高裁裁判官を任命する際にも利用されている（第217条）。コレージアム方式は任命手続きにおいて透明性が欠けているという理由で批判の対象となり，後述する憲法第99次改正と同改正をめぐっての違憲性の議論につながった。この条項のほか，裁判所の組織に関しては記録裁判所としての最高裁判所（第129条）及び高等裁判所（第215条），最高裁判所の所在（第130条），高等裁判所の設置場所（第214条）などが挙げられる。憲法上高等裁判所は各州に設置することが定められているが，一部の高等裁判所は複数の州を管轄している（第231条。例えば東北部の複数州を管轄するグワーハティ高等裁判所など）。下級裁判所については州の立法管轄下にある。したがって，下級裁判所の組織構成は，州によって異なる。

　最高裁判所の管轄権については，インド政府と州政府との間の紛争や州政府間の紛争に関する第1審管轄権（第131条），高等裁判所の裁判に対する上訴裁判権（第132〜134条），上訴特別許可に基づく上訴裁判権（第136条），人権保障のための各種の令状発出権（第32条），その他の目的での令状発出権（第139条），最高裁判所に対する，法律上又は事実上の問題で公的な重要性を有している問題についての大統領の諮問権（第143条），規則制定権（第145条）などが挙げられる。高等裁判所の管轄権については第225条で憲法及び州法の範囲内において，憲法制定当時の管轄権を維持することが定められているほか，一定の令状発出権（第226条），下級裁判所に対する監督権（第227条）などの規定が設けられている。なお，上述の第32条及び第226条に基づき，インド司法

15

においてもっとも有名な訴訟手続きである公益訴訟が提起される。

上記した条項のほか，司法に関わる憲法上の規定としては，公務において司法を執行から分離する措置をとらなければならない旨規定した第50条，司法手続きの全土における行使について規定した第261条などが挙げられる。また，第323A条では行政審判所に関する規定が設けられている。これは公務に就く者の雇用及び服務条件等についての，争訟又は不服申立てに関連して同審判所のなす宣告などについて，国会は法律で定めることができると定めたものである。また，第323B条では租税，外国為替など多様な事項に関する審判所を設置することができる旨規定している。

司法に関わる憲法上の動きとして，近年でもっとも大きなものは，前述した最高裁判所や高等裁判所の裁判官任命等に関わる規定の改正である。これは，司法の独立に関わる問題として，政治部門と司法部との間に緊張関係が生じる契機の一つとなった問題でもある。

5．第99次憲法改正と司法の独立

最高裁判所長官の任命に関しては，1973年のケーサヴァナンダ・バーラティ判決の直後，退任するシークリ長官の後任として，最先任の3人の裁判官を飛び越えてラーイ裁判官が長官に任命され，これに反対する意味を込めて最高裁裁判官が辞任した，いわゆる最高裁長官任命事件が起きている。しかしこの一時期を除いて最高裁判所裁判官の中から，最先任の者が選任されるという「最先任(seniority)の原則」が維持されてきている。これに対して，裁判官の任命手続きに関しては様々な変化があった。

そもそも最高裁などの裁判官の任命に関して最終的な発言権は誰が持つのか，という点については長らく議論の対象となってきた。この問題に大きな変化をもたらしたのが，1982年のいわゆる第1次裁判官事件である。本判決では，最高裁判所や高等裁判所の裁判官の任命について最終的な発言権は誰の下にあるのか，という点を検討したうえで，憲法の規定上最高裁判所長官や高等裁判所長官などは協議する権限を持つのみであり，任命権限は政府にあるとしている。そして，この協議は，合意とは異なり裁判官任命に際して

16

大統領に情報を提供するためのもので，協議の結果に政府は拘束されないと
し，政府が最高裁判所などの裁判官任命にあたって最終的な権限を持つこと
は，民主国家における憲法的習律であるとしている。また，最高裁裁判官の
任命に際して最高裁長官のみならずその他の最高裁裁判官や高裁裁判官との
協議が義務付けられているものの，これらのうち誰と協議するのかについて
は，政府の裁量に委ねられているとも示している。これに対し，1993年のい
わゆる第２次裁判官事件の多数意見では，イギリス統治時代における高等裁
判所裁判官任命手続きからは変化していることをふまえて，政府に絶対的な
権限を与えているものではないとしている。その上で，最高裁長官の最終的
な意見が政府に優越するとしつつ，その意見形成に当たっては先任である同
輩，すなわち最高裁長官に次いで任命された順序の古い裁判官の意見を集約
することになると示している。つまり，第１次裁判官事件と異なり，裁判官
の任命に関して最高裁長官に優越的な地位を認めたこと，任命手続きに関し
ては参加型の協議に基づいて行われるべきことが本判決の重要な点とされ
る。また，本判決では最高裁長官と他の最先任の裁判官により協議がなされ
ることが示されたが，長官以外の裁判官の構成などについては明確に示され
なかった。

　1998年に当時のナラヤナン大統領が憲法第143条に基づき，第２次裁判官
事件で示された裁判官任命手続きにおける最高裁長官の優越的地位の問題に
ついて，法令上の解釈の問題を最高裁判所に諮問したのが第３次裁判官事件
である。その論点は多岐にわたるが，最高裁判所の示した意見においては，
最高裁裁判官などの任命に際して，最高裁長官は４人の最先任の最高裁裁判
官と協議をし，高等裁判所裁判官の任命においては２人の最先任の最高裁裁
判官と協議する必要があること，すなわち最高裁長官の見解のみでは協議を
構成することはできないこと，などを明示した。この最高裁長官及び最先任
の裁判官４人で構成する協議体をコレージアムとし，この協議機関の推薦に
基づいて大統領が任命手続きを進めなければならないことを明確にしたとい
うことができる。

　このように最高裁判所や高等裁判所の裁判官人事については，司法府に大

きな権限が認められてきたが，コレージアム形式に対して不透明性を理由に批判する意見もみられた。こうした意見を背景になされた憲法改正が，2014年の第99次改正である。同改正による最大の変化は，最高裁判所長官及び州高等裁判所裁判官との協議が最高裁裁判官などの任命に当たって必要とされていたところ，第124A条を追加し，同条に定める国家裁判官任命委員会の推薦に基づくものとされた点である。同委員会は，委員長としての最高裁長官，最先任の最高裁裁判官2人のほか，首相や最高裁長官などから構成される会議により指名された者2人，そして連邦司法大臣から構成されると定められた。なお，指名委員のうち1人は指定カースト，指定部族，その他後進諸階層，マイノリティ，又は女性から任命しなければならないとされている（同条1項）。同委員会の職務は，最高裁長官，最高裁裁判官，高等裁判所長官及び高等裁判所裁判官の任命に当たり候補者を推薦すること，高等裁判所長官及び裁判官の異動に当たり推薦することなどとされている（同2項）。

　同委員会の職務の詳細について規定したのが2014年国家裁判官任命委員会法である。同法では，最高裁裁判官の任命に当たり，連邦政府は委員会に空席を照会し，委員会は候補者を推薦すること，高裁裁判官の任命に当たり，委員会は当該高裁長官に意見又は指名を求め，これに基づき候補者を推薦すること，最高裁長官の任命に際しては最先任の原則を尊重すること，大統領は委員会の推薦に基づいて最高裁並びに高裁の長官及び裁判官を任命すること，大統領は当該推薦について再検討を求めることができるが，改めて推薦された場合はこれに従い任命すること，などが定められている。

　しかし，同改正及び2014年国家裁判官任命委員会法について，司法の独立をそこない，違憲ではないかとして公益訴訟が提起された。これがいわゆる第99次改正事件である。最終的に2015年10月16日に出された判決では，これらの改正法及び同委員会法について違憲とするものが4対1の多数を占めた。この判決において同憲法改正を違憲とした根拠が，いわゆる「憲法の基本構造」論であった。すなわち，第99次改正が憲法の基本構造でもある司法の独立を侵害していることから違憲と結論づけたのである。ケーハル最高裁長官の意見では，国家裁判官任命委員会の委員となる裁判官の数が限られて

いることや，連邦司法大臣が委員として入っていることなどが司法の独立を侵害する点として提示されている。本判決に対しては，同じ憲法の基本構造の中でも司法の独立に比べて民主主義体制の方が重要であるという観点から批判する意見などが政府側の要人から出されるなど反発もみられ，政治部門と司法部との緊張関係をより顕在化させるものとなった。しかし，政治の司法化という文脈からインドの政治状況を考える上で重要な論点を提示するものになったということができる。

6．地方自治

　インドにおいて州の下に置かれる統治機構のレベルは県（District）であり，全国に約500の県が存在しており，ほぼ国会下院議員の選挙区と重なっている。農村部では県の下に中間レベル（郡など）が，さらにその下に村（Village）が置かれている。地方政府は元来州の管轄事項とされ，憲法では第4編「国家政策の指導原則」内にある第40条において村パンチャーヤトの組織及び運営に努めることが規定されていただけで，その組織や運営に関しては各州の立法に委ねられていた。インド憲法に地方自治に関する詳細な規定が追加されたのは，1992年憲法第73次改正法及び同第74次改正法によるものである。第73次改正により第9編として追加されたのは農村部の地方政府であるパンチャーヤトに関連する規定であり，第74次改正により追加された第9A編は都市部の地方政府に関する規定である。また，同時に第十一附則及び第十二附則が追加されている。これは，それぞれパンチャーヤト及び都市自治体の管轄事項を列挙したものである。元々パンチャーヤトとは農村部において村落の統治のためや，紛争を解決するために開かれていた集会であった。独立後，農村開発の推進のためパンチャーヤトの活性化が模索され，県・郡・村の三層構造に全国的に統一させることが政府の諮問委員会からも提言があり，これに適合的なパンチャーヤトの組織法が各州で制定されたが，1960年代以降，官僚などを含む農村部エリート層の分権化に対する抵抗などを原因として，パンチャーヤトの活動は停滞していった。しかし，1980年代後半より効率的な経済活動の推進と統治の効率化の流れの中で，しばしばパンチャ

ーヤトについて憲法上の根拠づけをおこなう動きがみられ，最終的に1992年に国会を通過した憲法第73次改正法に基づき，各州のパンチャーヤト法は一部の例外となる州を除いてほぼ統一的なものが制定されていった。この憲法改正のポイントとなる事項には，全国的な制度の統一化，弱者層や女性を含めた住民参加の拡大，定期選挙の実施，農村開発事業への組み込みの明示などが挙げられる。

　憲法上のパンチャーヤトに関する条文として，重要なものにはまず第243A条の村民総会に関する規定がある。これは村レベルの有権者全員が構成員となる集会で，パンチャーヤト制度を下支えする組織である。近年，州によっては村パンチャーヤト議員の選挙区など村よりも小さな単位での集会を法制化する動きもみられる。第243B条は一部の人口の少ない州を除いてすべての州に県，中間(郡)，村レベルのパンチャーヤトを置くという，パンチャーヤト制度の統一化を定めた規定である。ただし第243M条にあるように，ナガランド州など一部の州については適用が除外されている。第243C条はパンチャーヤトの組織に関して州議会が定める旨の規定であるが，重要な点は，パンチャーヤト議員は直接選挙によって選出されること，各レベルのパンチャーヤト議長(村長など)の選出方法は各州で定めることなどが挙げられる。第243D条は議席の留保に関する規定で，１項では議席を指定カースト及び指定部族に対して，その人口比に応じて留保することを定めており，２項及び３項では議席の３分の１を女性に留保することを定めている。また，４項では各レベルの議長職について指定カースト，指定部族及び女性に留保することを規定している。留保の方法について詳細は州議会が定めることとされているが，留保される議席は選挙のたびごとに持ち回りで変更される形式をとっている例がみられる。第243E条はパンチャーヤトの任期についての規定で，選挙後最初の開会指定日から原則５年とされている。この任期についての規定が存在することで定期選挙の実施が根拠づけられることとなり，憲法改正前に引き起こされていたパンチャーヤトの機能の停滞を防ぐことがその目的となっている。そして第243G条はパンチャーヤトの権能や権限に関わる規定として，まず州議会はパンチャーヤトが自治組織として

機能できるよう法律で定めることを規定したうえで、経済的発展や社会正義のための計画の策定及び実施についてパンチャーヤトの権限が及ぶ範囲として定めている。なお、第十一附則にはパンチャーヤトの管轄する事項として、農林水産業、小規模工業、飲料水、道路などのインフラストラクチャー、初等教育、市場、医療及び福祉などが挙げられている。また、第74次改正により追加された都市部の地方政府に関する規定も、その組織のあり方や管轄事項に違いはあるものの、おおむねパンチャーヤトと同様の規定が設けられている。

　憲法第73次改正から約25年が経過し、インドの農村部も通信インフラの整備をはじめ激しい変化を見せている。その中にあって、農村開発の担い手としてのパンチャーヤトについて規定した各条文は、今後のインドにおける分権化された農村開発を支えつづける規定となろう。

7．税制

　インド憲法において財政に関わる規定としては、第12編「財政、財産、契約及び訴訟」に収められる一連のものが挙げられる。また、連邦制であるがゆえに連邦と州との立法管轄事項を列挙した憲法第七附則の第1表から第3表にも、それぞれが課税しうる税目が挙げられている。その例としては、連邦の管轄としての所得税、関税、法人税（第1表）、農業所得税、酒税、電気消費税（第2表）、印紙税（第3表）などがある。連邦政府又は州政府の収納する金銭を納めるインド統合基金や州統合基金（第266条）、連邦が賦課し、州が徴収充用する租税（第268条）、連邦が賦課徴収し、州に交付する租税（第269条）など、租税やこれを収める基金についての規定が前述の第12編には設けられている。このほか、一定の州への補助金（第275条）やインド統合基金から州に交付する補助金の水準などを勧告する財務委員会（第280条）などの規定が設けられている。なお、租税賦課やインド統合基金の管理などに関わる法案は金銭法案とされ、通常の法案とは異なった手続きが定められている（第109条）。

　財政に関わる事項で、近年憲法において大きな変化がもたらされたのが2016年になされた第101次改正である。これは、「物品及びサービス税（Goods and Service Tax：GST)」を導入するための条文の新設及び改正をなすための改正である。インドにおいてはサービス税，入境税などの間接税が連邦政府，州政府の双方から複雑に賦課されていたところを，制度を簡潔化するために導入されたものである。新設された第246A条では，連邦議会及び州議会はGSTに関して排他的な立法管轄権を有すること，第269A条では，州際取引又は州際商業活動に関わるGSTについては連邦政府が賦課徴収すること，GST評議会の勧告に基づき連邦と州とで分配することなどが定められている。

　このGST制度は2017年から実際に運用され始めているが，これによる取引上の手続の簡潔化のほか，税率の明確化などがメリットとして挙げられている。経済発展の進むインドにおいて諸々の手続きの複雑さが問題とされていたところであり，これに対しての対応策として期待されている。このほか，経済政策と関わる近年の憲法改正では，2011年になされた協同組合に関わる規定(第9B編)を設けた第97次改正がある。

8．非常事態

　憲法第352条によれば，大統領は戦争，外患又は反乱により，インド又はその領域のいずれかの部分の安全が脅かされる重大な非常事態が存在すると認めるとき，布告によってその旨の宣言をすることができると定められている。こうした事実が発生する前に，その緊急の危険があるとみなされたときにも宣言を発することができる。なお，当該布告は大統領の裁量で自由に発することができるわけではなく，その布告の発出を認める大臣会議の決定が大統領に伝えられる必要があり，すべての布告は国会の両議院の決議で承認されなければならず，発出から1か月の経過前に承認されない限り，当該布告は1か月の経過期間終了時に効果を失うと定められている。さらに，非常事態宣言下では，連邦の執行権は州の執行権の行使方法について州に指令を与える権限が付与され，また，国会は中央の立法管轄事項にない事項でも連邦などに権限を付与したり，任務を課したりすることが認められる(第353条)。

　インドにおいて非常事態宣言が発せられた事例として挙げられるのが，イ

ンディラ・ガンディー政権下の1975年に発せられたものである。この時期，報道の自由の制限，政治的権利の制約などのほか，スラム住民の大規模な立ち退き政策や，強権的な人口抑制政策などがとられた。

　州における憲法機構運用不能を理由とした，中央による直接統治に関する規定も設けられており，実際に適用された事例がある（第356条）。この規定は，憲法草案の起草者であるアンベードカル自身も問題のある規定であるとしていたが，実際にはこれまでしばしば適用された。この規定は州知事からの報告等により，大統領が，当該州における統治が憲法にそって行われていないと判断したとき布告により，州政府の権限等を接収したり，当該州議会の権限を国会が行うと宣言したりすることができるというものである。これまで本条項が適用された代表的な事例としては，1992年のウッタル・プラデーシュ州アヨーディヤーにおけるバーブリー・マスジッド破壊事件に端を発した騒乱を理由に，同州に大統領直接統治が時限的に実施されたものがある。比較的中央が強いインドの連邦制の特徴の一つとして挙げることができる規定である。

参考文献

浅野宜之「インド」大石眞・大山礼子編『国会を考える』（三省堂，2017年），216-249頁

稲正樹『インド憲法の研究―アジア比較憲法論序説』（信山社，1993年）

稲正樹・孝忠延夫・國分典子編『アジアの憲法入門』（日本評論社，2010年）

上田知亮「インドにおける政治の司法化と司法の独立―コレージアム体制と第99次憲法改正」玉田芳史編著『政治の司法化と民主化』（晃洋書房，2017年），161-188頁

孝忠延夫『インド憲法とマイノリティ』（法律文化社，2005年）

孝忠延夫「インドにおける大統領立法：議会政と大統領令」『関西大学法学論集』第66巻第5・6号（関西大学法学会，2017年），109-148頁

近藤則夫編『インド民主主義体制のゆくえ：挑戦と変容』（アジア経済研究所研究双書No.580，2009年）

近藤則夫『現代インド政治　多様性の中の民主主義』（名古屋大学出版会，2015年）

佐藤宏「インドの民主主義と連邦下院議会」（近藤則夫編[2009]所収），33-79頁

長崎暢子・堀本武功・近藤則夫編『現代インド3　深化するデモクラシー』（東京大学出版会，2015年）

堀本武功『インド現代政治史　独立後半世紀の展望』（刀水書房，1997年）

Ⅲ．基本的人権の保障とその特色

　憲法の前文，第3編「基本権」，第4編「国家政策の指導原則」，そして前文やこれらの編の条文を具体化，実施するための関連条文を含め，それらが一体のものとなって，インド憲法が保障しようとする「基本的人権」の内容とその保障のあり方を示している。これらの特色を以下に概説してみたい。

1．信教の自由と政教分離主義

　インド建国の理念とされてきた政教分離主義が憲法前文に明記されたのは，憲法第42次改正(1974年)によってである。広義の政教分離の内容は，信教の自由，市民権の平等，そして国家と宗教との分離，の3つを含む。政教分離が基本的人権，とりわけ信教の自由をその内容として含み，あるいはそれを保障するための手段だとすれば，政教分離主義は，国家のたんなる「宗教的寛容政策」のレベルの基本原則ではなく，信教の自由に関する憲法第25条から第28条をすべての人々に保障し，宗教を理由とする差別を禁止する第15条1項及び2項，第16条2項，第29条2項，並びに第325条を尊重し，宗教的少数者に特別の権利を保障する第30条をもその主要な内容とすべきものである。

　1980年代のインドでは，政教分離主義，すなわち「国家と宗教との模索されるべき両者の関係」が一つの方向性を明らかにしはじめた。このことは，シャーバーノー事件判決(1985年)をめぐる論議とその後の経過に示されている。シャーバーノー事件判決は，困窮した離婚女性には別れた夫から扶養手当を受ける権利があるとし，さらに統一民法典(第44条)の早急な成立と普及の奨励についても論及した。この判決に対しては，ムスリムの宗教的アイデンティティに干渉するものだとして激しい反発が起こった。政府と国会は，速やかに対応する。事実上ムスリムの主張を容れ，「ムスリム女性離婚権保護法」(1986年)を成立させ，ムスリム女性が離婚後の扶養手当をめぐって刑事訴訟法に基づいて争う余地をなくしたのである。

　1980年代から2000年代初めにかけてヒンドゥーと少数派であるムスリムと

第一章　インド憲法の制定とその特色

の間での「暴動」が多発し，少数派ムスリムに多くの犠牲者が出た。とりわけ2002年にグジャラート州で起った暴動は大規模なものであり，州首相の関与なども含めて裁判所で争われてきた。「政教分離」の理念および内実をめぐる論議が続いている。

２．基本権の充実と国家政策の指導原則の「基本権化」

インド憲法における基本権の保障は，きわめて具体的であるとともに，裁判上の救済可能性を明記していることに特徴がある。すなわち，その内容に反する法律，国家行為の存在を認めず，「裁判上訴えて実現することの出来るもの」（第13条，第32条）である。しかし，憲法上の単なる宣言だけで国民に自由がもたらされ，人々が飢えと欠乏を免れることが出来るわけのないことは誰しも認めざるをえない。憲法制定者らは，独立の過程からもこのことを学んできたのである。

国家政策の指導原則の理念は，すでに前述『目標決議』（1947年）のなかにも明記されていた。指導原則の法的性質とその規定形式は，制憲議会での審議の結果，基本権（第３編）とは別に，第４編を設けて規定することとなった。この指導原則は，その実現のために「裁判に訴えて実現することの出来ないもの」ではあるが，「国の統治に基本的なものであり，立法にあたっては，これらの原則を適用することが国の義務である」とされた。

では，この基本権（第３編）と指導原則（第４編）とはどのような関係にあるのだろうか。憲法制定から約30年間の国会・内閣と最高裁判所との関係は，基本権と指導原則との関係をめぐる見解の相違に端的に示されている。この両者の争いは，ほとんどの場合，（指導原則に基づいて積極的な立法を試みる国会）vs.（基本権を手がかりに当該法律の違憲性を判断する最高裁）という構図をとってきたのである。

基本権と指導原則との関係について，初期の最高裁判決は，指導原則に対する基本権の優位，すなわち基本権と指導原則とが衝突したときには，基本権が優位することを明言していた。例えば，1951年に最高裁は，医工科大学の入学定員をコミュナル別に留保（それぞれに定員枠を設けること）する政令を

25

憲法第29条2項に違反するとして違憲判決を下した。これに対して国会が
おこなったのが，第15条に4項を追加する憲法第1次改正である。さらに，
1967年の最高裁判決は，いかなる基本権を剥奪又は侵害する法律を制定する
権限をも国会は有しないと判示し，基本権の不可侵性，優位性を強調した。
その後，両者の間には「全体として何の抵触もない」ことを強調する判決も
みられたが，初期の最高裁判決が明確に変更されたわけではなかった。最高
裁の見解がはっきり変ったのは，1970年代に入ってからである。1973年，最
高裁は，次のように判示した。「指導原則と基本権との間には不調和は存在
しない。なぜなら，それらは憲法が謳う社会変革の実現と福祉国家の樹立と
いう同一の目標を目指しているという点で，互いに補い合うものだからであ
る」。この判断は，1980年代にも引き継がれ，「憲法は，第3編と第4編との
バランスの上に築かれている。一方に対して他方への絶対的優位を与えるこ
とは，憲法の調和を破壊することにつながる。基本権と指導原則との間のこ
の調和とバランスは，インド憲法の基本的特徴の一つである」との考えが示
される。この最高裁の見解の変化は，インドにおける社会正義の実現の担い
手として最高裁が自らを位置づけていく公益訴訟(PIL)の展開へとつながっ
ていく。

　「基本権」(第3編)そのものの内容の「豊富化」については，とりわけ第
19条(言論の自由等に関する一定の権利の保護)及び第21条(生命及び人身の自由の
保護)に関する最高裁の解釈が注目される。例えば，第21条は広義の「生命
への権利(right to life)」と解釈され，労働の権利，環境の権利，教育への権
利，個人の尊厳，さらには現代的人権としてプライバシー，遺伝子組み換え
食品，安楽死・自死，LGBTなどの問題に適用されている。

　また，当初の第4編第45条(子どもへの無償義務教育)は，「国は，この憲法
の施行後10年以内に14歳までのすべての子どもに無償義務教育をおこなうよ
う努めなければならない」と定めていたが，憲法第86次改正(2002年)によっ
て，第45条は，6歳未満の子どもへの乳幼児保育と教育についての規定に改
められた。同時に，第3編「基本権」の中に新21A条(教育への権利)が設けら
れ，6歳から14歳のすべての子どもに法律で定めるところにより，普通・義

第一章　インド憲法の制定とその特色

務教育をおこなわなければならないことが明記された。

3. 被差別階層と後進階層に対する積極的差別是正措置(アファーマティヴ・アクション)と留保措置

　インド憲法は，市民としての平等な権利の保障，社会的差別・不平等からの保護を定めるとともに，特定のグループに属する人々への特別保障，特別措置を明記する。法の下の平等，機会均等(第14条)，および差別の禁止(第15条1項，同2項，第16条1項，同2項，第17条)にとどまらず，積極的差別是正措置と留保措置を憲法上明記したことは，インド憲法の大きな特徴である。というのは，多くの国でこれらの問題は憲法規範の問題というよりは立法政策の問題とされ，その実施・推進は政治的・経済的状況に依存しているからである。

　インド憲法が明記するこのアファーマティヴ・アクションと留保措置は，次の5の範疇に分けることができる。①社会的な差別の是正・除去(第17条，第23条1項，第25条2項)，②文化的・教育的権利の保持(第29条，第30条)，③教育・経済分野における優遇措置(第15条4項，第46条，第164条，第338条～第342条)，④公務・公職上の優遇措置(第16条4項，同4A項，同4B項，第335条)，そして⑤国会及び州議会における留保議席(第330条，第332条)である。これらの規定の主体または対象となるグループは，最近その区別と相互の関係が問題となり，深刻な対立を招いているが，一応次のように区分できる。①言語的・宗教的マイノリティ，②指定カースト(SC)，③指定部族(ST)，並びに④社会的・教育的後進階層(及び「その他の後進階層(OBC)」)である。

　SCとSTに対する優遇措置の根拠づけとしては，その歴史性にも着目し，補償的差別であるとする見解が有力である。しかし，「その他の後進階層(OBC)」に対する優遇措置については，補償的差別という論拠では説明しきれない。また，OBCをどのように定義するのかも大きな論争となった。憲法第340条に基づいて設置された第1次後進階層委員会の報告書(1955年)は，社会的・教育的後進性を決定する第1次的な要因としてカーストを用いることには否定的であった。また，バラージ事件判決(1963年)に代表される最高

27

裁判決もカーストを基準とするOBC認定による留保措置を違憲だと判断し
てきた。憲法が明文で否定し，克服の対象としているカーストを，たとえ過
渡的措置だとしても積極的国家行為の基準に用いることは背理だと考えられ
たからである。また，カーストに基づく留保政策は，政教分離主義の理念か
らしても，国が人々にカースト帰属意識を自覚させるという，カースト主義
の悪弊の維持・再生産につながるとも批判された。したがって，バラージ事
件判決などは，そのニュアンスに違いはあるが，経済的後進性を重視する傾
向を有していた。

　第2次後進階層委員会(マンダル委員会)は，カーストのランキングとそれ
らに属する人々の社会的・教育的地位には密接な関連があるとし，OBCの
認定にはカーストが重要な役割を果たすとした。このマンダル委員会報告
書(1980年)は，大きな反響をよび，その実施は10年間棚上げされていたが，
1990年，政府はその実施に着手した。この実施命令について，最高裁は，
1992年にその合憲性を認めた。このマンダル判決の判旨は多岐にわたるが，
多数意見の要点は，①第16条4項は，同条1項の例外ではなく，1項に内在
する分類の一つである，②後進性を認定する一つの基準としてカーストを用
いることができる，③経済的基準のみで後進性を判断することはできない，
④留保の最大割合は50％である，⑤優遇措置の対象としては，後進階層の中
から一定の除外事由(例えば富裕層)に該当するものを除く，⑥昇進における
留保は認められない，などにまとめられる。この判決に対しては，法曹界な
どから最高裁もポピュリズムに陥ったとの批判もおこったが，主たる関心
は，中央政府及び州政府が具体的にどの程度の優遇措置を実施すべきか(す
べきでないか)に移っていった。また，マンダル判決の内容をさらに変更する
憲法改正もおこなわれ，最高裁判決も新たな展開をみせている。最高裁は，
OBCへの留保措置とSC/STへの留保措置を同じように考えることができる
のか否か，また両者への措置を合せたときに，どのような問題が生じるの
か，などについての判断をおこなってきた。とりわけ，留保枠合格にも最低
点を定めるべきだとしたプレーティ事件判決(1999年)，昇進と先任順位との
関係について留保枠合格者が必ずしも優先順位にはならないとするアジト・

シンⅡ事件判決(1999年)などが注目されよう。

憲法第93次改正(2006年施行)により第15条に5項が追加された。そして,この憲法改正に基づき,「2006年中央教育機関(入学における留保)法」が制定された。この憲法改正と2006年法の合憲性について判示したのがタークル判決(2008年)である。

4. 公益訴訟(社会活動訴訟)と「裁判を受ける権利」

インド最高裁判所は,指導原則に基づく国会の積極的な立法に対して,基本権を援用してその違憲性を判断するという1970年代までの手法を改め,具体的にどのような形で人々に基本権を保障し,人権侵害に対する救済措置を命じていくのかを模索しはじめた。最高裁判所の出した回答の一つが「公益訴訟:PIL(Public Interest Litigation)」である(その内容と性格に着目して「社会活動訴訟:SAL(Social Action Litigation)」とも呼ばれる)。このPILの展開には,憲法前文と指導原則の基本的な位置づけの再解釈(何らかの意味での法的規範性を認める解釈アプローチ)が大きな意味をもち,基本権の個別条項と最高裁判所・高等裁判所の令状発出権がその根拠となった。

PILは,人権侵害を受けている個人,グループに代わって社会活動グループなどが最高裁へ書簡を出し,最高裁がそれを「虐げられた人々,途方にくれている人々の最後の頼みの綱」として令状請求訴訟とみなし,審理を開始するものである。PILの考え方は,1976年の最高裁判決の中で,クリシュナ・アイヤール裁判官によって初めて述べられた。その後,同裁判官は,一連の最高裁判決の中でこの考え方を主張し続けてきた。1981年の判決では,Y.V. チャンドラチャド長官もこの立場を支持し,賛同する裁判官も広がりをみせた。しかし,最高裁がPILを全面的に展開するようになったのは,P.N. バグワティ裁判官がこの訴訟に前向きになってからである。1982年のグプタ事件判決は,PILの射程と原告適格の問題についての先例となった。

PILを展開していくためには,伝統的な訴訟法理論のいくつかを克服し,令状訴訟を存分に活用する手法を工夫しなければならなかった。まず,原告適格の問題について,最高裁は,憲法第32条は,本人が基本権侵害を争うこ

とのできない場合，例えば貧困または社会的に著しく不利益な立場にいるために自らは裁判所に訴えることができないときに，善意をもって行動する者が，それらの人々に代わって裁判所に権利の実現，救済を求めて訴えることを認める規定であると解釈した。また，裁判では，対審構造をとらないかぎり正義は達成されないという考え方に対して，とりわけ当事者間に著しい不均衡が生じているところでは，逆に不正義を正当化する論理になりかねないと批判した。そして，基本権実現のために独自の新しい手続を採用し，基本権をたんなる幻想に終わらせないよう工夫する必要がある，としたのである。つまり，最高裁は，客観的な第三者として審理を進めるのではなく，調査特別委員会を任命したり，その報告書を証拠として採用することなどによる事実認定，さらには，法律扶助組織の援助をとりつけたり，法廷助言者として弁護士を任命するなどの措置をも採ってきた。請求人が充分な証拠を提出できないときには，新聞記事などを申立ての証拠として認めたりもしたのである。

　最高裁判所は，1988年12月1日，PILのガイドラインを作成し，さらに，1991年1月1日以降は高裁レベルでのPILの推進をこころみた。このような訴訟に対しては，もちろんその抱える問題点と限界も指摘されてきた。この訴訟の結論，とりわけ政府機関に対して一定の措置を採ることを求める指令という形の判決の実効性が，最終的にはそれを受けた政府の協力姿勢に依拠していること，裁判所には施策の実行を強制する権限がないので，虐げられた人々を持続的にフォローすることが出来ないこと，などである。しかし，バグワティ裁判官は，「我々の民主主義が参加型の民主主義であることを望むなら，法は正義を語るだけではなく，正義を与えることが必要である」と述べ，「裁判所に申立てられた不正義につき，…法的というよりはむしろ道義的・説得的にその是正を要請するプロセス」としてPILがある，という立場を明らかにしている。

　このPILは，1980年代以降，憲法第21条(生命への権利)の再解釈などをふまえて環境訴訟などでも「活用」されるようになり，最近では，汚職問題や政治におけるモラルにかかわる問題などを裁判で争う際にも用いられるように

第一章　インド憲法の制定とその特色

なっている。

　当初の「虐げられた人々，途方にくれている人々の最後の頼みの綱」としての訴訟，という性格は大きく変わりつつあるが，あらゆる人々が政府の恣意的な権限行使に異議を申し立て，継続的な批判・監視をおこない，司法の場において政策の内容と正当性の説明責任を求めることの意義は認められよう。

参考文献

粟屋利江・井坂理穂・井上貴子編『現代インド5　周縁からの声』（東京大学出版会，2015年）

孝忠延夫『インド憲法とマイノリティ』（法律文化社，2005年）

佐藤創「『現代型訴訟』としてのインド公益訴訟(1)(2)」『アジア経済』42巻6号（2001年）2-25頁，7号(2001年)，18-36頁

田辺明生『カーストと平等性——インド社会の歴史人類学』（東京大学出版会，2010年）

中溝和弥『インド　暴力と民主主義——一党優位支配の崩壊とアイデンティティの政治』（東京大学出版会，2012年）

安田信之・浅野宜之「インドにおける人権概念の生成——普遍的な権利の土着化としての人権」（滝沢正編『大木雅夫先生古稀記念　比較法学の課題と展望』信山社，2002年），467-488頁

31

第二章　インド憲法の基本的特質と
　　　　インド憲法の改正

第二章　インド憲法の基本的特質とインド憲法の改正

Ⅰ．インド憲法の基本的特質

1．憲法において「変えてはならないこと」

　インド憲法には，「変えてはならないもの」があるとするのが，一般的な理解である。このことを徹底的に論じたのが，ケーサヴァナンダ事件最高裁判決(1973年)であり，この判決は「基本権判決」とよばれている。基本権判決は，第25次改正で新設された第31C条を，基本権と指導原則との関係に重大な変更をもたらすものとみなし，その一部を無効とした。「最高法規である憲法の定めた基本構造を変更する権限(憲法改正権)を国会は有するのか」という点について，多数意見は，憲法には基本構造があり，それを変更する権限を国会は有しないとした。少数意見も憲法前文に規範的拘束力があることを認め，そこに明記された理念が本文で具体的に定められているとしたが，憲法の基本構造なるものは明記されておらず，国会の憲法改正権に「黙示の限界」があるとはいえないとした。1980年代に入ると，最高裁は，ミネルヴァ工場事件判決(1980年)において，「第42次改正法の…改正第31C条は，国会の憲法改正権の限界を超えている。これは，インド憲法の基本的特徴をそこない，基本構造を破壊しようとするものである」と判示した。

　では，改正してはならない「憲法の基本構造」とは何をさすのだろうか。最高裁の一連の判決のなかでは，基本構造の重要な要素として，①憲法の最高性，②連邦制，③権力の分立，④憲法改正権の限界，⑤司法の独立，及び⑥自由・公正選挙，が挙げられている。

　この憲法改正権の限界をめぐる論議，すなわち「変えてはならない，憲法の基本構造・基本的特質とは何か」をめぐる論議は，近年の最高裁判決でも重要な役割を果たしている。この「憲法の基本構造」というキーワードで重要な違憲判決(あるいは合憲判決)を下す傾向は強い。憲法前文の理念・目的——国民主権，基本的人権の尊重，政教分離主義など——を実現していくための基本的枠組みがまさに憲法の基本構造として論議されてきたといえよう。

35

２．憲法改革検討委員会の設置とその最終報告書

(1) 憲法改革検討委員会の設置(2000年)

　憲法の基本理念(とりわけ，政教分離主義)に対して批判的な政策を公言していたインド人民党(BJP)が1998年，政権に就き，その公約に明言していた憲法改革検討委員会(The National Commission to Review the Working of the Constitution)を設置したことから，その背後には隠された意図，すなわち「憲法の基本構造・基本理念の変更」があるのではないか，との憶測をよんだ。しかし，この委員会への付託事項(2000年２月22日)は，次のようにその任務を明確にしていた。「インド憲法50年の経験をふまえ，議会制民主主義の枠内で，どのようにすれば有効かつ効率的な統治システムと社会的・経済的発展への要請に憲法が応えうるのか，また憲法の諸条項の改正が必要だとすれば，そのことを勧告することを任務とする」。同年２月23日に発表されたこの委員会の構成は，M.N.ヴェンカタチャーリア最高裁裁判官を委員長とし，その他10人の委員と58人の調査官及びその他のスタッフからなるものであり，任期は１年であった。委員は，「憲法学，経済学，政治学，法律学，その他の関連分野の専門的学識を有する者」とされた。したがって，委員の多くは著名な法律家などであるが，部族社会を代表する政治家P.A.サングマが委員に加わったことが注目された。

　この委員会が調査・検討を委ねられた事項は，10の分野にわたる。すなわち，①議会制民主主義の強化，②選挙改革，③社会的・経済的変革および発展，④識字率の向上，雇用の促進，⑤連邦・州関係，⑥地方分権，パンチャーヤト制度の強化，⑦基本権の拡充，⑧基本義務の実効化，⑨指導原則の実効化と憲法前文，並びに⑩財政，金融政策の法的統制，である。この10の分野について，委員会は20の審議報告書を作成するものとしたが，2001年１月18日，そのうち７の報告書を公表した。同年２月13日，政府はこの委員会の任期を10月31日までの８ヶ月間延長することを発表した。最終的にその任期は2002年３月まで延長され，委員会は，同年３月31日，全２巻からなる大部の報告書を政府に提出した。

第二章　インド憲法の基本的特質とインド憲法の改正

(2)　憲法改革検討委員会の最終報告書(2002年)

　憲法改革検討委員会最終報告書の第2巻は，3部構成であり，その第1部は，①官報告示，②専門委員名簿，及び③審議報告書からなる。この審議報告書は，第1章から第12章で構成されている。

　第1章「序」では，これまでの憲法改革検討作業が概観される。85回にわたる改正がおこなわれてきたのに，「憲法が成し遂げてきた成果と失敗を，これまでの経験と将来要請される改正，という文脈で包括的かつ率直に検討する作業がなされてこなかった」という指摘と，憲法改革こそが将来にわたって憲法が生命力を維持し続ける条件だとする認識が述べられている。また，グローバル経済秩序にインドが参画していこうとするなら，長期的な国民的利益，すなわちインド憲法の価値と目的を守るためにインド憲法制度について客観的かつ専門的に検討することが急務である，とする。第2章「基本的アプローチと展望」は，委員会がおこなった憲法調査検討のアプローチを明確にするとともに，統治機構のそれぞれが抱えている問題，解決すべき課題を提示する。また，指導原則と基本義務についての検討結果，及び改革提案を示す。第3章は，「基本的権利，指導原則，及び基本義務」とされている。基本権のところでは，裁判を受ける権利の充実，子どもの権利の基本権化などが盛り込まれている。指導原則では，そのタイトルを「国の政策及び行為の指導原則」と変更すること，人口抑制についての規定，及び異教徒間と宗派間の調和と社会的団結を図るべきことが強調されている。第4章「選挙手続及び政党」は，選挙の公正，政治資金規正のための規定を詳細かつ明確化すること，無所属候補者の立候補を制限し，政党活動規制のための一般法(政党法)を制定すべきことを勧告している。第5章「国会および州議会」は，立法を計画的におこなうこと，連邦政府の条約締結権に対する議会的統制権を明確にすべきことを求める。第6章「執政及び公行政」では，民主主義的挑戦に対して行政の性質，制度的対応を改善することが不可欠であるとする。第7章「司法」では，最高裁裁判官の任命手続の明確化，そのための国家司法委員会の設立を勧告している。国レベルと州レベルの「司法委員会」を設置し，長期・短期の計画と年間予算の策定準備をおこなわしめる

37

ものとする。第8章「連邦と州との関係」では，まず，立法についての州との協議は憲法第263条に基づいて設置される州際評議会を通しておこなわれるものとする。紛争解決についての最高裁の権限を強化し，第139A条は，ある裁判所に国会や州議会の立法権限に関する問題が係属していた訴訟であっても最高裁が自らその訴訟を斥けることが出来る規定に改正すべきであるとする。州執行府について，州知事の選出と任命に関する大統領の権限は弱体化されてはならないが，当該州首相との関係に配慮すべきであるとする。また，第356条は廃止すべきではないが，当該条項は抑制的に用いるべきであり，最終的な救済手段として他の条項に基づく手立てを尽くした後に用いなければならない。第9章「地方分権と権限委譲」では，まず第243K条と第243Z条の改正が勧告される。また，パンチャーヤトが自己統治制度であることを明確化するため第243G条の改正も求めている。第10章「社会経済的変革および発展の速度」では，市民憲章の準備，資格を有するオンブズマン制度の導入，雇用プログラムの策定，マイノリティの発展のための計画，代表性の確保，などが提案されている。最後の第11章は，第3章から第10章までをまとめたものである。

II．インド憲法の改正

1．憲法の改正

1950年に施行されて後，2018年4月までに101回の改正が成立した。憲法第368条によれば，憲法改正には国会の両院が「議院の総議員の過半数であり，かつ出席して投票する議員の3分の2の多数で可決」し，大統領の認証を得ることを必要としている。比較的細部にわたる事項まで憲法が明記していることなどの理由とともに，最高裁の違憲判決への対応の必要性などによって，このように頻繁な改正がおこなわれてきた。

国会の憲法改正権には，基本権の制限・剥奪が含まれていることを明確にするために第24次改正がおこなわれた(1970年)。非常事態の布告期間中におこなわれた第38次改正(1975年)及び第42次改正(1976年)は，インド憲法の基

第二章　インド憲法の基本的特質とインド憲法の改正

本構造・基本的特質を変えるものではないか，との議論がまきおこった。というのは，それらが非常事態中になされたものである，という形式的理由とともに，執行権に対する議会的統制及び司法的統制を大きく変更しようとするものだったからである。第38次改正は，非常事態宣言後に憲法の非常事態に関する規定（第352条，第359条）を改正した。また，第42次改正は，それまで基本的人権を保障し，憲法裁判所としての機能をも果たしてきた（第13条，第32条）最高裁判所の違憲立法審査権を制限し，裁判所を政府，国会に従属させようとするものであった。この改正では，最高裁判所だけが連邦法の違憲審査権を持ち，州法については，連邦法の違憲性が争点とならない限り，その違憲性を有しないとされた。また，違憲判決を下すには，最高裁で7人以上の裁判官が構成する法廷で3分の2以上の賛成が必要とされた（第144A条，ただし第43次改正により廃止）。その後の改正において，第42次改正の内容はかなりの部分が削除され，旧規定に戻されている。

　1990年代の大きな改正としては，まず第1に，都市と地方への権限委譲，分権を目ざした第73次改正（1992年）及び第74次改正（1993年）が挙げられよう（本書第一章Ⅱ参照）。

　第2には，アファーマティヴ・アクションと留保措置をめぐる一連の改正が挙げられる。OBCへの優遇措置を認めるマンダル判決（1992年）後，最高裁の多くの判決とともに憲法も改正された。第76次改正（1994年）は，タミル・ナードゥ州の留保法とマンダル判決との調整のため，第九附則257の次に257Aを追加した。第77次改正（1995年）は，SC/STへの公職留保は，その採用時のみならず，昇進にも適用されることを明記する第16条4A項を追加した。第81次改正（2000年）は，50％の留保限界には，過年度の空席枠充足の措置は含まれないことを明らかにするために第16条に4B項を追加した。第82次改正（2000年）は，SCが存在していないアルナーチャル・プラデーシュ州には，第243D条が適用されないとする，第243M条3A項を追加した。さらに，第85次改正（2002年施行）は，第16条4A項を改正し，第89次改正（2003年）は，第338A条を新設し，SCとSTのための全国委員会を第338条と第338A条とに分けて規定するものとした。

近年の改正としては，新たに第9B編（協同組合）を設け，第243ZH条〜第243ZT条を新設するとともに，関連条文を変更した第97次改正（2012年施行）や，最高裁判所などの裁判官の任命などについて手続きを大きく変更させた第99次改正（2015年），そして物品およびサービス税の新設にともなう第101次改正（2016年）等がある。

２．各改正の内容
（1）憲法第１次改正

国会に提出された「憲法改正目的及び理由」の中で，憲法の保障する基本権の限界についての不明確性が明らかになってきたことが述べられている。とりわけ，言論・出版の自由の限界を明記することが，この改正の第１の目的とされた。また，第２の目的として，農業改革施策の推進をはかるために，不在地主制度などを廃止しようとする法律の合憲性を明記することが挙げられている。第３に，国が後進諸階層の教育的・経済的又は社会的進歩のために採る特別措置と「法律の前の平等」との調和をはかるための条項を追加することが提案されている。1951年６月18日施行されたこの改正の主要な点は，次の通りである。

① 第15条４項の新設

第16条４項は，後進階層に属する人々，及び国の公務上不充分にしか代表されていない人々のために公務職を留保することができると規定していた。しかし，その他の事項に関して後進階層市民のために国が特別規定を設けることを認める明文規定は，憲法上存在しなかった。このような状況の中で，最高裁は，ドーライラージャン事件判決において，マドラス州政府が一定の後進コミュニティ，後進カーストのために医科大学に定員留保を設けた特別規定を無効と判示した。この判決を契機に，このような特別規定を合憲であるとするために第15条４項が設けられた。

② 第19条２項の改正

ロメシュ・ターパル事件判決を機に，言論の自由に対して合理的な制

第二章　インド憲法の基本的特質とインド憲法の改正

限を課するための3つの基準，すなわち(a)外国との友好関係，(b)公
の秩序等，及び(c)犯罪の教唆が第19条2項に加えられた。

③　第31A条の新設

　　不在地主制を前提とするザミーンダーリー(Zamindari)その他の所有を
廃止し，「土地を耕作者へ！」という政策を実行するため，農業改革立
法に対する保護をおこなう目的で，第31A条が設けられた。

④　第31B条の新設

これらの改正のほか，かなりの条項の改正がおこなわれた。国会に提出さ
れた改正案が審議の過程で変更された点を，主要なもののみ以下に挙げてみ
る。

①　第31A条1項のただし書は，改正案には含まれていなかった。

②　第31A条2項a号は，当初，次のような文言であった。

　　「(a)『資産』とは，ある地方に関しては，既存の法律が当該土地にお
いて土地所有に関して用いているものと同じ意味を有するものとする。」

③　第31B条は，当初，次のような文言であった。

　　「第31B条(特定の法律の確認)

　　第31A条で定められた一般原則をそこなうことなく，第九附則に規定
する法律及びその規定は，これらの法律又はその規定がこの編で定めら
れた権利と両立せず，又はその権利を除去若しくは制限するという理由
で無効とみなされることはなく，無効となることもない。また，当該法
律は，それと矛盾する裁判所又は審判所の判決，決定又は命令にかかわ
らず，権限ある議会が改正又は廃止するまでその効力を持続する。」

(2)　憲法第2次改正

この改正では，選挙区人口の上限を75万人とする規定を，第81条から削除
した。(1953年5月1日施行)

(3)　憲法第3次改正

この改正によって，第七附則の共通管轄事項表33号が改正された。(1955

41

年2月22日施行）

（4）憲法第4次改正

　この改正は，第31条，第31A条及び第305条並びに第九附則の改正をおこ
なった。（1955年4月27日施行）

①　改正目的及び理由は，次のように述べられた。

　　「最高裁判所の最近の判決は，第31条1項及び2項に，非常に広範な
意味を与えてきている。この2つの条項の違いにもかかわらず，それら
は同一の対象を扱うものとみなされている。1項で規定されている財産
没収は，財産権の剥奪を含む最も広い意味に解釈されるべきである。そ
れが，法律の純粋な調整的条項によって生じ，あるいは国による財産そ
の他の財産権の取得や収用をもたらさないとしても，その法律は，これ
らの判決により有効とされるために第31条2項の規定に基づく補償が定
められていなければならない。それゆえ，強制収用及び私有財産の接収
についての国の権限をより一層正確に再言し，それら収用・接収と国の
統制法または禁止法が「財産剥奪」の結果を生ずる場合とを区別するこ
とが必要だと考えられる。」

　　このような趣旨により，第31条が改正された。

②　第31A条の改正

　　インドの社会福祉改革立法の重要な1つとして登場したザミーンダー
リー廃止法の合憲性，積極性を確認するために憲法第1次改正により，
第31A条，第31B条及び第九附則が設けられた。しかし，その後も，判
例と連邦及び州の法令との矛盾は解決されなかった。改正提案の中で，
それらの問題点として，次のような例が示されている。

（a）ザミーンダーリー及び国と土地耕作者との間の多くの仲介者の廃止
は，多くの地方で実現されてきたけれども，インド土地改革の次の目
的は，個人が所有又は占有する農地の限度を定めることである。すな
わち，定められた限度を超える土地の処分及び農業における土地所有
者，借地人の権利を一層改善することである。

42

第二章　インド憲法の基本的特質とインド憲法の改正

（b）土地及び農村地域の適正な計画は，空地，荒地の有効利用及びスラ
　　ム地域の整理に必要である。

（c）国家経済のため，国は，鉱石又は原油資源に対する試掘権，採掘権
　　その他の協約を失効せしめ，又はその期間と条件を制限する権限を含
　　む完全な統制権を有する。

　　　この権限は，国による特許に基づいて公衆に動力，電気又は水を供
　　給する公共事業に関しても必要である。

（d）公益のため又は事業若しくは財産の充分な管理・運営を確保するた
　　め，商工事業又はその他の財産を一時的に国家管理の下に置くことが
　　しばしば必要となる。国家管理への一時的移行を規定する法律は，イ
　　ンド憲法の下で認められなければならない。

（e）経営代理人制度の漸進的消滅，国家的利益から 2 以上の会社を強制
　　的に合併すること，事業をある会社から別の会社へ移譲することなど
　　の，今日計画中の会社法の改革は，上記の異議を受けないようになさ
　　れなければならない。

　　　これらの基本的な改革立法の憲法上の根拠を明記するためにも，第
　　31A条の規定内容を改正することが必要とされたのである。

③　第九附則の改正

　　第31A条の改正にともない，第九附則中に，2 つの州法，4 つの連邦
　法を含めることが提案された。

④　第305条の改正

　　次のような理由で，第305条の改正が提案された。

　「サギール・アハメド事件判決における最高裁判所の判決は，ある特
定の取引又は事業における 1 州の独占を定める法律が，憲法第30条で保
障されている取引又は商業の自由に抵触するかどうかという問題を生ぜ
しめた。この問題は，未解決のまま残されている。憲法第19条 6 項は，
そのような州独占を同条 1 項 g 号の範囲外におくために憲法第 1 次改正
により改められた。しかし，憲法第301条の冒頭の文言に関連する規定
は，第13編中には置かれなかった。国会または州議会が，ある特定分野

43

の取引又は商業で州独占を導入するという明確な権限を有しているにもかかわらず，最高裁判所の判決によれば，当該法律は，憲法第301条に基づく「公益上のもの」として，あるいは憲法第304条ｂ号に基づく「合理的な制限」として正当性を認められるものでなければならないことは明らかである。このような問題の最終的判断は，議会に委ねられるべきだと考える。……この点を明確にするために，第305条の改正を提案する。」

(5) 憲法第5次改正

憲法第5次改正により，憲法第3条(新州の創設並びに現に存する州の区域，境界及び名称の変更)にただし書を加えた。(1955年12月24日施行)

(6) 憲法第6次改正

ユナイテッド・モーターズ株式会社事件判決における多数意見は，第286条の原注が一定の場合を除き州際取引に対する課税を禁止しているものと解釈した。最高裁判所がこの見解を維持してきたかどうかについて論議のあるところであるベンガル・イミュニティ株式会社事件判決は，前記判決を部分的に変更したといわれていた。第6次改正は，この点についての疑義を解決することを目的としていた。第6次改正は，次のような内容をもっている。(1956年9月11日施行)

① 連邦管轄事項表92A号の新設
② 第269条の改正
③ 第286条の改正

(7) 憲法第7次改正

この改正は，州の再編成及び第一附則の改正を中心としていた。その内容は，次のようにまとめられる。(1956年10月19日施行)

① 第一附則Ｂ編の州の削除。
② アーンドラ・プラデーシュ州，ケーララ州，マイソール州(後にカル

44

第二章 インド憲法の基本的特質とインド憲法の改正

ナータカ州），ラージャスターン州を新州として再編成する。
③ デリー，ヒマーチャル・プラデーシュ，マニプル等を連邦直轄領とする。
④ 第四附則を改正し，新州への議席配分をおこなう。
⑤ 前記州の再編成等にともなう，州議会の構成に関する改正を，関連条文の追加によっておこなう。
⑥ その他
　(a) 第220条の改正
　(b) 第224条の改正
　(c) 第230条の改正

(8) 憲法第 8 次改正

SC/STへの議席留保は，憲法施行の日より10年間おこなわれる，と規定されていた（第334条）。この改正は，これを「20年」に延長した。(1960年 1 月 5 日施行)

(9) 憲法第 9 次改正

この改正は，1958年 9 月10日，1959年10月23日及び1960年 1 月11日付のインド・パキスタン協定実施にともない，パキスタンにベルーバリ(Berubari)その他の地域を割譲するためにおこなわれた。(1960年12月28日施行)

(10) 憲法第10次改正

ダードラー(Dadra)及びナガル・ハーヴェリー(Nagar Haveli)を連邦直轄領としてインドに編入した。(1961年 8 月16日施行)

(11) 憲法第11次改正

大統領及び副大統領の選挙母体に欠員又は空席があっても，そのことにより選挙自体の効力に疑義が生じないように，第71条に 4 項が設けられた。(1961年12月19日施行)

45

（12）憲法第12次改正

ゴア（Goa），ダマン（Daman）及びディーウ（Diu）を連邦直轄領としてインド
に編入した。（1962年 3 月27日施行）

（13）憲法第13次改正

ナガランド州の行政に関する特別規定として，第371A条が設けられた。
（1962年12月23日施行）

（14）憲法第14次改正

第14次改正は，1962年12月16日までフランス直属領を構成していた，ポン
ディシェリー（Pondicherry：現プドゥチェーリ）等をインド連邦に編入し，連邦
直轄領としたものである。（1962年12月28日施行）

（15）憲法第15次改正
①　この改正によってなされた改正の最も重要なものの 1 つは，第226条
　に対してなされたものである。
　　選挙委員会対スッパ・ラオ事件判決において，高等裁判所がその地域
　的管轄権外にある選挙委員会に令状を発する権限があるかどうかが争わ
　れた。高等裁判所が，このような権限を有しないとすれば，中央政府や
　その地域的管轄権外にある機関に対して市民が訴えを提起することが非
　常に困難になってしまう。このような問題に対処するために，第226条
　に1A項が新設された。この1A項は，高等裁判所の令状発出権等（第226
　条 1 項）を，当該政府若しくは機関の所在地又は人の住所が当該高等裁
　判所の管轄区域内にない場合でも，当該権限の行使にあたって全部又は
　一部の訴因が生ずる領域内に関して管轄権を有する高等裁判所が行使で
　きるものとした。
②　高等裁判所裁判官の退職年齢を62歳に引き上げ（第217条），高等裁判所
　裁判官が，他の高等裁判所へ転任する際の，補償手当てについて定めた
　（第222条）。

第二章　インド憲法の基本的特質とインド憲法の改正

③　高等裁判所の審理への退職裁判官の参加について定める第224A条を新設した。

④　その他として，（a）第311条の改正，（b）第316条の改正がある。（1963年10月5日施行）

(16)　憲法第16次改正

憲法第19条は，言論の自由を保障している。この第19条1項a号及びb号に基づく権利の行使に対する合理的な制限として，同条2項，3項及び4項に，「インドの主権と統合」という文言が加えられた。この改正は，「国家統合及び地域委員会（The Committee on National Integration and Regionalism）」が，連邦の主権と保全・統合を維持するために充分な権限の行使ができるよう，憲法第19条の改正を勧告したことをうけて提案されたものである。

また，第84条，第173条及び第三附則の宣誓形式を，国会議員及び州議会議員の全ての候補者，連邦及び州の大臣，国会議員及び州議会議員，最高裁判所及び高等裁判所の裁判官，並びにインド会計検査院長が，インドの主権と統合を支持するという宣誓をおこなうべきことを定めるように改正することが提案された。（1963年10月5日施行）

(17)　憲法第17次改正

①　最高裁判所は，1961年ケーララ農業関係法を，それがマドラス州からケーララ州に委譲されたライーヤトワーリー（ryotwari）土地に適用されるかぎりにおいて無効であると判示した。また，ケーララ高等裁判所は，この法律を，それがマラバール，トラヴァンコールにおける資産以外の土地に適用されるかぎりにおいて無効であると判示した。すなわち，この法律は，憲法第14条，第19条及び第31条に違反し，また，憲法第31A条の保護は，資産以外の土地に適用することは出来ないと判示されたのである。そこで，憲法第1次改正及び第4次改正の趣旨を徹底する目的で，第31条及び第31A条の改正が提案された。

②　第31条で定める保護は，インド憲法が施行された1950年1月26日の時

47

点での資産保有権者にのみ適用されるものとされ，「資産（estate）」という表現は，州によってそれぞれ異なって定義されてきていた。また，州の再編成のためにある州から別の州へ委譲された土地もあることから，「資産」について同一の州内でも地域によって別の定義がなされていた。したがって，次のように改正の提案がなされた。

　「資産にライーヤトワーリー処分に基づく土地および土地改革法令で諸規定が通常定めているその他の土地をも含めることによって，第31A条で定める「資産」の定義を変えることを提案する。また，法令の有効性に関して生ずる不確実及び疑義を除去するために，土地改革に関する州の法令を第九附則中に含めることを提案する。」

③　州議会がそれまでに制定していた64の法律が，上記の趣旨から第九附則中に盛り込まれた。提案された改正案は，次の点で修正をうけた。

(a) 第31A条1項の第二ただし書は，当初の提案にはなかった。

(b) 第九附則に21〜61が付加され，55についての例外が定められた。そして，この例外は，第九附則の末尾における原注として規定されたが，これは，提案には含まれていなかった。（1964年6月20日施行）

(18) 憲法第18次改正

第3条に原注Ⅰ及び原注Ⅱを設けた。ただし書でいう，「州」の中に連邦直轄領を含まないとしたことは，当該連邦直轄領議会との事前の協議を不必要だということを明記したものといえよう。（1966年8月27日施行）

(19) 憲法第19次改正

第324条1項に基づき，選挙委員会は，国会及び州議会の選挙に関する紛争を裁決するための選挙審判所を任命する権限を有していた。ところが，1951年国民代表法が1966年に改正され，第80A条が設けられた。この規定によれば，選挙訴訟を審理する管轄権は，高等裁判所に与えられることになっていた。そこで，この第19次改正により，憲法第324条が改正された。（1966年12月11日施行）

第二章　インド憲法の基本的特質とインド憲法の改正

（20）憲法第20次改正

　チャンドラ・モハン事件判決において，最高裁判所は，司法官の任命が憲法第233条及び第234条で定められた高等裁判所との協議を経てなされたものではないと判示した。この任命を有効なものとするためになされたのが，この第20次改正である。（1966年12月22日施行）

（21）憲法第21次改正

　第八附則に列挙された言語の中に，シンディー（Sindhi）が追加された。（1967年４月10日施行）

（22）憲法第22次改正

　この改正によって，第244A条が新設され，国会は，アッサム州の部族地域に関する自治州を構成する権限を与えられた。（1969年９月25日施行）

（23）憲法第23次改正

　SC/STへの議席留保は，憲法施行の日より20年間おこなう（第334条，第8次改正）と定められていたが，さらに10年延長され，「30年」と改正された。（1970年１月23日施行）

（24）憲法第24次改正

　最高裁判所は，当初，憲法第13条で用いられている「法律」には，憲法改正を含まないと判示していた。しかし，ゴーラク・ナート事件判決を契機に，最高裁判所の見解が変わってきた。これに対して，憲法第24次改正案の提案目的及び理由は，次のように述べている。

　「最高裁は，周知のゴーラク・ナート事件判決（1967年）において，基本権に関する第３編を含む憲法のすべての箇所の改正権を国会が有することを認めていた以前の判決を覆した。この判決の結果，国会は，国家政策の指導原則を実現するため，あるいは憲法前文で明示された目的達成のために必要な場合でさえも，憲法第３編で保障されたいかなる基本権をも剥奪又は制限す

49

る権限を有しないと考えられるにいたった。それゆえ，国会が憲法改正権の範囲内に憲法第3編の規定を含めるように憲法条文の改正ができることを明記することが必要であると考えられる。

この改正案は，前記目的のために憲法第368条を改正し，第368条が憲法改正手続とともに憲法改正についても規定していることを明確にすることを意図している。また，改正案は，憲法改正法案が国会の両院で成立したときには，その認証を求めるため大統領に送付され，大統領がそれに対して認証を与えなければならないことを定めている。さらに，この改正案は，憲法第368条の規定に基づくいかなる憲法改正も憲法第13条には適用されないよう，第13条を改正することをも意図している。」

このような目的をもって，第24次改正がおこなわれた。(1971年11月5日施行)

(25) 憲法第25次改正

第25次改正案の改正目的及び理由は，次のように述べられている。

「財産の強制収用又は接収についての補償額を定め，又は補償を決定・実施する原則及び方法を定める法律は，その法律で定められた補償が不充分であるという理由で，裁判所により審査されることはない，ということを明記したのが憲法第31条である。〔ところが〕最高裁判所は，銀行国有化事件判決(1970年)において，憲法は補償についての権利すなわち強制収用された財産に相当する金銭を補償していると判示した。この結果，補償額を決定するにあたって議会が定めた，補償の十分性と補償原則の適切性とは，財産所有者に支払われた額が財産の損失に対する合理的な補償とみなすことができるかどうかという問題に裁判所が立ち入ることができるかぎりにおいて，実際上は司法審査の対象となってきている。また，同様の事件において，裁判所は，公共の目的のために財産を収用又は接収しようとする法律が憲法第19条1項f号の要件をみたされなければならないとも判示している。

改正法案は，前述の解釈に基づいて，国家政策の指導原則を実行する過程で生ずる困難を克服することを意図している。「補償」という言葉は，第31

条2項から削除されるべきであり，「額」という言葉に置き換えられる。この額は，現金以外で与えることができることが明示される。また，第19条1項f号は，公共目的のための財産収用又は接収に関する法律には適用されないことを定めることも提案されている。

　また，改正案は，第31C条を新設することも提案する。この第31C条は，ある法律が第39条b号及びc号で定められている国家政策の指導原則を実現するために制定され，そのための制限を含んでいる場合には，憲法第14条，第19条，又は第31条で定められた権利を剥奪し，又は制限するという理由で無効だとみなされることはない。また，当該法律は，指導原則を実現するものとはいえないという理由で審査を受けたりすることはないと定めている。州議会によって制定された法律の場合には，当該法律案は，大統領の判断を経て，その認証を得ることが必要である。」

　この第25次改正で，新設された第31C条は，次のような内容・特徴をもっていた。①第39条b号，c号に規定される指導原則を実現するために制定された法律は，第14条，第19条及び第31条違反を理由としては訴えられないことを明らかにした。このことは，結果として，農業改革に関する法律以外の法律にも第31A条の適用範囲を拡げるという意味をもった。②国会が，ある法律を第39条b号，c号に規定された指導原則を実現するためのものだと宣言したときには，第31条に基づく免責があるか否かを裁判所の審査対象から排除するという点で，非常に徹底した性質をもっている。③第31条に基づいて州議会が制定する法律は，大統領の認証を必要とする。（1972年4月20日施行）

　この②の内容（条文では「また，これらの国家政策を実行するための…」以下の箇所）は，ケーサヴァナンダ・バーラティ事件判決（1973年）において，無効と判示された。この箇所は，法案段階からすでに論議をよび，各方面から疑義が出されていた。例えば，法律委員会の第26次報告書は，この第25次改正案に対して，次のような勧告をおこなっていた。

　①　現在起草された第31C条の中で，「第19条」とあるところは，「第19条1項f号及びg号」と明示すべきである。

②　第31C条案の本文後段は，削除すべきである。

この報告書の勧告が受け入れられていたならば，前記判決でおこなわれたような論議はおこらなかっただろうともいわれている。

（26）憲法第26次改正

この改正は，藩王国をインドに吸収合併したときにインドと藩王国統治者との間に交わされた協定に基づいて藩王国旧統治者に支払われてきた内帑金（Privy Purses）を廃止するためになされた。（1971年12月28日施行）

（27）憲法第27次改正

東北地域の再編成計画実施にあたって，この第27次改正は，ミゾラム連邦直轄領を第239A条（一定の連邦直轄領のための地方議会，大臣会議の創設）の適用対象となる連邦直轄領とした。（1972年12月30日施行）

（28）憲法第28次改正

前ICS官吏の勤務条件に関する第314条の改正と，その勤務条件を変更する法律を国会が制定できる旨定める第312A条が新設された。（1972年8月27日施行）

（29）憲法第29次改正

この改正は，ケーララ土地改革法についてなされた一定の改正を憲法第九附則に盛り込むにあたって，それが裁判所での異議申立に対応できるようにすることを目的としていた。（1972年6月9日施行）

（30）憲法第30次改正

この改正により，第133条が改正された。高等裁判所の一定の判決に対する最高裁判所への上告は，その事件が法律上の実体問題を含む一般的重要性をもっており，高等裁判所がそのことを証明したときにだけなしうることとされた。（1973年2月22日施行）

第二章　インド憲法の基本的特質とインド憲法の改正

（31）憲法第31次改正

この改正により，第81条が改正された。国会下院議員の定数は，500人で
あったが，この改正により525人に引き上げられた。（1973年10月17日施行）

（32）憲法第32次改正

この改正は，教育施設への入学及び州公務への雇用について，アーンド
ラ・プラデーシュ州内のテランガーナ(Telangana)及びアーンドラ(Andhra)
地域間の紛争を解決することを意図しておこなわれた。第371D条は，大統
領が，①アーンドラ・プラデーシュ州内の公雇用及び教育についての公平な
機会と便宜の供与に関して，②公務員の紛争を裁決する行政審判所の構成に
ついて，必要な命令を定める権限を有することを認めている。（1974年5月3
日施行）

（33）憲法第33次改正

議員の辞職を強要した事例が明るみに出たことからなされたこの改正によ
り，憲法第101条と第190条が改正された。国会議員及び州議会議員の辞職
は，その議員が所属する議院の議長が認めた場合にのみ有効であり，その他
の場合には辞職を認めてはならないことが明記された。（1974年5月19日施行）

（34）憲法第34次改正

この改正によって，主として農業改革に関する20の州法が第九附則に含め
られた。（1974年9月7日施行）

（35）憲法第35次改正

この改正により，シッキムに準州の地位が与えられた。（1975年2月22日施
行）

（36）憲法第36次改正

この改正によってシッキムがインド連邦に併合された。シッキムは，この

53

結果，21番目の州として第一附則に加えられた。（1975年5月16日施行）

(37) 憲法第37次改正

第239A条（一定の連邦直轄領のための地方議会若しくは大臣会議の創設又は地方議会と大臣会議の創設）及び第240条（一定の連邦直轄領についての大統領の規則制定権）の中にアルナーチャル・プラデーシュが挿入された。（1975年5月3日施行）

(38) 憲法第38次改正

1975年から1976年にかけておこなわれた憲法改正は，歴史的にも憲法的にも重要性をもっている。憲法改正権の限界についても活発に論議されている。

第38次改正の主要点は，次の通りである。

① 第123条及び第213条の改正

同条で定める，大統領及び州知事の命令発出権が強化され，裁判所の審査を受けないものとされた。

② 第352条及び第356条の改正

非常事態を布告する大統領権限が強化され，裁判所の管轄権の外におかれた。

③ 第356条1A項の新設

この1A項は，非常事態布告中，第3編に保障された基本権を制約することを可能ならしめるものである。

④ 第360条5項の新設

この5項は，財政非常事態における大統領の権限を強化し，裁判所がその効力を審査することを制限する規定である。この5項は，第44次改正により削除された。

（1975年8月1日施行）

(39) 憲法第39次改正

この改正内容の主要点は，次の通りである。

第二章　インド憲法の基本的特質とインド憲法の改正

① 第329A条の新設

　　大統領及び副大統領の選挙に関する選挙争訟並びに国会議員としての首相及び議長の選挙に関する争訟が，それぞれ最高裁判所及び選挙審判所の管轄から除外された。

② 第九附則に38の法令を追加した。これらの法令は，社会・経済改革法令のみならず，治安維持法，国民代表（改正）法等のような法律をも含んでいた。（1976年5月27日施行）

（40）憲法第40次改正

この改正により，64の法律が第九附則に追加された。（1976年5月27日施行）

（41）憲法第41次改正

1976年9月7日施行された。この改正により，州公務委員会委員の退職年齢が60歳から62歳に引き上げられた。

（42）憲法第42次改正

この第42次改正は，インド憲法制定以降なされてきた全ての改正の中で最も徹底したものだといわれている。この改正の主要なものを列挙する。（1976年12月18日施行）

① 前文の改正

　　前文の「主権を有する民主主義共和国」が「主権を有する社会主義的・政教分離主義的・民主主義共和国」に改められた。この改正は，憲法に新たな理念を盛り込むものではなく，インド共和国は，その成立当初から，「社会主義的かつ政教分離主義的」な国家であったことを明示したものだと説明された。

② 国家政策の指導原則の充実

　　第39条b号及びc号で明記された目的を実現するための立法と憲法第14条，第19条及び第31条で保障された基本権との関係を明らかにし，基本権に対する指導原則の優位を強調しようとしている。

55

③　第31D条の新設

　　反国家的活動を制限，禁止するための法律について基本権の適用除外を定めた第31D条が設けられた。この条文は，政党与党が反国家的活動とみなした活動をおこなう政治組織，文化団体あるいは労働組合などを非合法化する広範な権限を国会に与えることになった。

④　第32A条の新設

　　第32条に基づく請求において，州法の合憲性を審査する最高裁判所の権限を制約する第32A条が新設された。

⑤　第4編中の条項の新設

　　第39A条(平等な裁判と無料法律扶助)，第43A条(工場の運営への労働者の参加)及び第48A条(環境の保護，改善並びに森林及び野生動物の保護)が新設された。

⑥　基本義務(第4A編)の新設

　　第51A条を新設することによって，国民のさまざまな基本義務を憲法中に盛り込んだ。

⑦　第74条の改正

　　第74条を適切に改正することによって，大臣会議が大統領におこなう助言は，大統領を拘束することを明確にした。

⑧　裁判所の管轄権の制限

　　第77条および第166条の改正によって，州及び連邦の行政に対する裁判所の管轄権が制約された。

⑨　国会下院及び州下院の任期

　　第83条及び第172条の改正によって，国会下院及び州下院の任期が，5年から6年に延長された。

⑩　連邦法の有効性を審査する高等裁判所の管轄権が制約された。

⑪　第144A条の新設

　　法律の合憲性に関する紛争の処理についての特別規定として第144A条が新設された。この条によれば，最高裁判所が州法又は連邦法の合憲性を決定するためには，少なくとも7人の裁判官が出席していなければ

第二章　インド憲法の基本的特質とインド憲法の改正

ならず，審理に参加した裁判官の３分の２以上の賛成がなければその法律を違憲無効とすることはできない。

⑫　第226条の改正

　高等裁判所が基本権を確保することなどのために令状等を出すことのできる権限がこの改正により制約されることとなった。また，同様の目的から，高等裁判所が出すことの出来る仮命令の有効期間が15日に制限された。

⑬　第227条の改正

　この改正により，審判所に対する，第227条に基づく高等裁判所の監督権がなくなった。また，この条に５項が追加され，高等裁判所への上訴に服する判決についてのみ高等裁判所が審理できることが明記された。

⑭　第228A条の新設

　州法の合憲性に関する紛争の処理についての特別規定として第228A条が新設された。この条によれば，高等裁判所が州法の合憲性を決定するためには，少なくとも５人の裁判官が出席していなければならず，裁判官の３分の２以上が賛成しなければその法律を違憲とすることはできない。

⑮　第257A条の新設

　連邦軍隊その他の武力の配備による州への援助を定めた第257A条が新設された。

⑯　第311条の改正

　この改正により，第311条２項から，「また，当該調査後，その者に当該処分を課することが提議された場合には，提議された処分につき陳述をなす合理的な機会が与えられるまでは，当該調査中挙示された証拠に基づいてのみ（罷免，解任又は降任される）」の部分が削除された。

⑰　第323A条及び第323B条の新設

　特定の紛争処理のために，国会が行政審判所及びその他の審判所を組織することができること，並びに最高裁判所に留保された管轄権を除

57

き，裁判所の管轄権を制約することを定める第323A条及び第323B条が
新設された。

⑱　第368条の改正

　　この条に4項及び5項を追加することによって，第42次改正の前後を
問わず，いかなる憲法改正も裁判所の審査を受けないことが明記され
た。また，国会の憲法改正権にはいかなる制限もないことも明記され
た。

　この第42次改正は，1976年12月18日に施行された。しかし，1977年3月の
総選挙後，1975年8月から1976年12月にかけて改正された条項を元に戻すこ
ころみが開始された。これらの改正を担ったのは，国民会議派にかわって政
権についたジャナタ党である。しかし，ジャナタ党は，下院で多数を制しは
したが，上院では多数を獲得していなかった。したがって，与野党間の折衝
がおこなわれ，いくつかの改正は全政党の一致でなされていった。

(43)　憲法第43次改正

　この改正は，上記第42次憲法改正による改正規定をそれ以前の規定に戻し
ていくための最初の改正としておこなわれた。(1978年4月13日施行)

①　第31D条の廃止

　　この条は，反国家的活動を制限，禁止するための法律について基本権
の適用除外を定めていた。

②　第32A条の廃止

　　この条は，第32条に基づく請求において，州法の合憲性を審査する最
高裁判所の権限を制約していた。

③　第131A条，第144A条及び第226A条の廃止

　これらの条は，最高裁判所及び高等裁判所の権限および管轄権を制限して
いた。これらの改正により，最高裁判所及び高等裁判所の権限，管轄権は，
ほぼ以前のものに戻された。

第二章　インド憲法の基本的特質とインド憲法の改正

（44）憲法第44次改正

この改正は，第43次改正の方向を徹底させるものであった。また，旧条文を復活させることだけでなく，その趣旨は，新たな条項の追加によってもおこなわれた。主要な内容を以下に列挙する。

① 　第19条1項f号及び第31条を削除することによって，財産についての権利を基本権の範疇から除外し，憲法上の権利として第300A条に規定した。これにともない，第31A条，第31C条から第19条についての規定が削除された。

② 　大統領及び副大統領の選挙に関する紛争を審理する，最高裁判所の権限が，新71条の規定によって再度回復された。

③ 　第74条1項ただし書の新設

　　大統領は，大臣会議の助言にしたがってその権能を行使しなければならないとされているが，その助言の再検討を求めることができることが明記された。ただし，大統領は，その再検討の後になされた助言には従わなくてはならないとされた。

④ 　国会下院及び州下院の任期は，第42次改正により，6年とされていたが，元の「5年」に戻された。

⑤ 　第134A条の新設

　　この条（最高裁判所への上告のための証明書）は，当事者の便宜のために口頭による申請等に対して高等裁判所が，すみやかに証明書の交付の可否を決定しなければならないことを定めている。訴訟の遅延を避けることも目的とされていた。

⑥ 　第139A条の改正

　　この改正により，最高裁判所は，いくつかの高等裁判所に類似した事件（法律上同一又は実質的に法律上同一の問題を含んでいるとき）が係属しているときには，その事件を自ら審理することができることが明記された。この改正は，裁判の進行と，重要な法律問題の最終的決定の迅速性を実現すること，及び高等裁判所における時間の浪費を避けることを意図していた。

59

⑦　第226条及び第227条が当初の位置づけを回復した。

⑧　第226条に特別規定が設けられた。この条に基づく申請に対して高等裁判所は，一定の期間内にこれを処理しなければならず，一定の期間をこえた場合には，仮命令が無効となることが明示された。

⑨　非常事態の規定に関する改正

　　非常事態に関する規定の主要な変更点は，次の通りである。

（i）第352条に基づく国家非常事態の布告は，首相及び閣内大臣の文書でおこなわれた助言に基づくときにのみ発することができる。

（ii）非常事態の布告は，反乱，外患，又は戦争の場合にのみ発することが出来，内乱を理由として発することはできないとされた。

（iii）非常事態の布告は，1月の経過前に国会の両院によって承認されなければならず，承認のないときには1月が経過したときにその効力を失うことが明記された。

（iv）両院のこの承認には，出席し投票する議員の3分の2以上で，しかも総議員の過半数の賛成を必要とするとされた。この改正は，非常に重要な改正であり，憲法改正の要件と同様の要件をこの非常事態の布告の承認要件としたものである。

⑩　第359条の改正

　　非常事態の布告中も，憲法第20条及び第21条で保障された人身の自由は制約されないことが明記された。この条項は，最高裁判所が判決の中で述べたところによれば，いかなる事態の下においても生命及び人身の自由についての権利は停止されないことを保障しようとするものである。

　この第44次改正は，一部が1979年6月10日，その他の部分が1979年8月1日に施行された。

（45）憲法第45次改正

　SC/STへの議席留保は，憲法施行の日より30年おこなわれると定められていたが（第334条，第8次改正及び第23次改正），この改正により「40年」と改

第二章　インド憲法の基本的特質とインド憲法の改正

正された。（1980年4月14日施行）

（46）憲法第46次改正

この改正により，第269条，286条及び第366条が改正され，第七附則第1表92B号が新設された。（1983年2月2日施行）

（47）憲法第47次改正

第九附則の改正がおこなわれた。（1984年8月26日施行）

（48）憲法第48次改正

憲法第356条5項に次のただし書が設けられた。（1984年8月26日施行）

「ただし，1983年10月6日，パンジャーブ州に関して1項の規定に基づいて発せられた布告の場合には，この項で定める「1年を超える期間」は，「2年を超える期間」と読替えるものとする。」

（49）憲法第49次改正

指定地域及び部族地域の行政に関する規定（第244条）にトリプラ（Tripura）が加えられた。この改正にともない，第五附則及び第六附則の関係箇所も改正された。（1984年9月11日施行）

（50）憲法第50次改正

憲法第3編で保障された基本権の適用についての変更権を規定する第33条が改正された。当初の規定は，軍隊に関してのみの変更権であったが，改正によりその対象が拡げられた。（1984年9月11日施行）

（51）憲法第51次改正

第330条（SC/STに対する国会下院の議席留保）並びに第332条（SC/STに対する州下院の議席留保）が改正された。（1985年4月29日施行）

61

（52） 憲法第52次改正

国会の欠員及び欠格に関する第101条及び第102条が改正された。また，州議会議員の欠員及び欠格について規定する第190条及び第191条も同様に改正された。これにともなって，第十附則が追加された。（1985年2月15日施行）

（53） 憲法第53次改正

第371G条（ミゾラム州に関する特別規定）が新設された。（1986年8月14日認証，1987年2月20日施行）

（54） 憲法第54次改正

最高裁判所裁判官の俸給について定める第125条1項が改正された。また，高等裁判所裁判官の俸給について定める第221条1項も改正された。これにともない，第二附則D編の改正がおこなわれた。（1987年3月14日認証，1987年4月1日施行）

（55） 憲法第55次改正

第371H条（アルナーチャル・プラデーシュ州に関する特別規定）が新設された。（1986年12月23日認証，1987年2月20日施行）

（56） 憲法第56次改正

ゴア，ダマン及びディーウから構成されていた連邦直轄領中のゴア地区をゴア州に，ダマン及びディーウ地区を新ダマン・ディーウ連邦直轄領とすることが提案され，これにともなって新ゴア州の州下院に関する特別規定（第371I条）が設けられた。（1987年5月23日施行）

（57） 憲法第57次改正

憲法第51次改正（1984年）によって，憲法第330条及び第332条が改正され，ナガランド，メガラヤ，ミゾラム及びアルナーチャル・プラデーシュにおけるSTのための下院の議席留保並びにナガランド及びメガラヤの州議会での

62

第二章　インド憲法の基本的特質とインド憲法の改正

議席留保が定められた。しかし，この改正だけでは，これらの地域における
SC/STのための措置としては不十分であることが指摘されてきた。そこで，
これらの地域に関して特別の調整が必要と考えられ，第332条を再度改正す
ることが提案された。(1987年9月15日施行)

(58)　憲法第58次改正

改正目的及びその理由は，次のように述べられていた。

「…制憲議会議員により署名された憲法のヒンディー語訳は，決議にした
がって制憲議会議長の名によって1950年に公刊された。その後のすべての改
正を盛り込んだ，憲法の公式ヒンディー語訳を公刊することに対する一般的
な要求が続いてきた。また，法過程におけるヒンディー語訳の使用を促進す
るためにも憲法の正文を有することが必要である。憲法のいかなるヒンデ
ィー語訳も，制憲議会により公刊されたヒンディー語訳に一致すべきであるば
かりでなく，ヒンディー語で書かれた連邦法の正文で用いられている言語，
形式及び用語法に一致しなければならない。それゆえ，制憲議会議員により
署名されたヒンディー語訳憲法に，ヒンディー語で書かれた連邦法の正文で
採られた言語，形式及び用語法に一致させるのに必要な修正を加えて，イン
ド大統領が憲法のヒンディー語訳を，その名において公刊することが出来る
ように憲法を改正することを提案する。同時に，大統領は，英語でなされた
すべての改正のヒンディー語訳を公刊する権限をも有する。」

このような目的及び理由により，第22編の表現が改正され，第394A条が
新設された。(1987年12月9日施行)

(59)　憲法第59次改正

パンジャーブ州における治安の混乱が続いており，大統領布告(憲法第356
条5項)が失効することになっている1988年5月10日までに，そのような事
態が改善されるという見込みは全くなかった。そこで，必要なときには第
356条4項の規定に基づいて認められる3年の期間まで布告を延長すること
ができるように同条5項を改正することが提案された。また，内乱を理由と

して非常事態の布告がパンジャーブ州の全域又はその一部に出されるときにおける，第19条の停止についての第358条及び第359条の適用，さらには，第359条に基づいて憲法第3編に規定するその他の条項（第20条を除いて）のすべての作用を停止する大統領命令について規定するための改正も提案された。(1988年3月30日施行)

(60) 憲法第60次改正

第276条2項は，1項の規定に基づいて州議会により定められる税の総額が250ルピーを超えてはならないことを明記している（ただし書きは，一定の場合に，この額を超えることを認めている）。この額は，物価上昇その他の要件を考慮するとあまりにも低いことが指摘されてきた。そこで，この改正では，その上限が2500ルピーに引き上げられた。(1988年12月20日施行)

(61) 憲法第61次改正

この改正目的及び理由は，次のように述べられている。

「憲法第326条は，国会下院及び全ての州下院の選挙が，成人普通選挙，すなわち，21歳以上の者の選挙でなければならないと定めている。多くの諸国では，投票年齢として18歳を定めていることが知られてきた。インドでは，いくつかの州政府が，地方機関の選挙にあたって18歳年齢を採用している。今日の若者は，読み書きもでき，教養もついている。したがって，投票年齢の低下は代表を出していないインドの若者に彼らの気持ちを表面に出す機会を与え，彼らが政治過程の一員となることを助けることになるだろう。今日の若者は政治的に非常に自覚している。それゆえ，投票年齢を21歳から18歳に引き下げることを提案する。」

このような目的・理由から，第326条が改正された。(1989年3月28日施行)

(62) 憲法第62次改正

SC/STに対する議席優遇（議席留保）を継続する理由がなお存していると考えられたことから，第334条を改正して，その議席留保をさらに10年間延長

第二章　インド憲法の基本的特質とインド憲法の改正

することが提案された。(1990年1月25日施行)

（63）憲法第63次改正

　憲法第59次改正は，パンジャーブ州における非常事態の布告の発出及び当
該州における大統領命令の継続に関して改正をおこなった。この第63次改正
では，第356条を元の規定に戻すことが適当であると考えられた。また，同
様の理由から，第359A条を削除することも提案された。(1990年1月6日施行)

（64）憲法第64次改正

　憲法第63次改正と同じく第356条を改正するものである。この第64次改正
では，パンジャーブ州における事態の好転がみられないとの判断の下に，同
条4項と5項が改正された。(1990年4月16日施行)

（65）憲法第65次改正

　1項～3項により構成されていた第338条の1項及び2項が大幅に改正さ
れ，1項～9項となった。この改正にともない，もとの3項が10項とされ
た。(1990年6月7日施行)

（66）憲法第66次改正

第九附則に203～257が追加された。(1990年6月7日施行)

（67）憲法第67次改正

　次のような目的及び理由から，第356条の改正が提案された。
「憲法第356条4項の規定によれば，同条に基づき発せられ，国会の両院で
承認された布告は，3年を超えて施行されつづけることはない。しかしなが
ら，同条5項によれば，同条1項の規定に基づいて発せられた布告の，1年
を超える期間効力を継続することを承認する決議は，当該州の全域又は一部
に非常事態の布告が施行されているとき，及び選挙委員会が1項に基づいて
発せられた布告の継続が同項の規定に基づいて当該州下院の総選挙を行うに

あたっての困難のゆえに必要であると認めたとき，という2つの要件を満たさなければ国会のいずれの議院によっても可決することは出来ない。

パンジャーブ州に関して1987年5月11日に出された布告についての3年の期間は，1990年憲法（第64次改正）法により3月6日に延長され，また，第356条5項もパンジャーブ州議会の選挙をおこなうことができるよう同改正法により適切に改正された。しかしながら，パンジャーブ州における一般的状況は，同州議会の選挙が自由かつ平穏に行われるという期待を抱かせるには今なおいたっていない。それゆえ，憲法第356条4項は，パンジャーブ州に関する前記布告を4年にまで延長するために改正される。」

このような目的・理由から，第356条4項第3ただし書が改正された。（1990年10月4日施行）

(68) 憲法第68次改正

この憲法第68次改正の改正目的及び理由は，前回の第67次改正にあたって示された改正目的及び理由と同趣旨の内容であるが，さらに次のように述べて，第356条4項第3ただし書に「4年」とあるのを「5年」に変更した。（1991年3月12日施行）

「…保安隊の攻撃にもかかわらず，パンジャーブ州ではテロリストの暴力が今なお続いている。同州における一般的状況は，州議会が公正，自由かつ平穏におこなわれるまでにいたってはいない。したがって，憲法第356条4項は，パンジャーブ州に関する前記布告を5年にまで延長できるよう改正することを提案する。」

(69) 憲法第69次改正

この改正により，デリー国家首都地区に特別の機構（議会及び次官会議）を設け，権限を与える第239AA条および第239AB条が新設された。（1992年2月1日施行）

第二章　インド憲法の基本的特質とインド憲法の改正

（70）憲法第70次改正

　この第70次改正によって，①第54条に「原注」が挿入され，大統領選挙における選挙会の構成に関わる「州」にはデリー国家首都地区及びポンディシェリー連邦直轄領を含むものとすることが定められたほか，②第239ＡＡ条７項が改正され，後者については1991年12月21日から効力を有するものとされた。（1992年8月12日施行）

（71）憲法第71次改正

　憲法第八附則に列挙された言語に，いくつかの言語を追加すべきだという主張がかなり以前からなされていた。この第71次改正では，第八附則にコンカーニー，マニプーリー，及びネパーリーの3つの言語が追加された。（1992年8月31日施行）

（72）憲法第72次改正

　次の目的及び理由から，第332条の改正が提案され，第332条3B項が新設された。

　「1988年8月12日，インド政府とトリプラ義勇軍との間で紛争解決のための覚書が交わされた。この覚書は，トリプラ州統治における部族の役割・割当てを以前より増加することを認めている。したがって，憲法の規定にかかわらず，トリプラ州議会の議席中指定部族に留保される割合を増加し，現在の議席数を解散のときまで変更しない，という憲法改正が必要となる。

　この目的のために，政府は1990年憲法（第69次改正）法案を国会に提出したが，第9期下院の解散のため廃案となった。

　前記目的を達成し，部族民間の信頼を回復するため，トリプラ州議会での指定部族への留保議席最低数を定めるための措置が速やかに採られなければならない。」（1992年12月5日施行）

（73）憲法第73次改正

　憲法第40条は，村パンチャーヤトについて定め，「それが自治単位として

67

の機能をもつのに必要な権限を与えなければならないこと」を明記している。
第73次改正は，第7次改正により削除された第9編（第一附則D編に規定する
領域及び同附則に規定されていないその他の領域）を，パンチャーヤトに関する新
たな編とした。このことに伴い，第280条3項にbb号が挿入され，第十一附
則が新設された。（1993年4月24日施行）

(74) 憲法第74次改正

　第73次改正に続き，都市地域における自治を拡充するため，第9A編（自治
都市）が，この第74次改正によって新設された。このことに伴い，第280条3
項が改正され，第十二附則が新設された。（1993年6月1日施行）

(75) 憲法第75次改正

改正目的及び理由は，次のように述べられている。

　「今日，多くの州でみられるように地代・家賃統制法の運用は，多数の弱
者を苦しめており，予期しなかった結果をもたらしている。これらの立法の
弊害は，目的のはっきりしない膨大な数の訴訟が提起されていることにもあ
らわれている。裁判所は，同法の適用を避け，地代・家賃を確実に抑制する
ための慣行と制度を案出する時宜にかなった裁判をおこなうことができない
でいる。……

　州レベルでの地代・家賃審判所を設置する規定を定めることによって，地
代・家賃に対する時宜にかなった救済をおこない，膨大な数の上訴を減少さ
せ，最高裁が憲法第136条に基づいて管轄権を有するものを除き，すべての
裁判所の管轄権を除外するため，憲法第14A編第323B条の改正を提案する。」

　この趣旨から，第323B条2項が改正された。（1994年2月5日施行）

(76) 憲法第76次改正

　憲法第31B条は，憲法第九附則中に規定する法律及び規則は，憲法第3編
で定められた基本権と両立せず，又はそれを除去若しくは制限するという理
由で無効とみなされることはないことを明記している。土地改革法の重要性

68

にかんがみ，第66次改正で55の法令が第九附則に追加された。第76次改正は，タミール・ナードゥ州の留保法とマンダル判決を調整するために第九附則にさらに１つの法律を追加した（第九附則257の後に257Aを追加）。（1994年8月31日）

（77）憲法第77次改正

1955年以降，SC/STへの公職留保は，その採用時のみならず，昇進にもおこなわれていた。ところが，マンダル判決で第16条4項の留保は昇進には及ばないと判示されたので，この判決が逆にSC/STへの公職留保にも及ぶこととなった。マンダル判決は，当時のやり方を5年間，すなわち1997年11月16日まで続けることを認めたので，それ以降の対応として憲法改正が必要となった。この改正で，SC/STへの公職留保はその採用時のみならず，昇進にも適用されることを明記する第16条4A項が追加された。（1995年6月17日施行）

（78）憲法第78次改正

憲法第九附則の257Aと原注との間に，258〜284が追加された。（1995年8月30日施行）

（79）憲法第79次改正

憲法第334条に定められた「50年」が「60年」に置き換えられた。この改正法は，2000年1月21日に大統領の認証をうけ，2000年1月25日から施行するものとされた。（2000年1月21日）

（80）憲法第80次改正

憲法第269条1項及び2項，並びに第270条を改正し，第272条を削除する改正をおこなった。（2000年6月9日施行）

(81) 憲法第81次改正

　従来，SC/STへの留保は，過年度の未充足留保数をも次年度以降に繰り越して50％の枠外で扱われてきた。この扱いは，マンダル判決に反するとして，政府は1997年8月29日OMを出して従来の扱いを変更しようとした。これに対して抗議の声があがり，この第81次改正によって，第16条に4B項を新設し，従来の扱いを認める余地を残したのである。(2000年6月9日施行)

(82) 憲法第82次改正

　S.V. クマール事件判決(1996年)は，第335条にてらして，第16条4項に基づく留保は，昇進要件を緩和して留保をおこなうことまでは認めていないと判示した。この第82次改正は，このクマール事件判決を覆すためにおこなわれたものである。

　この判決は，昇進における留保の問題について，合格点および評価基準の緩和は憲法第335条の規定からして，第16条4項に基づいても認められないと判示していた。この改正案は，第335条にただし書を追加し，昇進のための留保の規定が存在するときには，SC/STメンバーの昇進については要件を緩和することを認めようとするものである。この改正後は，合格最低点の引き下げや評価基準の「緩和」の程度と行政の効率性との調和をめぐる争いとなっている。(2000年9月8日施行)

(83) 憲法第83次改正

　第73次改正(1993年)に基づいて各州法は，1994年4月23日までに改正することを義務づけられていた。ところが，アルナーチャル・プラデーシュ州にはSCは存在せず，州議会，州公務上SCへの留保はおこなわれていなかった。そこで，SCが存在していない，アルナーチャル・プラデーシュ州には第243D条が適用されないとする第243M条3A項を追加した。(2000年9月8日施行)

第二章　インド憲法の基本的特質とインド憲法の改正

（84）憲法第84次改正

この第84次改正は，①第55条の原注ただし書の「2000年」を「2026年」に
置き換え，②第81条3項ただし書の「2000年」を「2026年」に置き換え，「1971
年人口調査の参照」を「(i)2項a号及び同項ただし書については，1971年
人口調査の参照とし，(ii)2項b号については，1991年人口調査の参照」に
置き換え，③第82条の第3ただし書の「2000年」を「2026年」に置き換え，
続く箇所を「(i)1971年人口調査に基づいて再調整された各州への国会下院
の議席の割り当て，及び(ii)1991年人口調査に基づいて再調整された各州の
地域的選挙区への再区分は，再調整する必要がない。」と改め，④第170条及
び第330条も同様の趣旨で改正した。（2002年2月21日施行）

（85）憲法第85次改正

この第85次改正は，政府公務におけるSC/STの昇進における「当然の優
先順位」を明記するために第16条4A項を改正し，「当然の先任順位にしたが
い(with consequential seniority)という文言を挿入した。（2002年1月4日大統領
認証，1995年6月17日遡及適用）

（86）憲法第86次改正

2002年の憲法第86次改正では，教育に関する規定が改正された。第1に，
第21A条(教育への権利)が設けられ，6歳から14歳のすべての子どもは，教
育を受ける権利を有することが明記された。教育を受ける権利が基本権とさ
れたことにともない，第2に，第45条が「6歳未満の子どもの乳幼児保育及
び教育についての規定」に改められた。第3に，第51A条(基本義務)にk号
が追加された。（2010年4月1日施行）

（87）憲法第87次改正

この第87次改正は，第81条3項(ii)，第82条ただし書(ii)，第170条3項第
3ただし書(ii)及び第330条3項ただし書の「1991年」を「2001年」に改めた。
（2003年6月22日施行）

71

（88）憲法第88次改正

この第88次改正は，サービス税を新設し，第268A条（連邦が賦課し，連邦と州が徴収充用するサービス税）を設けた。この新条項との関係で第270条1項が改正され，第七附則に92C号が追加された。（2004年1月16日施行）

（89）憲法第89次改正

この第89次改正は，従来の第338条（SC及びSTのための全国委員会）を第338条（SCのための全国委員会）と第338A条（STのための全国委員会）という2つの条文に分けて規定することとした。（2004年2月19日施行）

（90）憲法第90次改正

この第90次改正は，第332条6項にただし書を設けた。（2003年9月28日施行）

（91）憲法第91次改正

この第91次改正は，連邦及び州の大臣の数をそれぞれの議院の議員数の15％を超えないものとするなどの改正（第75条1A項，1B項の新設，第164条1A項，1B項の新設），第361B条（報酬のともなう政治職への任命についての無資格）を新設するなどの改正をおこなった。（2004年1月1日施行）

（92）憲法第92次改正

この第92次改正により，第八附則の「言語」にサンターリー（Santhali）が追加された。この結果，第八附則の挙げる言語は22となった。（2004年1月7日施行）

（93）憲法第93次改正

新たに教育機関へのSC，ST又は社会的教育的後進階層の者に対する留保に関わる5項を第15条に挿入した。（2006年1月20日施行）

72

第二章　インド憲法の基本的特質とインド憲法の改正

（94）憲法第94次改正

2000年のマディヤ・プラデーシュ再編法及びビハール再編法によりチャッティースガル州及びジャールカンド州が新設されたが，その結果ビハール州にはSTの人口がほとんどなくなり，指定地域もその領域内にはなくなったため，第164条1項で定めるSTの福祉のための大臣職についてビハール州をその管轄領域から除外し，代わりに新設された2つの州を管轄領域に含めるものである。

　第164条1項ただし書の「ビハールBihar」を「チャティースガルChhattisgarh，ジャールカンドJharkhand」に置き換えた。（2006年6月12日施行）

（95）憲法第95次改正

第334条は，SC/STに対する議席の留保について定めた規定である。元来時限規定であったが，その立法目的が十分に達成されていないとの理由でこれまで度々延長されてきた。この改正も，当該規定をさらに10年延長し，「60年」を「70年」に置き換えた。（2010年1月25日施行）

（96）憲法第96次改正

2008年にオリッサ州議会はその公用語である「オリヤ」を「オディア」と変更する案を可決し，これを中央政府に送付したことから，これに基づき憲法の附則を改正したものである。第八附則15の「オリヤOriya」が「オディアOdia」に置き換えられた。（2011年9月23日施行）

（97）憲法第97次改正

協同組合（Co-operative Society）に関する規定を憲法上明記し，次の条文の改正，新設をおこなった。すなわち，①第3編第19条1項c号の「組合unions」の後に「または協同組合or co-operative societies」を挿入する，②第4編第43A条の後に第43B条（協同組合の促進）を新設する，③第9A編の後に第9B編（協同組合）を設け，第243ZH条〜243ZT条を新設する。（2012年2月15

73

日施行）

（98）憲法第98次改正

憲法第371I条の後に第371J条（カルナータカ州に関する特別規定）を新設したものである。（2013年10月1日施行）

（99）憲法第99次改正

最高裁判所裁判官および高等裁判所裁判官の任命制度を変更し，国家裁判官任命委員会（National Judicial Appointment Commission）を新設することにともなう関連条文の新設と改正をおこなった。すなわち，①第124条2項の改正，②第124条の後に第124A条（国家裁判官任命委員会），第124B条（委員会の任務），第124C条（法律を制定する国会の権限）の挿入，③第127条1項の改正，④第128条の改正，⑤第217条1項の改正，⑥第222条1項の改正，⑦第224条の改正，⑧第224A条の改正，及び⑨第231条2項の改正，である。（2015年4月13日施行）

ただし，本書第一章Ⅱでも記したように，2015年10月16日の記録弁護士（Advocate-on-Record vs. Union of India）事件判決において最高裁は，第99次改正法及びこの改正に基づいて制定された国家裁判官任命委員会法に対して違憲判決を出している。

（100）憲法第100次改正

領土の変更に関するインド・バングラデシュ協定にともなう第一附則の改正である。（2015年7月31日施行）

（101）憲法第101次改正

「物品およびサービス税」の新設にともなう条文の新設と関連条文の改正，及び関連する国会の立法措置，関連法律の効力などについて定めるものであり，次の条文の新設，改正をおこなった。①第246A条の新設，②第248条1項の改正，③第249条1項の改正，④第250条1項の改正，⑤第268条1項の

第二章　インド憲法の基本的特質とインド憲法の改正

改正，⑥第268A条の削除，⑦第269条１項の改正，⑧第269A条の新設，⑨第270条の改正，⑩第271条の改正，⑪第279A条の新設，⑫第286条の改正，⑬第366条の改正，⑭第368条の改正，⑮第六附則の改正，及び⑯第七附則の改正（2016年９月16日施行）

第三章　インド憲法(和訳)

第三章　インド憲法（和訳）本文

インド憲法

前　文

　われらインド国民は,インドを主権を有する社会主義的・政教分離主義的・民主主義共和国となし,すべての市民に

　　社会的,経済的及び政治的正義

　　思想,表現,信条,信仰及び崇拝の自由

　　地位及び機会の平等

を確保し,

かつ,すべての市民に

　　個人の尊厳と国民国家の統一及び統合をもたらす友愛を

促進することを

厳粛に決意し,

　1949年11月26日憲法制定議会において,この憲法を採択し,制定し,かつ,われら自身に付与する。

第1編　連邦及びその領域

第1条(連邦の名称及びその領域)

(1) インドすなわちバーラトは,諸州の連邦である。

(2) 諸州及びその領域は,第一附則で定めるものとする。

(3) インドの領域には,次のものを含む。

　(a) 諸州の領域

　(b) 第一附則で定める連邦直轄領,及び

　(c) 将来取得されるべきその他の領域

第2条(新州の加入及び創設)

　国会は,法律で,その認める条件の下に,新州を加え又は創設することができる。

79

第3条（新州の創設並びに現に存する州の区域、境界及び名称の変更）

国会は,法律で

(a) 1州の領域を分割し,2以上の州若しくはそれらの一部を統合し,又は
州の一部に他の領域を統合することによって,新州を創設し,

(b) 州の区域を増加し,

(c) 州の区域を減少し,

(d) 州の区域を変更し,

(e) 州の名称を変更する

ことができる。

ただし,本文に規定する事項を目的とする法案を国会のいずれかの議院に
提出するには,大統領の勧告を要し,かつ,当該法案に含まれた提案が州の区域,
境界又は名称に関係するときには,大統領がその州の議会に付託した事項の
中に明示された期間内又は大統領が認めた延長期間内でその明示された期間
又は認められた期間が経過するまでに,当該議会の意見を表明せしめるため,
当該州議会に当該法案を付託しなければならない。

（原注Ⅰ）この条 a 号〜 e 号における「州」には,連邦直轄領を含むが,ただし
書における「州」には,連邦直轄領を含まないものとする。

（原注Ⅱ）a 号で国会に与えられた権限には,州の一部又は連邦直轄領を他の
州又は連邦直轄領に統合することにより新州又は連邦直轄領を創設する権限
を含むものとする。

**第4条（第2条又は第3条の規定による第一附則又は第四附則の改正及び補
足的、付随的又は結果的事項を規定する法律）**

(1) 第2条又は第3条に規定する法律には,当該法律の規定を有効ならしめ
るのに必要な第一附則又は第四附則の改正規定を含むものとし,また,国会が
必要と認める補足的,付随的,結果的規定（当該規定により影響をうける国会,
州議会の議席代表に関する規定を含む）を含むことができる。

(2) 前項に規定する法律は,第368条の規定によるこの憲法の改正とはみなさ
れない。

第三章　インド憲法(和訳)本文

第2編　市民権

第5条(この憲法施行の際における市民権)

この憲法施行のときにおいて,インド領内に住所を有する者であって,次に掲げる者は,これをインド市民とする。

（a）インド領内で出生した者

（b）両親のいずれかがインド領内で出生した,又は

（c）この憲法施行に先立ち5年以上インド領内に罪過なく居住した者

第6条(パキスタンからインドへ移住した者の市民権)

第5条の規定にかかわらず,現在パキスタンに含まれている領土からインドに移住してきた者であって,次に掲げる者は,この憲法施行時にインド市民とみなす。

（a）本人又はその両親若しくは祖父母の一人が1935年インド統治法(最初に制定されたものをいう)の定めるインドで出生した者であって

（b）（i）1948年7月19日前に移住した者であるときは,当該移住の日以後,罪過なくインド領内に居住する者,又は

（ii）1948年7月19日以後に移住した者であるときは,この憲法施行前に本人の申請に基づいて,インド自治領政府の定める形式及び方法によって当該目的のために任命された官吏によりインド市民として登録された者

ただし,当該申請に先立ち,少なくとも6月間インド領内に居住する者でなければ,登録することはできない。

第7条(パキスタンへの移住者の市民権)

第5条及び第6条の規定にかかわらず,1947年3月1日以後,インド領から現在パキスタンに含まれている領域に移住した者は,インド市民とはみなされない。

ただし,この条の規定は,現在パキスタンに含まれる領域に移住した後,法律により又はこれに基づいて発給された再移住許可証又は永久許可証を得てイ

81

ンド領内に帰還した者には適用しない。この者は,第6条b号の規定により
1948年7月19日以後インド領に移住した者とみなす。

第8条(インド領外に居住する一定のインド系の者の市民権)

第5条の規定にかかわらず,本人又はその両親若しくは祖父母の一人が
1935年統治法(最初に規定されたものをいう)の定めるインドで出生した者で
あって,同法の定めるインド領外に罪過なく居住している者は,この者がその
居住する国におけるインドの外交使節又は領事に対し,この憲法施行前又は
以後においてインド自治領政府又はインド政府が定める形式及び方法により
申請を行い,インド市民として登録されたときには,インド市民とみなす。

第9条(外国の市民権を自発的に取得した者の市民権)

本人の意思により外国の市民権を取得した者は,第5条によるインド市民
たりえず,また,第6条又は第8条の規定によるインド市民とはみなさないも
のとする。

第10条(市民権の継続)

この編中の前条までの規定によりインド市民である者又はインド市民とみ
なされる者は,国会の制定する法律の規定の下に引き続きインド市民である
ものとする。

第11条(国会の制定する法律による市民権の規制)

この編中の前条までの規定は,国会が市民権の取得及び剥奪並びに市民権
に関するその他の事項に関し規定を設けることを妨げるものではない。

第3編　基本権

総則

第12条(定義)

この編において「国」とは,文脈の許すかぎり,インドの政府及び国会,各州
の政府及び議会並びにインド領内又はインド政府の監督の下にあるすべての
地方機関その他の機関を含むものとする。

第三章　インド憲法（和訳）本文

第13条（基本権と抵触し、又は基本権を侵害する法律）

（1）この憲法施行までインド領内で効力を有していたすべての法律は,この編の規定に抵触するかぎり,その限度において無効とする。

（2）国は,この編によって与えられる権利を奪い,又は制限する法律を制定してはならず,この項に違反して制定される法律は,その限度において無効とする。

（3）この条において,文脈の許すかぎり,

　（a）「法律」とは,インド領内において法律としての効力を有する政令,命令,細則,規則,公示,慣習又は慣行を含むものとし,

　（b）「効力を有する法律」とは,この憲法施行前にインド領内の立法府又は権限あるその他の機関によって可決又は制定された法律であって,その法律又はその一部が全インド又は特定の地域において実施されていないのにかかわらず,この憲法施行前に廃止されていないものを含む。

（4）この条のいかなる規定も,第368条の規定に基づくこの憲法の改正に適用されてはならない。

平等権

第14条（法の前の平等）

　国は,インド領内において,何人に対しても法の前の平等又は法の平等な保護を否認してはならない。

第15条（宗教、人種、カースト、性別又は出生地を理由とする差別の禁止）

（1）国は,宗教,人種,カースト,性別,出生地又はそれらのいずれかのみを理由として,市民に対する差別を行ってはならない。

（2）市民は,宗教,人種,カースト,性別,出生地又はそれらのいずれかのみを理由として,次に掲げる事項に関し無資格とされ,負担を課され,制限を付され,又は条件を課されることはない。

　（a）店舗,公衆食堂,旅館及び公衆娯楽場への立入り

　（b）全部又は一部が国家資金により維持され,又は一般の用に供されている井戸,用水池,浴場,通路又は娯楽地の使用

83

(3) この条の規定は,国が女性及び子どもに対する特別規定を設けることを妨げるものではない。

(4) この条及び第29条2項の規定は,国が社会的・教育的後進階層又は指定カースト及び指定部族のための特別規定を設けることを妨げるものではない。

(5) この条又は第19条1項g号の規定は,国が法律により,社会的・教育的後進階層の市民,指定カースト及び指定部族の向上のために,第30条1項に定める少数者による教育施設を除き,私立のものを含む教育施設への入学に関して,これら施設への国からの援助の有無にかかわらず,特別規定を設けることを妨げるものではない。

第16条(公務への雇用における機会均等)

(1) 国の下にある官職への雇用又は任命に関する事項については,いかなる市民も平等の機会を与えられる。

(2) いかなる市民も,宗教,人種,カースト,性別,家柄,出生地,居住地又はそれらのいずれかのみを理由として国の下にある官職への雇用又は任命につき不適格とされ,差別されることはない。

(3) この条の規定は,州又は連邦直轄領内の政府,地方機関又はその他の機関における各職種の雇用又は任命に関して,当該雇用又は任命前に当該州又は連邦直轄領内に居住を必要とする旨規定する法律を国が制定することを妨げるものではない。

(4) この条の規定は,国がその公務に適当に参加していないと認める後進階層市民のために任命又は補職を留保する旨の規定を設けることを妨げるものではない。

(4A) この条の規定は,国がその公務に十分に代表されていないと認める指定カースト及び指定部族のためにいかなる職階への昇進についても,留保のための規定を設けることを妨げるものではない。

(4B) この条の規定は,過年度に充足されるべき欠員を一つの別の階級として4項又は4A項に基づきなされる留保のための規定に従って当該年度に欠員を充足するために留保を行うことを妨げるものではないし,また,欠員のある

第三章　インド憲法（和訳）本文

階級は当該年度全体数の50%留保上限充足にあたって,同年の欠員と合わせて算定しないことを妨げるものではない。

(5)　この条の規定は,宗教的・宗派的組織の事務を行う者又はその管理機関の職員が,特定の宗教を信仰する者又は特定の宗派に属する者でなければならない旨規定する法律の実施に影響を与えるものではない。

第17条（不可触民制の廃止）

「不可触民制」は廃止され,いかなる形式におけるその慣行も禁止される。「不可触民制」より生ずる無資格を強制することは,法律により処罰される犯罪である。

第18条（称号の廃止）

(1)　国は,軍事上又は学術上の勲功を示す称号を与えてはならない。

(2)　インド市民は,外国からいかなる称号をも受けてはならない。

(3)　インド市民でない者は,国の下に俸給又は信任を受ける官職にある期間中,大統領の許可なしに外国から称号を受けてはならない。

(4)　国の下において,俸給又は信任を受ける官職にある者は,大統領の許可なしに外国から又は外国の下においていかなる種類の贈与,報酬又は官職をも受けてはならない。

自由権

第19条（言論の自由等に関する一定の権利の保護）

(1)　すべての市民は,次に掲げる権利を有する。

　(a)　言論及び表現の自由

　(b)　平和的に,かつ,武器を携帯することなく集会すること

　(c)　結社,組合,又は協同組合を組織すること

　(d)　インド領内を自由に移動すること

　(e)　インド領内の何れかの地域に居住し,又は定住すること

　(f)　〔削除〕[1]

　(g)　専門的職業に就き,又は職業,交易若しくは事業を行うこと

---

1)　憲法第44次改正（1979年）により削除された。

85

(2) 1項a号の規定は,その法律がインドの主権と統合,国の安全,外国との友好関係,公の秩序,良俗若しくは道徳のため,又は裁判所侮辱,名誉毀損若しくは犯罪の教唆に関して,同号によって与えられた権利の行使を合理的に制限するものであるかぎり,いかなる既存の法律の施行をも妨げず,また,国がいかなる法律を制定することも妨げるものではない。

(3) 1項b号の規定は,その法律がインドの主権と統合,公の秩序のために同号によって与えられた権利の行使を合理的に制限するものであるかぎり,いかなる既存の法律の施行をも妨げず,また,国がいかなる法律を制定することをも妨げるものではない。

(4) 1項c号の規定は,その法律がインドの主権と統合,公の秩序,道徳のために同号によって与えられた権利の行使を合理的に制限するものであるかぎり,いかなる既存の法律の施行をも妨げず,また,国がいかなる法律を制定することをも妨げるものではない。

(5) 1項d号及びe号の規定は,その法律が一般公衆又は指定部族のために同号によって与えられた権利の行使を合理的に制限するものであるかぎり,いかなる既存の法律の施行をも妨げず,また,国がいかなる法律を制定することをも妨げるものではない。

(6) 1項g号の規定は,その法律が一般公衆のために同号によって与えられた権利の行使を合理的に制限するものであるかぎり,いかなる既存の法律の施行をも妨げず,また,国が,いかなる法律を制定することをも妨げるものではない。また,特に同号の規定は,その規定が次に掲げる事項に関するものであるかぎり,いかなる既存の法律の施行をも妨げず,また国がいかなる法律を制定することをも妨げるものではない。

(ⅰ) 専門的職業を行い,又は職業,交易若しくは事業を行うのに必要な専門的又は技術的資格

(ⅱ) 市民の全部又は一部を除外すると否とを問わず,国又は国が所有し若しくは監督する法人による交易,事業,産業又は役務の運営

第20条（犯罪処罰に関する保護）

(1) 何人も,告発を受けた犯罪行為実行のときに効力を有する法律に違反し

ないかぎり有罪とされることはない。また,犯罪行為実行のときに効力を有する法律により科される刑罰より重い刑罰を科されることはない。

(2) 何人も,同一の犯罪について重ねて訴追され,処罰されることはない。

(3) 何人も,犯罪の訴追をうけたときには,自己の不利益な証人となることを強制されない。

第21条（生命及び人身の自由の保護）

何人も,法律の定める手続きによらなければ,その生命又は人身の自由を奪われない。

第21A条（教育への権利）

国は,6歳から14歳のすべての子どもに法律で定めるところにより,普通・義務教育を行わなければならない。

第22条（一定の場合における逮捕、拘禁からの保護）

(1) 何人も,逮捕されたときには,ただちに逮捕の理由を告げられることなくして拘禁されず,また,本人の選任した弁護人と協議する権利及びその弁護人の弁護を受ける権利を奪われてはならない。

(2) 逮捕,拘禁されたすべての者は,逮捕地から治安裁判所までの連行時間を除き,24時間以内に最寄りの治安判事に引き渡されなければならず,治安判事の承認がないかぎり,24時間以上拘禁されてはならない。

(3) 1項及び2項の規定は,次の者には適用しない。

　（a）逮捕,拘禁のとき敵国人である者,又は

　（b）予防拘禁につき定める法律の規定に基づいて逮捕,拘禁される者

(4) 予防拘禁につき定める法律は,次に掲げる場合を除き,3月以上の拘禁を許すことはできない。

　（a）高等裁判所裁判官,元高等裁判所裁判官又はその資格を有する者で構成する諮問評議会が当該3月の期間経過前に,それ以上の拘禁を必要とする十分な理由がある旨の意見を報告したとき

　　ただし,この号の規定は,この条7項b号の規定に基づき国会が制定する法律の定める最大期間を超えて拘禁することを許すものではない。

　（b）7項a号及びb号の規定により国会が制定する法律の規定に基づき拘

禁されるとき

(5) 予防拘禁につき定める法律に基づく命令により拘禁を行う場合には,当該命令を発した機関は,拘禁された者に命令を発した理由をすみやかに告知し,その者が当該命令に異議を申し述べる機会をすみやかに与えなければならない。

(6) 5項の規定は,同項の規定により命令を発する機関に対し,それを開示することが公の利益に反すると認められるような事実の開示を要求するものではない。

(7) 国会は,法律で,次に掲げる事項を定めることができる。

　(a) 4項a号に規定する諮問評議会の意見を求めることなく,予防拘禁につき規定する法律により3月以上にわたって拘禁することのできる場合及び事件の種類

　(b) 予防拘禁につき規定する法律により拘禁することのできる各種事件ごとの最大期間

　(c) 4項a号の規定により諮問評議会が行う調査の手続き

搾取に対する権利

第23条(人身売買及び強制労働の禁止)

(1) 人身売買,物乞いその他これに類する形式の強制労働は,禁止される。この規定の違反は,法律により処罰される犯罪となる。

(2) この条の規定は,国が公の目的のために義務的役務を課すことを妨げるものではない。国が当該役務を課するにあたっては,宗教,人種,カースト,階層又はそれらのいずれかのみを理由として差別をしてはならない。

第24条(工場等における子ども雇用の禁止)

　14歳未満の子どもは,工場若しくは鉱山での労働に雇用し,又はその他の危険な業務に従事させてはならない。

宗教の自由に関する権利

第25条(良心の自由並びに信仰告白、祭祀及び布教の自由)

(1) 公の秩序,道徳,衛生及びこの編のその他の規定の制限内で,何人も等しく良心の自由を保障され,自由に信仰を告白し,祭祀を行い及び布教する権利を保障される。

(2) この条の規定は,次に掲げる事項に関する既存の法律の施行に影響をおよぼし,又は国がこれに関する法律を制定することを妨げるものではない。

   (a) 宗教活動に関連する経済的,財政的,政治的その他の非宗教的活動を規制又は制限すること

   (b) 社会福祉及び社会改良のため,又は公共的性質を有するヒンドゥーの宗教施設をすべての階級及びヒンドゥー各分派へ開放するための規定を設けること

(原注Ⅰ)キルパンの所持は,シク教の信仰に含まれるものとみなされる。

(原注Ⅱ)2項b号におけるヒンドゥー教は,シク教,ジャイナ教又は仏教を信仰する者を含むものと解釈しなければならない。また,ヒンドゥーの宗教施設についても同様とする。

第26条(宗教活動上の自由)

  公の秩序,道徳及び衛生に基づく制限内において,すべての宗派又はその分派は,次の権利を有する。

   (a) 宗教的,慈善的目的のための施設を創設し,維持すること

   (b) 宗教事項に関する事務を処理すること

   (c) 動産,不動産を所有し,管理すること,及び

   (d) 法律にしたがって財産を管理すること

第27条(特定宗教弘布のためにする課税の禁止)

  何人も,特定の宗教又は宗派の弘布又は維持の費用の支払いに充てるための租税の徴収を強制されない。

第28条(一定の教育施設における宗教及び礼拝に参加することの自由)

(1) もっぱら国家資金により維持されている教育施設は,宗教教育を行うことができない。

(2) 1項の規定は,国が管理する教育施設であって,宗教教育を行うことを目的としてなされた寄贈または信託財産により創設されたものには適用しない。

(3) 国が認可し,又は国家資金から補助をうけている教育施設で学ぶ者は,本人の同意,その者が未成年であるときはその後見人の同意がなければ,当該施設で行われる宗教教育に参加し,又は当該施設若しくはその付属施設内において行われる礼拝に出席することを要求されることはない。

文化及び教育に関する権利

第29条（少数者の利益保護）

(1) インド領内又はその一部に居住する市民であって,固有の言語,文字又は文化を有する者は,それを保持する権利を有する。

(2) 市民は,宗教,人種,カースト,言語又はそれらのいずれかのみを理由として国が維持し,又は国家資金の援助を受けている教育施設で学ぶことを拒否されてはならない。

第30条（教育施設を設立、管理する少数者の権利）

(1) 宗教又は言語に基づく少数者は,自らの選択で教育施設を設立,管理する権利を有する。

(1A) 1項で規定された,少数者の設立・管理する教育施設財産の強制収用を法律で定めるにあたっては,同項で保障された権利を制限又は廃棄しないよう,国は当該財産収用のために定められた法律に基づいて額を定めなければならない。

(2) 国は,教育施設に補助を行うにあたって,宗教又は言語に基づく少数者が管理するものであることを理由に差別してはならない。

第三章　インド憲法(和訳) 本文

財産に対する権利　〔削除〕 [2)]

一定の法律の適用除外

第31A条(資産の収用等を規定する法律の適用除外)

(1)　第13条の規定にかかわらず,次の各号に掲げる事項を定める法律は,第14条又は第19条により与えられた権利と抵触し,当該権利を剥奪又は制限するという理由で無効とみなされてはならない。

> (a)　国による,資金又はそれに含まれる権利の収用,当該権利の消滅又は変更

> (b)　公益のため又は財産の適切な管理を確保するため,限られた期間内,国が当該財産の管理を行うこと

> (c)　公益のため又は法人の適切な管理を確保するため2以上の法人を合併すること

> (d)　法人の経営代理人,財務担当役,業務執行取締役,取締役若しくは支配人の権利の消滅　若しくは変更又は当該法人の株主権の消滅若しくは変更

> (e)　鉱石,鉱油を調査若しくは掘り出すための協定,契約若しくは認可により生じた権利の消滅若しくは変更,又は当該協定,契約若しくは認可の早期の終了若しくは取消

　ただし,当該法律が州議会により制定された法律であるときには,大統領の考慮を保留されている当該法律が大統領の認証を受けなければこの条の規定を適用しないものとする。

　さらに,資産の収用を定める法律が国により制定されたとき,及びその資産を構成する土地が自ら耕作する者によって所有されているときには,当該土地,建物又は工作物の収用に関する法律がその市場価格を下まわらない補償金の支払を定めていなければ,国は,そのときに効力を有する法律に基きその者に適用される限度内で当該土地の一定部分,当該土地上の建物若しくは工作物又はその付属物を正当に収用することはできない。

---

2)　第31条(財産の強制収用)は,憲法第44次改正により削除され,同改正により,第300A条が新設された。

(2) この条において

　(a)「資産」とは,地方によって,既存の法律が当該地方において土地所有に関して用いている言語又はその地方的同義語の意味するところと同様とし,次に掲げるものを含むものとする。

　　(ⅰ) ジャギール,イナーム,ムアフィ又はその他のこれに類する特権並びにタミル・ナードゥ州及びケーララ州におけるジャンマムの権利

　　(ⅱ) ライーヤトワーリー設定にしたがって保有された土地

　　(ⅲ) 農業目的又はそれに付随する目的のために保有又は貸与された,未開墾地,林野地,牧草地又は土地耕作者,農業労働者及び村落職人が使用する建物その他の建造物のための用地を含む土地

　(b)「権利」とは,資産に関しては,所有者,転所有者,土地保有者,ライーヤト,転ライーヤト又は他の介在者に属する権利及び土地取得に関する権利又は特権を含むものとする。

第31B条（特定の法律及び規則の確認）

　第31A条に定める一般原則をそこなうことなく,第九附則に規定する法律及び規則又はその規定は,これらの法律及び規則又はその規定がこの編で定める権利と両立せず,又はその権利を除去若しくは制限するという理由で無効とみなされることはない。また,当該法律及び規則は,それと矛盾する裁判所若しくは審判所の判決,決定又は命令にかかわらず,それを廃止,改正する権限を有する議会の権限にしたがって効力を持続する。

第31C条（一定の指導原則を実現する法律の適用除外）

　第13条に定める内容にかかわらず,第4編で規定する諸原則のすべて又はその中のあるものを保障するために採られた国家政策を実現していく法律は,それが第14条又は第19条により与えられた権利と両立せず,又はそれらの権利を除去若しくは制限するという理由で無効とみなされてはならない。また,これらの国家政策を実行するためのものであるという宣言を含む法律は,これらの政策を実行していないという理由で裁判所に訴えられることはない。

　ただし,上記法律が州議会により制定されたものであるときには,この条の

規定は,当該法律には大統領の考慮が保留されているので,その認証を受けなければならない。

憲法上の救済についての権利

第32条(この編の規定する権利行使のための救済措置)

(1) この編の規定する権利を実現していくため,適正な手続きにより最高裁判所に提訴する権利が保障される。

(2) この編の規定する権利を保障するため,最高裁判所は,適切な指令,命令又は人身保護令状,職務執行令状,禁止令状,権限開示令状若しくは移送命令書の性質を有する令状を含む令状を発する権限を有する。

(3) 1項及び2項に基づいて最高裁判所に与えられた権限をそこなうことなく,国会は,2項に基づいて最高裁判所が行使しうる権限のすべて又は一部を他の裁判所がその管轄区域において行使することができるとする法律を定めることができる。

(4) この条により保障される権利は,この憲法が別段の定めを設けている場合を除き,停止されることはない。

第33条(この編の規定が保障する権利の適用についての国会の変更権等)

国会は,法律により,次に掲げる者がその任務を適切に遂行し,その組織内の規律を維持するために相当であると認められる限度において,この編によって与えられた権利を制限し,又は排除することができる。

(a) 軍隊の構成員

(b) 公共の秩序維持を任務とする警察の構成員

(c) 情報・対情報目的のために国が設置した部局その他の組織に雇用された者,及び

(d) a〜c号に規定する軍隊,警察,国の部局又は組織のために設立された通信施設に雇用された者又は関係者

第34条(この編の規定が保障する権利の戒厳令施行地域における制限)

この編の前条までの規定にかかわらず,国会は,法律により戒厳令施行下のインド領内における治安の維持若しくは回復に関し,連邦若しくは州の公務

員その他の者のなした行為につき,その者を免責し又は当該地域において戒厳令施行下において行われた刑の宣告,処罰,没収その他の行為を確認することを定めることができる。

第35条(この編の規定を施行するための立法)

この憲法の規定にかかわらず,

(a) 国会は,次に掲げる事項に関し法律を制定する権限を有するが,州議会はこれを有しない。

(i) 第16条3項,第32条3項,第33条又は第34条の規定に基づき,国会が制定する法律によって規定される事項

(ii) この編の規定により犯罪とされる行為に対する処罰規定

また,国会は,この憲法施行後すみやかにこの(ii)目に規定する行為に対する処罰を定める法律を制定するものとする。

(b) a号(i)目に規定する事項又は同号(ii)目に規定する行為に対する処罰を定める法律であって,この憲法施行のときにインド領内で効力を有するものは,第372条に規定する条件により,また,同条の規定による読替えをすることにより,国会が変更,廃止又は改正するまでその効力を持続するものとする。

(原注)この条において,「効力を有する法律」とは,第372条で定めるものと同じ意味をもつ。

第4編　国家政策の指導原則

第36条(定義)

この編において「国」とは,文脈の許すかぎり,第3編におけるものと同じ意味とする。

第37条(この編の原則の適用)

この編に定める規定は,裁判所による実現が保障されるものではないが,ここで示された原則は国の統治にとって基本的なものであり,立法にあたってこれらの原則を適用することは国の義務である。

第三章　インド憲法（和訳）本文

第38条（国民の福祉増進のための国による社会秩序の確保）

（1）国は,社会的・経済的・政治的正義が国民生活のすべての組織にいきわたるよう,社会秩序をできるかぎり効果的に保障,保護することによって国民の福祉を増進することに努めなければならない。

（2）国は,異なった地域に居住し,又は異なった職業に従事する個人間においてのみならず,それらの異なった人々の集団相互間においても,とくに収入の不平等の減少に努め,地位,便宜及び機会の不平等の除去に努めなければならない。

第39条（国の遵守すべき一定の政策原則）

　国は,とくに次に掲げる事項を確保する政策をとらなければならない。

　（a）男女均しく市民は,充分な生活手段に対する権利をもつこと

　（b）社会の物的資源の所有及び管理は,公共の利益に最も役立つように配分されること

　（c）経済制度の運用は,富と生産手段の集中が公共に害をもたらすことのないようにすること

　（d）男女の別なく,均しい労働に対しては均しい賃金の支払いがなされること

　（e）男女労働者及び幼児の健康と体力を酷使してはならず,また,市民が経済的必要にせまられて,その年齢又は体力に相応しない職に就くことのないようにすること

　（f）子どもが,健康的かつ自由と尊厳を有する条件で発育する機会と便宜を与えられること,また,年少者を搾取から保護し,道徳的・物質的放任から保護すること

第39A条（平等な裁判と無料法律扶助）

　国は,法制度の運用が平等の機会の原則に基づく裁判を増進するように努めなければならない。また,とくに裁判を保障する機会が経済的又はその他の制約によって否定されることのないよう適切な立法,計画その他の措置を講じて,無料法律扶助を行わなければならない。

95

第40条（村パンチャーヤトの組織）

国は,村パンチャーヤトを組織し,それが自治単位としての機能を持つのに必要な権限を与えなければならない。

第41条（労働、教育の権利及びその他一定の場合における公的扶助に対する権利）

国は,その経済力及び経済発展の段階に応じて,労働及び教育の権利並びに失業,老齢,疾病,身体障害又はその他の不当な困窮状態にある者の公的扶助に対する権利を保障するのに有効な規定を設けなければならない。

第42条（正当で人間らしい労働条件及び母性保護に関する規定）

国は,正当で人間らしい労働条件を保障し,母性を保護するための規定を設けなければならない。

第43条（労働者に対する生活賃金等）

国は,適切な立法,経済秩序その他の方法により,農業労働者,工業労働者その他すべての労働者に対し,相応の生活水準と余暇及び労働条件を保障することに努めなければならない。また,とくに農村における個人又は協同組合による家内工業を振興するように努めなければならない。

第43A条（工場の運営への労働者の参加）

国は,適切な立法その他の方法によって,労働者がその勤務する工場において企画,人員配置その他組織の運営に参加することを保障するための措置をとらなければならない。

第43B条（協同組合の促進）

国は,協同組合の自主的な設立,自治的な活動,民主的なコントロール及び専門的運営の促進に努めなければならない。

第44条（市民のための統一民法典）

国は,市民のために,インド領内をつうじての統一民法典を保障するよう努めなければならない。

第45条（6歳未満の子どもへの乳幼児保育と教育についての規定）

国は,6歳未満のすべての子どもに乳幼児保育及び教育を行うよう努めなければならない。

第46条（指定カースト、指定部族その他の弱者層に対する教育上及び経済上の利益の促進）

国は,国民の弱者層とりわけ指定カースト及び指定部族の教育上及び経済上の利益を特別の配慮をもって促進し,また,これらの者を社会的不正義及び一切の搾取から保護しなければならない。

第47条（栄養水準及び生活水準の向上並びに公衆衛生の改善に対する国の責務）

国は,国民の栄養水準及び生活水準の向上並びに公衆衛生の改善を第1次的な責務とみなさなければならず,とくに,医療上の目的を除き,健康に害のある酒類又は麻薬物の使用を禁止することに努めなければならない。

第48条（農業及び牧畜業の組織化）

国は,農業及び牧畜業を近代的・科学的水準に振興するよう努めなければならず,とくに,品種を維持・改良し,牛,子牛その他搾乳用及び農役用家畜の解体処理を禁止する措置を採らなければならない。

第48A条（環境の保護、改善並びに森林及び野生動物の保護）

国は,環境の保護,改善並びに国内の森林及び野生動物の保護に努めなければならない。

第49条（国家的に重要である史跡、場所及び物件の保護）

国会が,法律で又は法律に基づいて国家的に重要であると定めたすべての美術的・歴史的に価値ある史跡,場所又は物件を横領,毀損,除去,処分又は輸出されないよう保護することは国の義務である。

第50条（執行からの司法の分離）

国は,公務において,司法を執行より分離する措置をとらなければならない。

第51条（国際平和及び安全の促進）

国は,次に掲げる事項に努めなければならない。

（a）国際平和及び安全を促進すること

（b）諸国家との正当にして名誉ある関係を維持すること

（c）国際関係の処理にあたって,国際法及び条約上の義務を尊重する精神を養うこと

97

(d) 国際間の紛争を仲裁により解決するように努めること

第4A編　基本義務

第51A条（基本義務）

次に掲げる事項は,すべてのインド市民の義務である。

(a) この憲法を遵守し,この憲法の理念と制度,国旗及び国歌を尊重すること

(b) 自由をめざすインドの国民的闘争を鼓舞する高貴な理念を育み,守ること

(c) インドの主権,統一及び統合を維持し,守ること

(d) 国を防衛し,要請されたときは軍務に従事すること

(e) 宗教的,言語的及び地域的又は地方的な相違をのりこえる,インド全国民の調和と共通の友愛の精神を促進し,女性の尊厳をそこなう慣行を否認すること

(f) 多面的要素を含んだインド文化の豊かな伝統を尊重し,維持すること

(g) 森林,湖,河川及び野生動物を含む自然環境を保護,改善し,生物をいとおしむこと

(h) 科学的気質,人間性及び研究と改革の精神を発展させること

(i) 公の財産を保護し,暴力を放棄すること

(j) 国民が真剣な努力と業績の高い水準をたえず達成するために,個人及び集団の活動のすべての分野で卓越するよう努めること

(k) 親又は保護者は,その子どもが6歳から14歳までの間,教育を受ける機会を与え,必要に応じて後見すること

第三章　インド憲法（和訳）本文

第5編　連邦

第1章　執行

大統領及び副大統領

第52条（インド大統領）

インド大統領をおく。

第53条（連邦の執行権）

(1)　連邦の執行権は,大統領に属し,この憲法に基づき大統領が直接に又は大統領の下にある官吏をつうじて行使する。

(2)　前項で規定する一般原則をそこなうことなく,連邦国防軍の最高指揮権は,大統領に属し,その行使は法律により規制される。

(3)　この条の規定は,

(a)　現行法により州政府又はその他の機関に与えられている権能を大統領に移譲するとみなすものでなく,

(b)　国会が法律により大統領以外の機関に権能を与えることを妨げるものではない。

第54条（大統領選挙）

大統領は,次に掲げる者からなる選挙会の構成員が選挙する。

(a)　国会の両議院の選挙された議員

(b)　州下院の選挙された議員

（原注）この条及び第55条における「州」には,デリー国家首都地区とポンディシェリー連邦直轄領を含むものとする[3]。

第55条（大統領選挙の方法）

(1)　大統領の選挙にさいしては,各州の代表の割合は,できるだけ均等でなければならない。

(2)　各州間の均等及び州と連邦との間の均等を保障するため,大統領の選挙

---

3)　2006年ポンディシェリー（名称変更）法により「プドゥチェーリ」に変更。

99

において国会及び各州下院の選挙された議員が有する票数は,次の方法によってこれを定める。

　　(a) 各州下院の選挙された議員は,当該州の人口を選挙された議員の総数で除した商1000につき1票の割合の票数を有する。

　　(b) 前号の場合において1000未満の数が500以上であるときには,同号による議員の票数にさらに1票を加える。

　　(c) 国会の両議院の選挙された議員は,a号及びb号の規定により州下院議員に与えられる票の総数を,国会の両議院の選挙された議員の総数で除して得た数に相応する票数を有し,2分の1を超える端数は1として計算し,2分の1以下の端数は切り捨てる。

(3) 大統領の選挙は,単記移譲式による比例代表制でこれを行うものとし,その投票は秘密投票でなければならない。

(原注) この条において「人口」とは,関連数字が公表されている直近の人口調査において確定されている人口をいう。

　ただし,関連数字が公表された,直近の人口調査を参照するというこの注は,西暦2026年より後に行われる最初の人口調査で関連数字が公表されるまで,1971年人口調査の参照と解釈される。

第56条（大統領の任期）

(1) 大統領は,その就任の日から5年の任期で在職する。

ただし,

　　(a) 大統領は,副大統領宛の自筆の書面で辞職することができる。

　　(b) 大統領は,憲法違反を理由として,第61条で定められた方法による弾劾をもって解任される。

　　(c) 大統領は,その任期を満了した場合においても,その後任者が就任するまで引き続きその職にとどまる。

(2) 1項ただし書a号に基づく副大統領宛の辞表は,副大統領が直ちにこれを国会下院議長に通知しなければならない。

第57条（再選資格）

　大統領として在職する者又はその職にあった者は,この憲法の他の規定の

制限内において大統領に再選される資格を有する。

第58条（大統領の被選挙資格）

（1）何人も次の要件を備えなければ大統領に選挙される資格を有しない。

（a）インド市民であること

（b）35歳以上であること，及び

（c）国会下院議員の被選挙資格を有すること

（2）インド政府若しくは州政府又はそれらの政府のいずれかの監督の下にある地方機関若しくはその他の機関において報酬をともなう官職にある者は，大統領の被選挙資格を有しない。

（原注）何人も連邦の大統領若しくは副大統領，州の知事又は連邦若しくは州の大臣であるという理由だけでは，この条でいう報酬をともなう官職にある者とはみなされない。

第59条（大統領職の条件）

（1）大統領は，国会のいずれかの議院又は州議会の議員であってはならず，国会のいずれかの議院又は州議会の議員が大統領に選挙されたときには，大統領に就任した日に，その議院の議席を失ったものとみなす。

（2）大統領は，報酬をともなうその他のいかなる官職にも就いてはならない。

（3）大統領は，賃料を支払うことなく官邸を使用し，国会が法律で定める報酬，手当及び特権を受ける権利を有し，それについての規定が設けられるまでは，この報酬，手当及び特権は第二附則で定めるところのものとする。

（4）大統領の報酬及び手当は，その在任期間中，減額されることはない。

第60条（大統領の宣誓又は約言）

大統領又は大統領として行動若しくは大統領としての職権を行使する者は，その職に就くに先立ち，最高裁判所長官又は最高裁判所長官不在のときは最高裁判所首席裁判官の立会いの下に，次の方式により宣誓又は約言を行い，署名しなければならない。

「私何某は，忠実にインド大統領の職務を執行し（又は大統領の職権を行使し），全力を尽くして憲法及び法律を維持し，擁護し，かつ遵守することを神の名において誓う（又は厳粛に約言する）。」

第61条（大統領の弾劾手続き）

(1) 大統領が憲法違反を理由として弾劾されるときは,告発は国会のいずれかの議院がこれを提起する。

(2) 告発は,次に掲げる条件に該当しないかぎり提起することができない。

  (a) この告発の提案は,当該議院の総議員の4分1以上の議員の署名する書面で,すくなくとも14日前に予告された動機に基づく議決により支持され,かつ

  (b) 当該決議が当該議院の総議員数の3分の2以上の多数により採択されること

(3) 告発が,国会のいずれかの議院により提起されたときには,他の議院はこれを審査し又は審査させなければならない。また,当該審査に対して,大統領は出席し又は代理人を出席させる権利を有する。

(4) 審査の結果,告発を審査し又は審査させた議院が総議員の3分の2以上の多数で告発を支持する決議を採択したときには,この決議はその採択の日から大統領を解任する効力を有する。

第62条（大統領が欠けた場合の選挙時期及び欠員補充のために選挙された者の任期）

(1) 大統領の任期満了による欠員補充の選挙は,任期満了前に行わなければならない。

(2) 大統領の死亡,辞任又は解任その他の理由による欠員補充の選挙は,大統領が欠けた日以後できるかぎりすみやかに行うものとし,いかなる場合でも,6月後となってはならない。欠員補充のため選挙された者は,第56条の規定にしたがい,就任の日から5年の任期を保持する。

第63条（インド副大統領）

  インド副大統領をおく。

第64条（職務上当然国会上院議長となる副大統領）

  副大統領は,職務上当然に国会上院議長となるものとし,その他のいかなる報酬をともなう官職にも就いてはならない。

  ただし,副大統領は,第65条の規定により大統領として行動し,大統領の職務

を行う期間中は,国会上院議長としての職責はこれを行使せず,また,第97条の
規定による国会上院議長の俸給及び手当を受けることができない。

**第65条（大統領の事故又は不在の期間における副大統領による大統領として
の行動又はその権能の行使）**

（1）大統領が死亡,辞任,解任その他の理由により欠けたときには,この章の規
定にしたがい,欠員補充のために選挙される新大統領が就任するまで,副大統
領が大統領として行動する。

（2）大統領が不在,病気その他の理由によりその職権を行使することができ
ないときは,大統領がその職責を果たすことのできる日まで副大統領が大統
領の職権を行使する。

（3）副大統領は,大統領として行動し又は大統領の職権を行使する期間中及
びその期間に関し,大統領の有するすべての権限及び免責を有し,また,国会が
法律で定める報酬,手当及び特権を受けるものとし,そのための規定が設けら
れるまでは,第二附則で定める報酬,手当及び特権を受ける。

第66条（副大統領の選挙）

（1）副大統領は,国会の両議院の議員からなる選挙会の委員により単記移譲
式投票による比例代表制にしたがって選挙するものとし,その投票は秘密投
票でなければならない。

（2）副大統領は,国会のいずれかの議院又は州議会の議員であってはならず,
国会のいずれかの議院又は州議会の議員が副大統領に選挙されたときには,
副大統領に就任した日にその議院の議席を失ったものとみなす。

（3）何人も,次の要件を備えなければ副大統領に選挙される資格を有しない。

　（a）インド市民であること

　（b）35歳以上であること,及び

　（c）国会上院議員の被選挙資格を有すること

（4）インド政府若しくは州政府又はそれらのいずれかの監督の下にある地方
機関若しくはその他の機関において報酬をともなう官職にある者は,副大統
領の被選挙資格を有しない。

（原注）何人も連邦大統領若しくは副大統領,州知事又は連邦若しくは州の大

臣であるという理由だけでは,この条でいう報酬をともなう官職にある者とはみなされない。

第67条（副大統領の任期）

副大統領は,その任期の日から5年の任期で在職する。

ただし,

（a）副大統領は,大統領宛の自筆の書面で辞職することができる。

（b）副大統領は,国会上院の在籍議員の過半数により採択され,国会下院の同意を得た決議によって解任される。

ただし,この号の規定による決議案は,少なくとも14日前に予告するのでなければ発議できない。

（c）副大統領は,任期が満了した場合においても,その後任者が就任するまで引き続きその職を保持する。

第68条（副大統領が欠けた場合の選挙時期及び欠員補充のために選挙された者の任期）

（1）副大統領の任期満了による欠員補充の選挙は,任期満了前に行わなければならない。

（2）副大統領の死亡,辞任又は解任その他の理由による欠員補充の選挙は,副大統領が欠けた日以後できるかぎりすみやかに行うものとし,欠員補充のため選挙された者は,第67条の規定にしたがい就任の日から5年の任期を保持する。

第69条（副大統領の宣誓又は約言）

副大統領は,その職に就くに先立ち,大統領又は大統領の指名する者の立会いの下に,次の方式により宣誓又は約言を行い,署名しなければならない。

「私何某は,法律をもって確定されたインド憲法に信義と忠誠を捧げ,私の就こうとする任務を忠実に遂行することを神の名において誓う（又は厳粛に約言する）。」

第70条（他の緊急事態における大統領の権能の行使）

国会は,この章にあらかじめ定められていない緊急事態の発生したときにおける大統領の権能行使に関して,その適当と認める規定を設けることがで

きる。

第71条（大統領又は副大統領の選挙に関する事項）

（1）大統領又は副大統領の選挙に関して生ずるすべての疑義及び争訟は,最高裁判所が審査し,決定するものとし,その決定は最終的なものとする。

（2）大統領又は副大統領の選挙が最高裁判所により無効とされた場合においても,大統領又は副大統領がその権限を行使し又はその任務を遂行するためになした行為であって最高裁判所の当該決定の日前に行ったものは,これによって無効とされない。

（3）国会は,この憲法の制限内において,法律により大統領又は副大統領の選挙及び選挙に関する事項を定めることができる。

（4）大統領又は副大統領の選挙は,大統領又は副大統領を選挙する選挙会の委員中の何らかの理由による欠員があることを理由に疑義を提起されることはない。

第72条（一定の場合における大統領の赦免権等並びに宣告の停止、軽減及び変更の権限）

（1）大統領は,次に掲げる場合において,犯罪により有罪とされた者に対し,刑の特赦,執行停止,執行猶予若しくは免除を行い又は有罪宣告の停止,軽減若しくは変更を行う権限を有する。

　（a）処罰又は宣告が軍事裁判所により行われるすべての場合

　（b）処罰又は宣告が連邦執行権の及ぶ事項に関する法律違反であるすべての場合

　（c）死刑宣告のすべての場合

（2）１項ａ号の規定は,法律により連邦軍将校に与えられる,軍事裁判所の宣告の停止,軽減又は変更の権限に影響を及ぼすものではない。

（3）１項ｃ号の規定は,その時において効力を有する法律の規定により,州知事が行使することのできる死刑宣告の停止,軽減又は変更の権限に影響を及ぼすものではない。

第73条（連邦の執行権の範囲）

（1）連邦の執行権は,この憲法の規定の制限内において,次に掲げる事項に及

ぶ。

　(a) 国会が法律を制定する権限を有する事項,及び

　(b) 条約又は協定に基づいてインド政府が行使することのできる権利,権限又は管轄権の行使

　ただし,この憲法又は国会の制定する法律に明記する場合を除き,a号に規定する執行権は,州議会が立法権を有する事項については当該州に及ばないものとする。

(2) 国会が別段の規定を設けるまで,州又は州の官吏若しくは機関は,この条の規定にかかわらず,国会が当該州のために立法権を有する事項に関し,この憲法の施行までに州又は州の官吏若しくは機関が行使することのできた執行権又は権能を,なお行使することができる。

大臣会議

第74条（大統領を補佐する大臣会議）

(1) 大統領の権能行使を補佐し,助言するため首相を長とする大臣会議をおく。大統領は,当該助言にしたがってその権能を行使しなければならない。

　ただし,大統領は,一般的に又はその他の方法で当該助言を再検討することを大臣会議に要請することができ,大統領はかかる再検討の後になされた助言にしたがって行動しなければならない。

(2) 大統領に対し,大臣が助言を行ったか否か,又はいかなる助言がなされたかについて,裁判所でこれを審理することはできない。

第75条（大臣に関するその他の規定）

(1) 首相は,大統領が任命し,その他の大臣は首相の助言に基づいて大統領が任命する。

(1A) 大臣会議における首相を含め大臣の数は,国会下院議員総数の15％を超えてはならない。

(1B) 国会のいずれかの議院の議員でいずれかの政党に属する者が,第十附則第2条に基づきその議員の資格を失ったときには,その欠格となった日から議員としての任期が満了するまでの間,又は国会のいずれかの議院の選挙で

の当選を争っているときには,その任期満了かその者の当選が認められるまでのいずれか早い日までの間,1項に基づいて大臣に任命される資格を有しない。

(2) 大臣は,大統領の信任の存する期間,その職にある。

(3) 大臣会議は,国会下院に対し連帯して責任を負う。

(4) 大統領は,大臣がその任に就くに先立ち,第三附則に定める方式にしたがい,大臣に任務遂行と秘密保持に関する宣誓を行わせる。

(5) 引き続き6月,国会のいずれの議院の議席をも有しない大臣は,当該期間が経過した日にその地位を失う。

(6) 大臣の俸給及び手当は,国会が随時立法で定めるものとし,国会が決定するまでは第二附則で定めるところによる。

インド法務総裁

第76条(インド法務総裁)

(1) 大統領は,最高裁判所裁判官に任命される資格を有する者をインド法務総裁に任命する。

(2) 法務総裁は,大統領が随時付議し又は委託する法律事項につきインド政府に助言し,同様に付議し又は委託する法律的性質を有する他の職責を遂行し,また,この憲法又はそのときにおいて効力を有するその他の法律により,又はこれに基づいて与えられる権能を行使することをその職責とする。

(3) その職責を遂行するにあたり,法務総裁は,インド領内のすべての裁判所において聴聞を行う権利を有する。

(4) 法務総裁は,大統領の信任の存する期間その職に在り,大統領の定める報酬を受ける。

政務の執行

第77条(インド政府の政務の執行)

(1) インド政府のすべての執行行為は,大統領の名において行われることを明らかにしなければならない。

107

（2）大統領の名において制定,執行される命令その他の文書は,大統領の制定する規則の定める方法でこれを確認する。当該確認がなされた命令その他の文書の効力は,大統領が制定又は執行したものでないという理由で審査されることはない。

（3）大統領は,インド政府の事務処理の便宜のため,及び当該事務処理を大臣の間に配分するための規則を制定する。

第78条（大統領への資料提供等に関する首相の義務）

首相は,次に掲げる義務を有する。

（a）連邦事務の管理及び法律案に関する大臣会議の決定を大統領に通告すること

（b）連邦事務の管理及び法律案に関し,大統領の求める資料を提供すること

（c）1大臣が決定し,大臣会議により審議されていない事項を,大統領の要求がある場合に大臣会議の審議に付すること

第2章　国会

総則

第79条（国会の構成）

連邦に,大統領並びに上院及び下院の二院で構成する国会をおく。

第80条（上院の構成）

（1）上院は,次の者でこれを構成する。

（a）3項の規定にしたがい,大統領が指名する12人の議員

（b）238人を超えない員数の各州及び連邦直轄領の代表

（2）各州及び連邦直轄領の代表によって占められる上院の議席の割合は,第四附則の当該規定によってこれを行う。

（3）1項a号の規定により大統領が指名する議員は,次に掲げる事項に関し,特別の知識又は実際の経験を有する者をもって充てる。

　　　　文学,科学,芸術又は社会事業

（4）上院における各州の代表は,当該州下院の選挙された議員が単記移譲式

による比例代表制により選挙する。

(5) 上院における連邦直轄領の代表は,国会が法律で定めた方法によって選挙する。

第81条（下院の構成）

(1) 第331条の規定にしたがい,下院は次の者でこれを構成する。

  (a) 州における選挙区から直接選挙によって選ばれた530人を超えない議員

  (b) 国会が法律で定めた方法によって選ばれる,連邦直轄領を代表する20人を超えない議員

(2) 1項a号で定める選挙を行うため,

  (a) 各州に割り当てる下院の議席数と州の人口との割合が,できるかぎり全ての州に均しくなるように各州の議席数を割り当てなければならない,また

  (b) 各州は,各選挙区の人口と当該選挙区に割り当てる議席数との割合が,できるかぎり当該州内で均しくなるように選挙区を分けなければならない。

ただし,この項a号の規定は,当該州の人口が600万人を超えないかぎり,下院の議席割り当てについて,いかなる州にも適用されてはならない。

(3) この条において「人口」とは,関連数字が公表されている直近の人口調査により確定された人口を意味する。

ただし,関連数字が公表されている直近の人口調査というこの項は,西暦2026年後最初に行われる人口調査で関連数字が公表されるまで,

  (i) 2項a号及び同項ただし書については,1971年人口調査の参照,

  (ii) 2項b号については,2001年人口調査の参照,

と解釈される。

第82条（人口調査後の再調整）

人口調査が完了するごとに,下院の議席の州への割り当て及び各州の地域的選挙区の区分は,国会が法律で定める機関が法律で定める方法により再調整しなければならない。

ただし,当該再調整は,そのときに在任する下院が解散されるまで,下院における代表に影響を及ぼさない。

さらに,当該再調整は,大統領が,命令により特定する日以降効力を生じ,当該再調整が効力を生じるまでは下院のいかなる選挙も当該再調整前に存在する地域的選挙区に基づいて行わなければならない。

また,西暦2026年後にはじめて行われる人口調査で関連数字が公表されるまで,

(i) 1971年人口調査に基づいて再調整された各州への下院の議席の割り当て,及び

(ii) 2001年人口調査に基づいて再調整された各州の地域的選挙区への区分は,

この条に基づく再調整をする必要はない。

第83条(国会の議院の存続期間)

(1) 上院は解散されないが,その議員の約3分1は,国会が法律で定めるところにしたがい,2年の期間が経過するごとに退職するものとする。

(2) 下院は,解散される場合を除き,最初の開会日として指定された日から5年継続し,この5年の期間が経過したときには,解散の効果を生ずる。

ただし,当該期間は,非常事態布告の施行中は,国会が法律で1回につき1年を超えない限度において延長することができる。ただし,いかなる場合においても布告が効力を失った後6月以上にわたって延長することはできない。

第84条(国会議員の資格)

次の者でなければ,国会議員に選挙される資格を有しない。

(a) インド市民であり,かつ第三附則で定める形式にしたがい宣誓又は約言を,当該目的のために選挙委員会により権限を与えられた者の前で行い,署名した者であること

(b) 上院議員にあっては30歳以上,下院議員にあっては25歳以上であること,及び

(c) 国会の制定する法律により,又はこれに基づいて定められるその他の資格を有すること

第三章　インド憲法（和訳）本文

第85条（国会の会期、停会及び解散）

(1)　大統領は,適当と認めるとき及び場所に随時国会の各議院を招集する。ただし, 1 会期の最終日と次の会期の初日として指定する日との間隔は, 6 月を超えてはならない。

(2)　大統領は,随時

　（a）両議院又は 1 議院の停会を命じ,

　（b）下院を解散することができる。

第86条（議院における大統領の演説及び教書送付権）

(1)　大統領は,国会のいずれかの議院又は両議院の合同会議で演説することができ,そのために議員の出席を要求することができる。

(2)　大統領は,現に国会で審議中の法案その他の案件に関し,国会のいずれかの議院に教書を送ることができ,教書を受け取った議院は,当該教書によって審議を求められた事項をすみやかに審議しなければならない。

第87条（大統領による特別演説）

(1)　下院の総選挙後初めての会期及び各年のはじめての会期の開始にあたって,大統領は,国会の両議院の合同会議において演説を行い,国会招集の理由を告知する。

(2)　当該演説において言及された事項を討議するための時間の割り当てに関しては,議院の議事規則で定めなければならない。

第88条（議院に関する大臣及び法務総裁の権利）

　各大臣及びインド法務総裁は,発言その他の方法により,いずれかの議院,両議院の合同会議,自己が委員である議会委員会の議事に参加する権利を有する。ただし,投票する権利をこの条によって与えられるものではない。

国会の役員

第89条（上院の議長及び副議長）

(1)　副大統領は,職務上上院議長となる。

(2)　議院は,できるかぎりすみやかに上院議員の中から副議長となる者を選挙し,副議長が欠けたときには,さらに副議長を選挙する。

111

第90条（上院副議長の欠員、辞任及び解任）

上院副議長の職にある者は,

(a) 上院議員の議席を失うときには,その職を失う。

(b) 議長宛の自筆の文書で申し出ることによって,いつでも辞任すること
ができる。

(c) 上院の在籍議員の過半数で採択された議決により解任される。

ただし,c号の規定による決議は,少なくとも14日前に予告するのでなけれ
ば発議することはできない。

第91条（上院副議長の権限及び議長代理たる者又は議長の職務を行う者の権限）

(1) 議長が欠け,又は副議長が大統領として行動し若しくは大統領の職権を
行使している期間中は,議長の職務は副議長が行う。また,副議長も欠けてい
るときには,議長の職務は大統領がそのために任命する上院議員が行う。

(2) 議院の開会中議長が欠席しているときには副議長が,副議長も欠席して
いるときには上院議事規則により決定される者が,この者も欠席していると
きには,上院の決定する者が議長として行動する。

第92条（上院議長又は副議長の解任決議案審議中の議長職）

(1) 上院の開会中において,副大統領解任の決議案が審議されているときは
議長,また,副議長解任の決議案が審議されているときは副議長は,出席してい
ても会議を司会しない。この場合においては,議長又は副議長が欠席してい
る場合と同様に第91条2項の規定を適用する。

(2) 議長は,副大統領解任の決議案が上院において審議されているときは,発
言その他の方法で議事に参加する権利を有する。ただし,第100条の規定にか
かわらず,審議中の当該決議案その他の議事について投票する資格を有しな
い。

第93条（下院の議長及び副議長）

下院は,できるだけすみやかに下院議員の中から2議員をそれぞれ議長及
び副議長に選出し,議長又は副議長が欠けたときには,さらに議長又は副議長
を選挙する。

第三章　インド憲法(和訳) 本文

第94条(下院議長及び副議長の欠員、辞任及び解任)

　下院議長又は副議長の職にある議員は,

　(a) 下院の議席を失うときは,その職を失う。

　(b) 議長にあっては副議長宛,副議長にあっては議長宛の自筆の文書で申
　　し出ることによって,いつでも辞任することができる。

　(c) 下院の在籍議員の過半数により採択される決議により解任される。

　ただし,c 号の規定による決議案は,少なくとも14日前に予告するのでなけ
れば発議できない。

　さらに,下院が解散されたときには,議長は解散後下院の最初の会議のある
までその職を空席にしてはならない。

**第95条(下院副議長の権限及び議長代理たる者又は議長の職務を行う者の議
長職)**

(1) 議長が欠けたとき,議長の職務は副議長が行い,副議長も欠けているとき
は,議長の職務は大統領がそのために任命する下院議員が行う。

(2) 下院の開会中議長が欠席しているときは副議長が,副議長も欠席してい
るときは下院の議事規則により決定される議員が,また,この者も欠席してい
るときは,下院の決定する他の議員が議長として行動する。

第96条(下院議長又は副議長の解任決議案審議中の議長職)

(1) 下院の開会中において,議長解任の決議案が審議されているときは議長,
また,副議長解任の決議案が審議されているときは副議長は,出席していても
会議を司会しない。この場合においては,議長又は副議長が欠席している場
合と同様に第95条 2 項の規定を適用する。

(2) 議長は,議長解任の決議案が下院において審議されているときは,発言そ
の他の方法で議事に参加する権利を有し,かつ第100条の規定にかかわらず,審
議中の当該決議案その他の議事について第 1 回にかぎり投票することができ
る。ただし,可否同数の場合には投票することができない。

第97条(上院議長及び副議長並びに下院議長及び副議長の俸給及び手当)

　上院議長及び副議長並びに下院議長及び副議長は,国会が法律でそれぞれ
定める俸給及び手当を受けるものとし,それについての規定が設けられるま

113

では,第二附則で規定する俸給及び手当を受けるものとする。

第98条(国会事務局)

(1) 国会の各議院にそれぞれ事務局をおく。

ただし,この項の規定は,国会の両議院に共通の職を設けることを妨げるものと解釈してはならない。

(2) 国会は,法律で各議院の事務局職員の任用及び服務条件を定めることができる。

(3) 2項に基づく規定が国会によって規定されるまで,大統領は下院議長又は上院議長と協議した後,下院又は上院事務局職員の任用及び服務条件を定める規則を制定する。また,当該規則は,前項の規定に基づいて制定される法律の規定の制限内において効力を有する。

議院の事務の処理

第99条(議員の宣誓又は約言)

国会の両議院の議員は,議席をしめるに先立ち,大統領又は大統領が任命する者の前で第三附則に規定する方法により宣誓又は約言を行い,署名しなければならない。

第100条(議院における投票、欠員ある場合の議院の権限及び定足数)

(1) この憲法に別段の定めのあるものを除き,各議院又は両議院の合同会議におけるすべての問題は,下院議長又は上院議長若しくは下院議長として行動する者を除き,出席し且つ投票する議員の過半数で決定する。

上院議長及び下院議長又は議長として行動する者は,第1回においては投票することができない。ただし,可否同数のときには決裁権を有し,これを行使しなければならない。

(2) 国会の各議院は,議席に欠員があっても行動する権限を有し,かつ,国会における議事は,資格のない者が出席,投票その他の方法により議事に参加していたことが後になって判明した場合においても有効とする。

(3) 国会が法律で別段の定めをするまでは,国会の各議院の会議の定足数は,各議院の総議員の10分の1とする。

(4) 議院の会議中定足数を欠くときは,上院議長若しくは下院議長又は議長として行動する者は,延会し,又は定足数に達するまで会議を中止しなければならない。

議員の欠格
第101条（欠員）
(1) 何人も国会の両議院の議員を兼ねることはできず,国会の両議院の議員に選挙された者が,いずれかの議院の議員となることによって生ずる空席については,国会が法律でこれを定める。

(2) 何人も国会議員と州議会議員とを兼ねることはできず,国会議員と州議会議員とに選挙された者がある場合においては,この者があらかじめ州議会議員を辞任しないかぎり,大統領が制定する規則に定める期間が経過した日において国会の議席を失う。

(3) 国会のいずれかの議院の議員は,次の場合にその議席を失う。

　（a）第102条1項若しくは2項に規定する欠格事由のいずれかに該当するとき,又は

　（b）上院議長若しくは下院議長宛の自筆の文書をもって辞任を申し出,上院議長若しくは下院議長により承認されたとき

　ただし,b号に規定する辞任の場合には,上院議長又は下院議長は,報告により,又は適当と認める調査を行った後,当該辞職が自発的なもの又は真意に出たものではないとの心証を得たときには,当該辞職を認めてはならない。

(4) 国会のいずれかの議院の議員が60日間,当該議院の許可を受けずにすべての会議を欠席したときには,当該議院はその議席の喪失を宣告することができる。

　ただし,当該60日の算定にあたっては,当該議院が引き続き4日以上停会又は休会をしたときには,その期間は算入しない。

第102条（議員の欠格）
(1)次の各号の1に該当する者は,国会議員に選挙され,又は国会議員であることができない。

115

(a) インド政府又は州政府の下に,国会が法律で欠格とならない旨定めた職以外の,報酬をともなう職に在る者

(b) 精神耗弱者であって,権限ある裁判所でその旨を宣告された者

(c) 破産者であって,復権しない者

(d) インド市民でない者,自らの意思で外国の市民権を取得した者又は外国に対する忠誠若しくは帰依を承認した者

(e) 国会の定める法律により,又はこれに基づいて欠格となった者

(原注) 何人も連邦又は州の大臣であるという理由だけで,この条にいうインド政府又は州政府の下に報酬をともなう職に在る者とはみなされない。

(2) 第十附則により欠格とされた者は,国会のいずれの議院の議員にもなることはできない。

第103条(議員の欠格に関する疑義の決定)

(1) 国会のいずれかの議院の議員が第102条1項に規定する欠格事由にあてはまるか否かに関して疑義を生じたときには,当該疑義は,大統領の裁決に付され,その裁決によって決定される。

(2) 前項の疑義を決定するにあたって,大統領は選挙委員会の意見を聞き,その意見に従って措置しなければならない。

第104条(第99条の規定による宣誓若しくは約言を行わない者又は欠格者若しくは失格者が議事に加わり投票した場合の処罰)

国会のいずれかの議院の議員として参加し,又は投票した者が,第99条の規定にしたがわないとき,又は議員の資格がないこと,失格者であること若しくは国会の制定する法律の規定により議事に参加し若しくは投票することが禁ぜられていることを知っているときには,この者は議事に参加し又は投票した日1日につき500ルピーの罰金を,連邦に対する債務として支払わなければならない。

国会及びその議員の権限及び免責

第105条(国会の議院、議員及び委員会の権限及び特権等)

(1) この憲法の規定並びに国会の議事手続きを定める規則及び議事規程の制

116

限内において,国会における発言は自由である。

(2) 国会議員は,国会又はその委員会における発言又は投票に関して裁判所で審査されることはない。また,何人も国会各議院の権限による,又はこれに基づく報告,文書,投票若しくは議事についての出版物に関しても審査されることはない。

(3) 前2項に規定するもののほか,国会各議院,各議院の議員及び委員会の権限,特権及び免責については国会が随時法律で定めるところによるものとし,当該規定が設けられるまでは,1978年憲法(第44次改正)法第15条施行まで議院,その議員及び委員会の有していたものとする。

(4) 1項,2項及び3項の規定は,国会議員に関して適用されると同時に,この憲法により国会の議院又はその委員会において発言その他の方法により議事に参加する権利を有する者に関しても適用する。

第106条(議員の俸給及び手当)

国会の各議院の議員は,国会が随時法律で定める俸給及び手当を受ける権利を有し,これに関する規定が設けられるまでは,この憲法施行までインド自治領制憲議会議員に適用されていた率及び条件による手当を受ける。

立法手続き
第107条(法案の先議及び可決に関する規定)

(1) 法案は,金銭法案その他の財政法案に関する第109条及び第117条に規定する場合を除き,国会のいずれの議院でもこれを先議することができる。

(2) 法案は,第108条及び第109条に規定する場合を除き,無修正であると両議院の承認を受けた修正付きであるとを問わず,両議院がこれに同意を与えないかぎり,国会が可決したものとはみなされない。

(3) 国会において審議中の法案は,議院の停会によって廃案となることはない。

(4) 下院を通過していない法案であって,上院において審議中のものは,下院の解散によって廃案となることはない。

(5) 下院において審議中の法案又は下院において可決し上院において審議中

117

の法案は,第108条に規定する場合を除き,下院の解散によって廃案となる。

第108条(一定の場合における両議院の合同会議)

(1) 法案が1の議院で可決され,他の議院に送付された場合において,

　(a) 当該法案が他の議院で否決され,

　(b) 両議院が当該法案に加えられる修正に最終的に不同意であり,又は

　(c) 他の議院が当該法案を受け取った日から可決しないまま6月以上経過したときには,

大統領は,下院解散のために廃案となる場合を除き,両議院が開会中であるときは教書で,開会中でないときは公示により両議院に対し,当該法案を審議し,表決するための合同会議を招集する意図を通告することができる。

　ただし,この項は,金銭法案には適用しない。

(2) 1項に規定する6月の期間を算定するにあたっては,同項c号に規定する議院が引き続き4日以上停会又は休会したときは,その期間は算入しない。

(3) 大統領が1項の規定により両議院を招集して合同会議を開催する意図を通告したときは,いずれの議院も当該法案の審議を進めてはならない。大統領は,その通告の日以後いつでも通告に示した目的で両議院を招集し,合同会議を開催することができる。大統領が招集したときには,両議院はそれにしたがって会議を行う。

(4) 法案が,合同会議で修正することを承認された修正を付し,合同会議において出席し投票する議員の過半数で可決したときには,この憲法の適用については両議院で可決したものとみなす。

　ただし,合同会議では,

　(a) 1の議院が可決し,他の議院が可決しないで修正を付して先議議院に回付した法案については,当該法案の可決が遅れたことによって必要となった場合を除いて修正の提案を行ってはならない。

　(b) 1の議院が可決し,他の議院がそのまま回付した法案に対しては,当該法案の可決が遅れたことによって必要となった修正及び両議院が一致しなかった事項に関する修正だけを提案することができる。

　この項の規定によって行われる修正の可否に関しては,合同会議の司会者

の決定を最終的なものとする。

(5) 大統領が合同会議を開催するために両議院を招集する意図を通告した後,下院の解散が行われたとしても,合同会議は,この条に基づいて開催することができ,また当該合同会議で法案を可決することができる。

第109条（金銭法案に関する特別規定）

(1) 金銭法案は,上院において先議してはならない。

(2) 金銭法案は,下院が可決した後,上院の勧告を得るため上院に送付しなければならず,上院は,当該法案を受けとった日から14日以内に勧告を付して,これを下院に回付しなければならない。下院は,上院の勧告の全部又は一部を受諾又は拒否することができる。

(3) 下院が上院の勧告を受諾したときには,金銭法案は上院が勧告し下院が受諾した修正を付して両議院が可決したものとみなす。

(4) 下院が上院の勧告を受諾しないときには,金銭法案は上院が勧告した修正を含まず下院が可決した形式において両議院が可決したものとみなす。

(5) 下院が可決し,上院に勧告を求めて送付した金銭法案が2項に規定する14日以内に回付されないときには,当該金銭法案は当該期間が経過した日において,下院が可決した形式で両議院が可決したものとみなす。

第110条（「金銭法案」の定義）

(1) 法案が,次に掲げる事項の全部又は一部を取り扱う規定のみを含むとき,当該法案はこの章にいう金銭法案とみなす。

 (a) 租税の賦課,廃止,軽減,変更又は規制

 (b) インド政府による借入金若しくは保証供与の規制又はインド政府が負い若しくは負うべき財政負担に関する改正

 (c) インド統合基金若しくはインド非常基金の管理,それら基金への金銭の払込又はそれら基金からの金銭の引き出し

 (d) インド統合基金からの金銭支出の承認

 (e) ある支出がインド統合基金の負担すべき支出となる旨を定め,又はその支出額を増加すること

 (f) インド統合基金若しくはインド公金勘定のための金銭の出納,その管

119

理若しくは支払い又は連邦若しくは州の会計の検査

(g) a号からf号までに掲げる事項に付随する事項

(2) 罰金若しくは科料の課徴を規定し,免許若しくは公務についての手数料の要求若しくは支払いを規定し,又は地方機関若しくは地方団体による租税の賦課,廃止,軽減,変更若しくは規制を規定する法案は,それだけを理由として金銭法案とみなされることはない。

(3) 法案が金銭法案か否かについて疑義を生じたときには,下院議長の裁決により確定する。

(4) 第109条の規定に基づき,金銭法案を上院に送付する場合及び第111条の規定に基づき,認証を得るために金銭法案を大統領に提出する場合には,それが金銭法案であることを証する下院議長の署名した証明書を当該法案に付さなければならない。

第111条(法案の認証)

法案が,国会の両議院で可決されたときには大統領に提出され,大統領はこれを認証するか又は認証を保留するかを宣言する。

ただし,大統領は,その法案が金銭法案でない場合には,その法案又はその法案中の特定の条項につき教書を付して,できるかぎりすみやかに両議院に返付して再審議すべきものとし,修正を付し又は付さないで再可決した上大統領に提示したときには,大統領はその認証を保留することができない。

財政事項に関する手続き

第112条(年次財政説明書)

(1) 大統領は,各財政年度ごとに,この編において「年次財政説明書」とよぶ,当該年度のインド政府収支予算の説明書を国会の両議院に提出させなければならない。

(2) 年次財政説明書に計上される支出予算は,次に掲げる支出に分けて記載し,かつ収入勘定についての支出とその他の支出とを区別しなければならない。

(a) この憲法がインド統合基金の負担となるべき支出として規定している

支出に充当する額,及び

(b) その他の支出であってインド統合基金から支出されるべきことが提案されているものに充当する額

(3) 次に掲げる支出は,インド統合基金の負担となるべき支出とする。

(a) 大統領の報酬及び手当並びに大統領の職務に関するその他の手当

(b) 上院議長及び副議長並びに下院議長及び副議長の俸給及び手当

(c) インド政府が支払いの義務を有する利子,減債基金及び償還費並びに起債,役務及び債務償還に関するその他の支出を含む債務

(d)(ⅰ) 最高裁判所裁判官に対し,又はこの者に関して支払われる俸給,手当及び年金

(ⅱ) 連邦裁判所裁判官に対し,又はこの者に関して支払われる年金

(ⅲ) インド領に含まれる地域に関して管轄権を行使する高等裁判所裁判官若しくはこの憲法施行前インド自治領旧州に含まれていた地域に関して管轄権を行使した高等裁判所裁判官に対して,又はこの者に関して支払われる年金

(e) インド会計検査院長に対し,又はこの者に関して支払われる俸給,手当及び年金

(f) 裁判所又は仲裁裁判所の判決,決定又は裁定を履行するのに必要な額

(g) この憲法又は国会の制定する法律により統合基金の負担すべきものとされるその他の支出

第113条(予算に関する国会の手続き)

(1) 予算のうちインド統合基金の負担となるべき支出に関するものは,国会の表決には付さない。ただし,この項の規定は国会の両議院が当該予算を審議することを妨げるものと解釈してはならない。

(2) 予算のうち前項に規定する支出以外の支出に関するものは,下院に交付金要求書の形で提出し,下院はこれを承認若しくは拒否し,又は減額を条件として承認する権限を有する。

(3) 交付金の要求は,大統領の勧告に基づく場合のほかは行ってはならない。

第114条（支出承認法案）

(1) 下院が第113条の規定に基づき交付金の承認をした後,できるかぎりすみやかに,次に掲げるものに充当するために必要な金額をインド統合基金から支出することを規定した法案が提出されなければならない。

　(a) 下院が承認した交付金額

　(b) インド統合基金の負担となるべき金額であって,さきに国会に提出された年次財政説明書に計上された金額を超えないもの

(2) 前項の法案に対して,その交付金の額若しくはその目的又はインド統合基金の負担となるべき支払金額を変更する修正案は,国会の議院で発議することができない。また,この項の規定により修正案の発議ができるか否かにつき疑義があるときには,議長の職にある者が決定する。

(3) 第115条及び第116条に規定する場合を除き,この条の規定にしたがって可決された法律により行われる支出承認に基づくのでなければ,インド統合基金から金銭を引きだすことはできない。

第115条（補正、追加又は超過のための交付金）

(1) 大統領は,次の場合には,それぞれ当該支出の予算金額を明示して説明書を国会の両議院に提出させ又は当該超過額に対する要求書を下院に提出させなければならない。

　(a) 第114条の規定に基づく法律により当該財政年度内の特別役務のために支出することを認められた金額が,当該年度の需要に対して不十分であることが明らかになったとき,若しくは当該財政年度において当該年度の年次財政説明書で予見されていなかった新役務に充てるため支出を補足若しくは追加する必要が生じたとき,又は

　(b) ある役務のために1財政年度内に要した金額が当該役務及び当該年度に対して交付された金額を超えるとき

(2) 第112条,第113条及び第114条の規定は,前項に規定する説明書,支出,要求書及び当該支出又は交付金に充てるためインド統合基金から金銭を支出することを認める法律に関し,年次財政説明書,当該説明書に記された支出,交付金要求書及びその支出又は交付金に充てるためインド統合基金から金銭を支出

122

することを認める法律に関して有するのと同様の効力を有する。

第116条（勘定に対する投票、貸付及び特別交付金に対する投票）

(1)　この章の前条までの規定にかかわらず,下院は次の権限を有する。

　　(a)　財政年度中のある期間の支出予算に関し,交付金の表決に関する第113
　　　　条の定める手続き及び当該支出に関する第114条の規定による法律の制
　　　　定手続きが完了する以前において,あらかじめ交付金を承認すること

　　(b)　役務の規模又はその不明確な性質のため,要求が年次財政説明書に用
　　　　いられる通常の細目で記載することができない場合において,インド財
　　　　源に対する予見しなかった要求に充てるため交付金を承認すること

　　(c)　財政年度の通常の役務の一部をなさない例外的交付金を承認すること

　　かつ,国会は,法律で当該交付金の承認を行った目的のためにインド統合基
金からの金銭支出を承認する権限を有する。

(2)　第113条及び第114条の規定は,１項に基づく交付金の承認及び同項に基
づいて制定された法律に関して,年次財政説明書に記載される支出に対する
交付金の承認及び当該支出に充当するためインド統合基金から金銭を支出す
ることを承認する法律に関して有するのと同様の効力を有する。

第117条（財政法案に関する特別規定）

(1)　第110条１項ａ号からｆ号までに規定する事項について定める法案又は
修正案は,大統領の勧告に基づく場合のほかは提出又は発議してはならず,か
つ,上院で先議してはならない。

　　ただし,租税の軽減又は廃止を規定する修正案の発議には,この項で定める
勧告を必要としない。

(2)　罰金若しくは科料の課徴若しくは許可料若しくは手数料の要求若しくは
支払を規定し,又は地方機関若しくは地方団体による租税の賦課,廃止,軽減,変
更若しくは規制に関して規定する法案又は修正案は,そのことのみを理由と
して前項に規定する法案又は修正案とみなされることはない。

(3)　インド統合基金から支出を要することとなる法案が,制定施行される場
合においては,大統領がその審議を勧告しないかぎり,国会の議院によって可
決されてはならない。

123

一般手続き

第118条（手続き規則）

(1) 国会の各議院は,この憲法の規定の制限内において,その手続き及び事務処理に関する規則を制定することができる。

(2) 1項の規定により規則が制定されるまでは,インド自治領議会に関し,この憲法施行まで効力を有する手続き規則及び議事規程が,上院議長又は下院議長の定める読替えをして,随時国会に適用されるものとする。

(3) 大統領は,上院議長及び下院議長と協議した後,両議院の合同会議及び両議院間の連絡に関する手続きについての規則を制定することができる。

(4) 両議院の合同会議においては,下院議長,下院議長欠席のときは3項の規定に基づいて定める手続き規則の定める者が司会する。

第119条（財政事務に関する国会の手続きの法律による規制）

国会は,財政事務をすみやかに処理するために,法律で財政に関する事項又はインド統合基金からの金銭支出についての法案に関し,国会各議院の手続き及び事務処理を規制することができる。この場合において,当該法律の規定が第118条1項に基づき国会の1議院が定める規則又は同条2項に基づき国会に関して効力を有する規則若しくは議事規程と抵触するときは,この条に基づく法律の規定が優先する。

第120条（国会において使用する言語）

(1) 第17編の規定にかかわらず,第348条の規定の制限内において,国会の事務はヒンディー語又は英語によって処理するものとする。

ただし,上院議長若しくは下院議長又は議長として行動する者は,ヒンディー語又は英語で適当に表現できない議員に対して,その母語で述べることを許可することができる。

(2) 国会が法律で別段の規定を設けないかぎり,この憲法施行後15年が経過した後においては「又は英語で」とある文言は省略するものとする。

第121条（国会における討論に対する制限）

最高裁判所裁判官又は高等裁判所裁判官がその任務の遂行のためになす行為に関しては,後に定めるところにより大統領に対して裁判官の罷免を求め

る動議が提出されている場合を除いて,国会において討議してはならない。

第122条(国会における議事に対する審査についての裁判所の無権限)

(1) 国会における議事の効力は,手続き上の瑕疵を理由に審査されることはない。

(2) この憲法により又はこの憲法に基づいて国会における手続き若しくは事務処理を規制し又は秩序を維持する権限を与えられた国会の役員又は議員は,その権限の行使に関し,裁判所の管轄権に服することはない。

第3章　大統領の立法権

第123条(国会閉会中、大統領令を公布する大統領の権限)

(1) 大統領は,国会の両議院の開会中を除き,すみやかに措置する必要のある事態が存在すると認めるときは,いつでも当該事態に対処するために必要と考えられる大統領令を公布することができる。

(2) この条により公布される大統領令は,国会の制定する法律と同一の効力を有する。

　　ただし,すべての大統領令は,

　　(a) 国会の両議院に提出されなければならず,かつ,国会が再開した日から6週間が経過したとき,又は当該期間経過前に両議院が当該大統領令を否認する決議をした場合において,後に決議をした議院の決議が可決されたときに,

　　(b) 大統領は随時廃止することができる。

(原注) 国会の議院が異なった日に再開するよう招集されたときには,この項でいう6週間は,後に再開された日から起算する。

(3) この条に基づく大統領令が,この憲法上国会に制定権のない事項について規定を設けたときには,当該大統領令はその限度において無効とする。

第4章　連邦司法

第124条(最高裁判所の設置及び組織)

(1) インド最高裁判所長官,及び国会が法律で定数を増加するまでは7人以

内の裁判官で構成するインド最高裁判所をおく[4]。

(2) 最高裁判所裁判官は,大統領が,第124A条に定める国家裁判官任命委員会の推薦に基づいて,大統領の署名捺印した辞令をもって任命し,65歳に達するまでその職に在る。

　ただし,

　(a) 最高裁判所裁判官は,大統領宛の自筆の文書で申し出ることにより辞任できる。

　(b) 最高裁判所裁判官は,4項で定める方法によって解任される。

(2A) 最高裁判所裁判官の年齢は,国会が法律により定める権限及び方法により決定される。

(3) インド市民であり,かつ,次に掲げる要件の1を充たす者でなければ,最高裁判所裁判官に任命される資格を有しない。

　(a) 少なくとも5年間1高等裁判所の又は引き続き2以上の高等裁判所の裁判官であった者

　(b) 少なくとも10年間1高等裁判所の又は引き続き2以上の高等裁判所の弁護士であった者,又は

　(c) 大統領が優れた法律学者と認めた者

(原注I) この項において「高等裁判所」とは,インド領内において管轄権を行使し,又はこの憲法施行まで管轄権を行使した高等裁判所をいう。

(原注II) この項に規定する弁護士であった期間の算定にあたっては,その者が弁護士となった後,地方裁判所裁判官と同等以下でない司法官の職にあった期間を合算する。

(4) 最高裁判所裁判官は,明らかな非行又は不適任を理由とする解任提案が同一会期中に国会の各議院の総議員の過半数であって,かつ出席し投票する議員の3分の2以上によって支持された旨大統領に通告がなされた後,大統領が命令により解任する場合を除いては解任されない。

---

4) 「最高裁判所(裁判官数)改正法」(1986年)により25人,同改正法(2008年,2009年施行)により現在30人とされている(したがって,長官とあわせて最大31人の裁判官で構成するものとされている)。

第三章　インド憲法 (和訳) 本文

(5) 国会は,法律で4項に規定する通告の提出及び裁判官の非行又は不適任について調査し,立証する手続きを法律で定める。

(6) 最高裁判所裁判官に任命された者は,就任に先立ち,大統領又は大統領がそのために任命する者の面前で第三附則に定める方式により宣誓又は約言を行い,署名しなければならない。

(7) 最高裁判所裁判官の職にあった者は,インド領内における裁判所又は機関において弁護士として働くことができない。

第124A条 (国家裁判官任命委員会) [5]

(1) 以下の構成をもって国家裁判官任命委員会を設置する。

　(a) 最高裁判所長官　職権により委員長とする

　(b) 最高裁判所長官に次ぐ最先任の最高裁判所裁判官2人　職権により委員とする

　(c) 連邦司法大臣　職権により委員とする

　(d) 首相,最高裁判所長官及び下院における野党の代表又は野党の代表が不在なときには下院の最大野党の代表からなる委員会により指名された者2名

　ただし,当該委員のうち1人は指定カースト,指定部族,その他の後進諸階層,マイノリティ又は女性から任命しなければならない。

　さらに,当該委員は任期を3年とし,再任を認めない。

(2) 国家裁判官任命委員会のいかなる行為又は手続きも,委員会の構成において空席又は離脱があったことのみを理由に疑義を持たれ又は無効とされない。

第124B条 (国家裁判官任命委員会の職務)

　国家裁判官任命委員会は,次の職務をおこなう。

　(a) 最高裁判所長官,最高裁判所裁判官,高等裁判所長官及びその他の高等裁判所裁判官の任命に当たり候補者を推薦すること

---

5)　第124A条,第124B条,及び第124C条を新設し,その他の関連規定を改正した憲法第99次改正,並びに2014年国家裁判官任命委員会法について,最高裁は,2015年10月16日,違憲判決を下している。

127

(b) 高等裁判所長官及びその他の高等裁判所裁判官のその他の高等裁判所への異動に当たり推薦すること

(c) 被推薦者の能力及び品位について保証すること

第124C条（国会の立法権限）

国会は,法律により,最高裁判所長官及び最高裁判所裁判官並びに高等裁判所長官及び高等裁判所裁判官の任命に関わる手続きを定め,並びに委員会に対し事務の執行手続き,任命候補者の選定方法及び委員会が必要と認めるその他の事項について定める権限を付与することができる。

第125条（裁判官の俸給等）

(1) 最高裁判所裁判官は,国会の制定する法律により定められた俸給を受ける。この法律が制定されるまでは,第二附則で定める俸給を受ける。

(2) 最高裁判所裁判官は,国会の制定する法律により又はこれに基づいて随時定める特権及び手当並びに休暇及び年金に関する権利を有し,当該規定が設けられるまでは,第二附則で定める特権,手当及び権利を有する。

ただし,裁判官の特権及び手当並びに休暇及び年金に関する権利は,裁判官の任命後その者の不利益となるよう変更することはできない。

第126条（最高裁判所長官代理の任命）

インド最高裁判所長官が欠け,又はその不在その他の理由によりその職責を果たすことができないときは,大統領が任命する1人の最高裁判所裁判官が最高裁判所長官の職責を行う。

第127条（特別裁判官の任命）

(1) 最高裁判所裁判官の定足数が,審理を行い又は審理を継続するに足りないときには,国家裁判官任命委員会は最高裁判所長官の提案をうけて,大統領との事前の合意に基づき,最高裁判所長官が指名する最高裁判所裁判官として任命される資格のある高等裁判所裁判官に対し,必要な期間中,特別裁判官として審理に加わるよう書面をもって要求することができる。

(2) 前項の指名を受けた裁判官は,要求されたとき及び期間中,その本来の職務に優先して最高裁判所の審理に加わることをその任務とし,その間は最高裁判所裁判官のすべての管轄権,権限及び特権を有し,最高裁判所裁判官とし

ての任務を行う。

第128条（最高裁判所の審理への退職裁判官の参加）

　この章の規定にかかわらず,国家裁判官任命委員会は,大統領の事前の承諾を得た後いつでも最高裁判所裁判官若しくは連邦裁判所裁判官の職にあった者又は高等裁判所裁判官の職にあった者で最高裁判所裁判官として任命される資格を有する者に対し,最高裁判所裁判官として審理に加わることを要求することができる。要求をうけた者は,当該裁判官として審理に加わる間,大統領が命令で定める手当をうけ,最高裁判所裁判官のすべての管轄権,権限及び特権を有するが,その他の点では最高裁判所裁判官とはみなされない。

　ただし,この条の規定は,本人が承諾しない場合においても最高裁判所裁判官として審理に加わることを要求するものとみなしてはならない。

第129条（記録裁判所としての最高裁判所）

　最高裁判所は,記録裁判所として,裁判所侮辱の処罰権を含む記録裁判所としてのすべての権限を有する。

第130条（最高裁判所の所在）

　最高裁判所は,デリー又はインド最高裁判所長官が大統領の承諾を得て随時定めるその他の場所において裁判を行う。

第131条（最高裁判所の第1審管轄権）

　この憲法の規定の制限内において最高裁判所は,権利の存在又は範囲に関する問題（法律上のものであると事実上のものであるとにかかわらず）を含む場合には,次に掲げる事項について他の裁判所を排して第1審管轄権を有する。

　（a）インド政府と1又はそれ以上の州との間の紛争

　（b）一方の当事者がインド政府及び1又はそれ以上の州であって他方の当事者が1又はそれ以上の州である紛争

　（c）2又はそれ以上の州の間の紛争

　ただし,当該管轄権は,この憲法施行前に締結され,又は施行された条約,協定,契約,譲渡証書その他これに類する文書であって,この憲法施行後においても効力を有するもの又はこの条に規定する管轄権が当該紛争に及ばない旨を規

定するものから生じた紛争には及ばない。

第132条（一定の事件に関する高等裁判所の裁判に対する最高裁判所の上告裁判権）

（1）民事訴訟,刑事訴訟その他の訴訟とを問わず,高等裁判所が第134A条の規定に基づいて,その事件がこの憲法の解釈に関する法律上の実体問題を含むことを証明するときには,インド領内の高等裁判所の下した判決,審判又は終局命令に対して最高裁判所に上告申立てをすることができる。

（2）〔削除〕[6]

（3）当該証明がなされたとき,当該事件の当事者は当該問題が違法に決定されたという理由で最高裁判所に申立てをすることができる。

（原注）この条にいう「終局命令」は,上告者の有利に決定されたならば事件の最終処理に充分である争点決定の命令を含む。

第133条（民事事件に関する高等裁判所の裁判に対する最高裁判所の上告裁判権）

（1）民事事件につき,インド領内の高等裁判所の下した判決,審判又は終局命令に対して,第134A条の規定に基づき当該高等裁判所が次に掲げる事項を証明したときには,最高裁判所に上告の申立てをすることができる。

　（a）普遍的な重要性をもつ法律上の実体問題を含む事件

　（b）当該高等裁判所が前号の問題を最高裁判所で決定することが必要と考えた事件

（2）第132条の規定にかかわらず,1項の規定に基づいて最高裁判所に上告の申立てをする当事者は,上告理由の一つとしてこの憲法の解釈に関する法律上の実体問題が違法に決定されていることを主張することができる。

（3）この条の規定にかかわらず,国会が法律で別段の規定を設けないかぎり,高等裁判所の1人の裁判官で下した判決,審判又は終局命令に対しては最高裁判所に上告の申立てをすることができない。

第134条（刑事事件に関する最高裁判所の上告裁判権）

（1）刑事訴訟につきインド領内の高等裁判所の下した判決,終局命令又は宣

6）　第44次憲法改正（1979年）により削除された。

130

告に対しては,次に掲げる場合において最高裁判所に上告の申立てをすることができる。

高等裁判所が

（a）控訴審において,被告人無罪の判決を破棄し,死刑の判決を下したとき

（b）下級裁判所から審理を高等裁判所に移送し,被告人を有罪として死刑の判決を下したとき

（c）第134A条に基づいて,当該事件が最高裁判所への上告に適したものであることを証明したとき

ただし,c 号の規定による上告の申立ては,第145条 1 項の規定に基づいて制定される規則及び高等裁判所が制定し又は要求する条件の制限内で提起しなければならない。

（2）国会は,法律で最高裁判所に対し,当該法律に規定する条件及び制限の範囲内でインド領内の高等裁判所の下した刑事訴訟における判決,終局命令又は宣告に関する上告を受理し,これを審理するために前項に規定する権限以上の権限を与えることができる。

第134A条（最高裁判所への上告のための証明書）

すべての高等裁判所は,第132条 1 項,第133条 1 項又は第134条 1 項で定める判決,審判,終局命令又は宣告を決定し又は下すにあたって,

（a）自らの意向でかかる判断を下すことが適切であると考え,

（b）口頭による申請がなされたときには,権利を侵害されたと考える当事者のため又は当該当事者に代わって,当該判決,審判,終局命令又は宣告が行われた後ただちに,

当該問題が第132条 1 項又は第133条 1 項,事情によっては第134条 1 項 c 号で定める性質を有する証明書が当該事件に関して交付されるべきか否かを,当該判決等を行った後すみやかに決定しなければならない。

第135条（既存の法律に基づいて連邦裁判所が有する管轄権及び権限の最高裁判所による行使）

最高裁判所は,国会が法律で別段の定めを設けないかぎり,第133条又は第134条の規定が適用されない事項についても,この憲法施行まで連邦裁判所に

より既存の法律に基づいて当該事項に関する管轄権及び権限を行使すること
のできた事項であるときには,これに対する管轄権及び権限を有する。

第136条（最高裁判所による上告特別許可）

（1） この章の規定にかかわらず,最高裁判所は,その裁量により,インド領内の
裁判所若しくは審判所が決定し又は下した判決,審判,決定,宣告又は命令に対
して上告の特別許可を与えることができる。

（2） 1項の規定は,軍隊に関する法律により,又はこれに基づいて構成される
裁判所若しくは審判所の決定し,又は下した判決,決定,宣告又は命令には適用
しない。

第137条（最高裁判所による判決及び命令の審査）

国会が制定する法律又は第145条の規定により制定する規則に基づき,最高
裁判所は,その宣言した判決又は発した命令を審査する権限を有する。

第138条（最高裁判所の管轄権の拡大）

（1） 最高裁判所は,連邦管轄事項表に掲げる事項に関しても,国会が法律で与
える管轄権及び権限を有する。

（2） 最高裁判所は,国会が法律で最高裁判所の当該管轄権及び権限の行使に
ついて規定する場合には,インド政府及び州政府が特別に協定して与える事
項に関しても,管轄権及び権限を有する。

第139条（一定の令状作成権の最高裁判所への付与）

国会は,法律で最高裁判所に対し,第32条2項に規定する目的以外の目的の
ための指令,命令若しくは人身保護令状,職務執行令状,禁止令状,権限開示令状
若しくは移送命令書の性質を有する令状又はそのいずれかを発する権限を与
えることができる。

第139A条（一定の事件の移送）

（1） 法律上同一又は実質的に法律上同一の問題を含む事件が,最高裁判所と
1若しくはそれ以上の高等裁判所又は2若しくはそれ以上の高等裁判所に係
属しており,最高裁判所が自らの意向で,又はインド法務総裁若しくは1当事
者によってなされた申立てにつき,当該問題が普遍的重要性を有する実体問
題であると認めた場合には,最高裁判所は,高等裁判所に係属中の事件をひき

とって自ら処理することができる。

　ただし,最高裁判所は,前記法律上の問題を決定した後,当該事件を送付した高等裁判所に当該問題についての判断の謄本とともに当該事件を回付することができる。高等裁判所は,それを受け取り,最高裁判所の判断にしたがって当該事件の処理をすすめなければならない。

（2）最高裁判所は,司法目的上好ましいと考えたときには,ある高等裁判所において控訴又はその他の手続きがなされている事件を他の高等裁判所に移送することができる。

第140条（最高裁判所の付随的権限）

　国会は,法律で最高裁判所に対し,この憲法の規定に抵触しないかぎり,この憲法により又はこの憲法に基づいて最高裁判所に与えられる管轄権の行使を一層有効ならしめるために必要であり,又は望ましいと考えられる付随的権限を与えることができる。

第141条（すべての裁判所を拘束する最高裁判所の法）

　最高裁判所により宣言された法は,インド領内のすべての裁判所を拘束する。

第142条（最高裁判所の決定又は命令の施行及び捜索等に関する命令）

（1）最高裁判所は,その管轄権の行使にあたっては,審理中の訴因又は問題の正確な判定を期するために必要な決定を下し,又は命令を発することができる。当該決定又は命令は,国会の制定する法律により又はこれに基づいて定めるところにしたがってインド全域に強制力をもつ。ただし,当該法律が制定されるまでは大統領が命令で定めるところにしたがうものとする。

（2）国会が前項の目的のために制定する法律の規定にしたがい,最高裁判所は,インドの全域に関して,人の出頭,文書の捜索若しくは提出又は裁判所侮辱の調査若しくは処罰を確実に行うために命令を発するあらゆる権限を有する。

第143条（最高裁判所に対する大統領の諮問権）

（1）法律上又は事実上の問題であって公的な重要性を有しており,最高裁判所の意見を聞くことに適しているものが起こり又は起こるおそれがあると認

めたときには,大統領はこの問題を最高裁判所に付議することができる。この場合には,最高裁判所は適当と認める審理を行った後,その意見を大統領に報告することができる。

(2) 大統領は,第131条ただし書の規定にかかわらず,同ただし書に規定する紛争について最高裁判所の意見を聞くことができる。この場合において,最高裁判所は適当と認める審理を行った後,その意見を大統領に報告しなければならない。

第144条（最高裁判所に対する行政機関及び司法機関の援助）

　インド領内におけるすべての行政機関及び司法機関は,最高裁判所を援助しなければならない。

第145条（最高裁判所規則等）

(1) 最高裁判所は,国会が制定する法律の制限内において,大統領の承認を得て,最高裁判所における訴訟手続きを一般的に規制する規則であって次に掲げるものを含む規則を随時制定することができる。

(a) 最高裁判所で弁護事務を行う者に関する規則

(b) 上告審理手続き及び上告受理期限を含むその他の上告関係事項に関する規則

(c) 第3編の規定により与えられる権利を実効あらしめるための,最高裁判所における手続きに関する規則

(cc) 第139A条の規定に基づく最高裁判所における手続きに関する規則

(d) 第134条1項c号の規定に基づく上告の受理に関する規則

(e) 最高裁判所が下した判決又は発した命令を再審査する条件及び最高裁判所に対する再審査申請受理期限を含む再審査手続きに関する規則

(f) 最高裁判所における手続きに関する費用及び付随費並びに手続きに関し徴収される手数料に関する規則

(g) 保釈の許可に関する規則

(h) 手続きの中止に関する規則

(i) 最高裁判所が,意義を認めず,濫訴と考え又は引き延ばしのためと認める上告に対して即決を規定する規則

(j)　第317条1項に規定する審査の手続きに関する規則

(2)　この条の規定に基づいて制定する規則は,3項の規定の制限内において,審理に加わる裁判官数の最小限を定め,かつ,独任裁判官及び各部法廷の権限を規定することができる。

(3)　この憲法の解釈に関する法律上の実体問題を含む事件を決定するため又は第143条の規定に基づいて付議された事件を審理するために出廷する裁判官数の最小限は5人とする。

　ただし,第132条を除くこの章の規定に基づいて上告を審理する法廷が,5人未満の裁判官で構成されている場合において,当該法廷がその審理の過程で当該上告がこの憲法の解釈に関する法律上の実体問題を含んでおり,それにつき決定を要するものがあると認めるときには,当該法廷はその問題を含む事件を決定するために,この項の要求するところにより構成する法廷の意見を求め,その意見にしたがって当該上告を処理するものとする。

(4)　最高裁判所の判決は,すべて公開の法廷で行わなければならない。また,第143条の規定に基づく報告は,公開の法廷において述べられる意見にしたがって行わなければならない。

(5)　最高裁判所の判決及び見解は,事件の審理に出席する裁判官の多数の合意によるものでなければならない。

　ただし,この項の規定は,裁判官が異なった判断又は意見を述べることを妨げるものではない。

第146条（最高裁判所の職員、雇員及び経費）

(1)　最高裁判所の職員及び雇員の任命は,インド最高裁判所長官又はその指名する最高裁判所のその他の裁判官若しくは職員が行う。

　ただし,大統領は規則で,その規則中に定める一定の場合には,それまで最高裁判所に所属していなかった者を最高裁判所関係の職に任命するには連邦公務委員会と協議した後でなければならないとすることができる。

(2)　国会の制定する法律の範囲内において最高裁判所の職員及び雇員の服務条件は,インド最高裁判所長官又はインド最高裁判所長官により権限を与えられた最高裁判所のその他の裁判官若しくは職員が制定する規則で定める。

135

ただし,この項に基づく規則を制定するには,俸給,手当,休暇又は年金に関するかぎり,大統領の承認を必要とする。

(3) 最高裁判所の職員及び雇員に対し又はこれらの者に関して支給される俸給,手当及び年金を含む最高裁判所の行政費は,インド統合基金の負担となり,最高裁判所の徴収する手数料その他の金銭は,当該基金の一部となるものとする。

第147条（解釈）

この章及び第6編第5章に規定するこの憲法の解釈に関する法律上の実体問題とは,1935年インド統治法（同法を改正又は補足するすべての法令を含む),イギリス枢密院令若しくは同令に基づいて発せられた命令又は1947年インド独立法若しくは同法に基づいて発せられた命令の解釈に関する実体問題を含むものと解釈される。

第5章　インド会計検査院長

第148条（インド会計検査院長）

(1) インド会計検査院長をおく。会計検査院長は,大統領が署名捺印した辞令によって任命され,最高裁判所裁判官と同様の方法及び理由によってのみ解任される。

(2) 会計検査院長として任命される者は,その就任前大統領又は大統領が指名する者の前で第三附則の定める方法により宣誓又は約言を行い,署名しなければならない。

(3) 会計検査院長の俸給及びその他の服務条件は,国会が法律で定めるが,その決定があるまでは第二附則に規定するところによる。

ただし,会計検査院長の俸給及び休暇,年金又は退職年齢に関する権利は,その任命後この者の不利益となるように変更することはできない。

(4) 会計検査院長は,退任後,インド政府又は州政府の官職に就く資格を有しない。

(5) この憲法及び国会が制定する法律の規定にしたがい,会計検査院に勤務する者の服務条件及び会計検査院長の行政権は,大統領が会計検査院長と協

議した後制定する規則で定める。

(6) 会計検査院に勤務する者に対して,又はこの者に関して支給されるすべての俸給,手当及び年金を含む会計検査院行政費は,インド統合基金の負担となる。

第149条(会計検査院長の任務及び権限)

会計検査院長は,連邦,州及びその他の機関又は団体の会計に関し,国会の制定する法律により,又はこれに基づいて規定される任務の遂行と権限の行使を行うものとし,当該規定が設けられるまでは,この憲法施行までインド自治領及び旧州の会計に関し,インド会計検査院長に与えられ,行使されていた任務及び権限を連邦及び州の会計に関して遂行し,行使する。

第150条(連邦及び州の会計の記帳形式)

連邦及び州の会計は,大統領が会計検査院長の助言に基づいて定めた形式で記帳しなければならない。

第151条(会計報告)

(1) 連邦の会計に関するインド会計検査院長の報告は,大統領に提出され,大統領はこれを国会の両議院に提出させる。

(2) 州の会計に関するインド会計検査院長の報告は,州知事に提出され,知事はこれを州議会に提出させる。

第6編　州

第1章　総則

第152条(定義)

この編において「州」とは,別段の定めのないかぎり,ジャンムー・カシュミール州を含まない州をいう。

第2章　執行

知事

第153条（州知事）

各州に知事をおく。

ただし,この条の規定は,2又はそれ以上の州知事に同一の者が任命される
ことを妨げるものではない。

第154条（州の執行権）

(1) 州の執行権は,知事に属し,この憲法にしたがい知事により直接に,又は知
事の下にある官吏をつうじて行使される。

(2) この条の規定は,

　(a) 既存の法律により他の機関に与えられている権能を知事に委譲するも
　　のとみなすものではなく,

　(b) 国会又は州議会が,知事の下にある機関に権能を与えることを妨げる
　　ものではない。

第155条（知事の任命）

州知事は,大統領がその署名捺印した辞令をもって任命する。

第156条（知事の任期）

(1) 知事は,大統領の意に反しないかぎり,その職を保持する。

(2) 知事は,大統領宛の自筆の文書で申し出ることによってその職を辞任す
ることができる。

(3) この条の前項までの規定にしたがい,知事はその就任の日から5年の任
期でその職を保持する。

ただし,知事は任期が満了した場合においても,その後任者が就任するまで
引き続きその職を保持する。

第157条（知事に任命される資格）

何人もインド市民であり,かつ35歳以上でなければ知事に任命される資格
を有しない。

第158条（知事職の条件）

（1）知事は,国会議員又は第一附則に規定する州議会議員であってはならない。国会議員又はかかる州議会議員が知事に任命されたときには,知事に就任した日において,その議席を失ったものとみなす。

（2）知事は,他のいかなる報酬をともなう職にも就いてはならない。

（3）知事は,賃料を支払うことなく公邸を使用し,国会が法律で定める報酬,手当及び特権を受ける権利を有し,それについての規定が設けられるまでは,第二附則に規定する報酬,手当及び特権を受ける。

（3A）同一の者が,2又はそれ以上の州知事に任命されたとき,その知事に支払われる報酬及び手当は,大統領が命令で決定する割合で当該州間に割り当てられるものとする。

（4）知事の報酬及び手当は,その在任期間中減ぜられることはない。

第159条（知事の宣誓又は約言）

知事及び知事の権能を行使する者は,その就任前,当該州に関して管轄権を有する高等裁判所長官,当該高等裁判所長官が不在のときは高等裁判所首席裁判官の立ち会いの下に,次の方式により宣誓又は約言を行い,署名しなければならない。

「私何某は,忠実に（州名）州知事の任務を遂行すること（又は知事の権能を行使すること）,最善を尽くして憲法及び法律を維持,擁護及び遵守すること並びに（州名）州民への奉仕とその福祉のために献身することを神の名において誓う（又は厳粛に約言する）。」

第160条（一定の不測の事態における知事の権能行使）

大統領は,この章で予定していない不測の事態の発生した場合に州知事がその職権を行使するのに適当と認める規則を制定することができる。

第161条（一定の場合における知事の赦免権等並びに宣告の停止、軽減及び変更の権限）

州知事は,州の執行権の及ぶ事項に関する法律の違反により有罪とされた者に対し,刑の特赦,執行停止,執行猶予若しくは免除を行い,又は宣告の停止,軽減若しくは変更を行う権限を有する。

139

第162条（州の執行権の範囲）

州の執行権は,この憲法の規定にしたがい,州議会が法律を制定することができる事項に関する権限を含む。

ただし,州議会及び国会が立法権を有する事項に関し,州の執行権は,この憲法又は国会の制定する法律により連邦又はその機関に明示的に与えられる執行権にしたがい,また,これにより制限をうける。

大臣会議

第163条（知事を補佐する大臣会議）

（1） 知事がこの憲法により又はこれに基づいて自己の裁量でその権能を行使することを必要とされている場合を除き,知事の権能行使を補佐し,助言するために,州首相を長とする大臣会議をおく。

（2） 知事がこの憲法により又はこれに基づいて自己の裁量で行動することを要する事項か否かに関し,疑義が生じたときは,知事の裁量による決定を確定的なものとし,知事の行為の効力は,知事が自己の裁量で行動すべきであったか否かの理由で審査に付されることはない。

（3） 知事に対し州大臣が助言を行ったか否かについて,又はいかなる助言を行ったかについて,裁判所で審査されることはない。

第164条（大臣に関するその他の規定）

（1） 州首相は,知事が任命し,その他の州大臣は州首相の助言に基づいて知事が任命する。また,州大臣は知事の意に反しないかぎり,その職を保持する。

ただし,チャッティースガル州,ジャールカンド州,マディヤ・プラデーシュ州及びオディシャー州においては,部族の福祉を担当する大臣をおき,その職務のほか,指定カースト及び後進階層の福祉その他に関する事務を行わせるものとする。

（1A） 首相を含め,州議会における大臣の数は,その州の下院議員総数の15％を超えてはならない。

ただし,首相を含む大臣の数は,12人以上でなければならない。

さらに,首相を含め,大臣会議における大臣の数が2003年憲法（第91次改正）

法施行のときに前記15%を超え又は第１ただし書に定める数を充たさない場合には,その州における大臣の総数は,大統領が公示により定める日から６月以内にこの項の規定に一致するものとしなければならない。

(1B) 州下院の,又は州上院を持つ州においては州議会のいずれかの議院の議員でいずれかの政党に属する者が,第十附則第２条に基づきその議院の議員の資格を失ったときには,その欠格となった日から議員の任期が満了するまでの間,又は州下院の若しくは州上院を持つ州においては州議会のいずれかの議院の選挙での当選を争っているときには,その任期の満了かその者の当選が認められるまでのいずれか早い日までの間,１項に基づいて大臣に任命される資格を有しない。

(2) 大臣会議は,州下院に対して連帯して責任を負う。

(3) 州大臣の就任に先立ち,知事は第三附則に規定する方式にしたがい,任務遂行と秘密保持に関する宣誓を州大臣に行わせる。

(4) 引き続き６月間,州議会に議席を有しない州大臣は,当該期間が経過した日においてその職を失う。

(5) 州大臣の俸給及び手当は,州議会が随時法律で定めるものとし,州議会が決定するまでは,第二附則に規定するところによる。

州法務総裁

第165条（州法務総裁）

(1) 州知事は,高等裁判所裁判官に任命される資格を有する者を州法務総裁に任命する。

(2) 州法務総裁は,知事が随時付議し又は委託する法律事項につき州政府に助言し,その他の法律的性質を有するこれらの任務を遂行し,また,この憲法又はその時において効力を有するその他の法律により又はこれに基づいて与えられる権能を行使することを任務とする。

(3) 州法務総裁は,知事の意に反しないかぎり,その職を保持し,知事の定める報酬を受ける。

政務の執行

第166条（州政府の政務の執行）

(1) 州政府のすべての執政上の行為は,知事の名において行われることを明らかにしなければならない。

(2) 知事の名において制定され又は執行される命令その他の文書は,知事の制定する規則の定める方法で認証されなければならず,当該認証がなされた命令その他の文書の効力は,知事が制定し又は執行したものでないという理由で審査されることはない。

(3) 知事は,州政府の事務処理の便宜のため及びこの憲法により又はこれに基づいて知事の裁量で行うことを要する政務を除く当該事務を州大臣の間に分配するための規則を定めなければならない。

第167条（知事に資料を提供すること等に関する州首相の任務）

州首相は,次に掲げる任務を有する。

(a) 州知事に対して,州に関する事務の統理及び法律案に関する州大臣会議の決定を通告すること

(b) 州に関する事務の統理及び法律案に関し,知事の求める資料を提供すること

(c) 知事の要求がある場合において,ある大臣が決定し,いまだ州大臣会議により審議されていない事項を州大臣会議に付議すること

第3章　州議会

総則

第168条（州議会の組織）

(1) 各州に議会をおく。議会は,知事並びに

(a) アーンドラ・プラデーシュ州,ビハール州,マハーラーシュトラ州,カルナータカ州,タミル・ナードゥ州,テランガーナ州及びウッタル・プラデーシュ州にあっては両議院,

(b) その他の州にあっては1議院で構成する。

(2) 議会が2院制である場合には,1の議院を州上院,他の議院を州下院とし,

142

第三章　インド憲法（和訳）本文

1院制である場合には,州下院とする。

第169条（州上院の廃止又は創設）

(1)　第168条の規定にかかわらず,州下院がその総議員の過半数であって,かつ,出席し投票する議員の3分の2以上の多数でもって,2院制をとっている州の上院を廃止する決議をしたとき又は1院制をとっている州に上院を設置する決議をしたときには,国会はその旨の法律を制定することができる。

(2)　1項の規定による法律は,当該法律の規定が効力を有するのに必要なこの憲法の改正と同一の効力を有する規定を含むものとし,また,国会が必要と認める補足的,付随的,結果的規定を含むことができる。

(3)　第368条の規定の適用については,前項に規定する法律は,この憲法の改正とはみなされない。

第170条（州下院の構成）

(1)　第333条に規定する場合を除き,各州の下院は,当該州の地域的選挙区から直接選挙で選ばれた500人未満60人以上の議員で構成する。

(2)　1項の定めるところにより,州の地域的選挙区は,州の各選挙区の人口とその選挙区に割り当てられた議席数との割合が,できるかぎり州を通じて均等となるような方法で区分されなければならない。

（原注）この条において,「人口」とは,関連数字が公表されている直近の人口調査により確定された人口を意味する。

　ただし,関連数字が公表されている直近の人口調査というこの項は,西暦2026年後最初に行われる人口調査で関連数字が公表されるまで,2001年人口調査の参照と解釈される。

(3)　人口調査が完了するごとに,各州下院の全議席及び地域的選挙区への各州の区分は,国会が法律で定める機関及び方式にしたがって再調整されなければならない。

　ただし,当該再調整は,そのときに在任している州下院が解散されるまでその議員定数に影響を及ぼすものではない。

　さらに,当該再調整は,大統領が命令により特定する日以降効力を生じ,また,当該再調整が効力を生じるまで州下院のいかなる選挙も当該再調整前に存在

143

する地域的選挙区に基づいて行わなければならない。

　また,西暦2026年後にはじめて行われる人口調査で関連数字が公表されるまで,本条に基づく

　　（ⅰ）1971年人口調査に基づいて再調整された各州下院の全議席数,及び

　　（ⅱ）2001年人口調査に基づいて再調整された各州の地域的選挙区の区分を調整する必要はない。

第171条（州上院の構成）

（1）州上院における議員総数は,当該州の下院の議員総数の3分の1を超えてはならない。

　ただし,州上院の議員総数は,いかなる場合においても40人未満であってはならない。

（2）国会が法律で別段の規定を設けないかぎり,州上院の構成は,この条3項の定めるところによる。

（3）州上院の総議員のうち,

　　（a）できるかぎりその3分の1は,市,郡その他国会が法律で定める地方機関の構成員からなる選挙人が選挙し,

　　（b）できるかぎりその12分の1は,当該州に居住する者であって,インド領内の大学を卒業した後少なくとも3年を経過した者又は国会が制定する法律により若しくはこれに基づいて当該大学の卒業者が有する資格と同等の資格を少なくとも3年間保有する者からなる選挙人が選挙し,

　　（c）できるかぎりその12分の1は,国会が制定する法律により又はこれに基づいて定める州内の教育機関であって,中等学校の標準以上のものにおいて少なくとも3年以上教育に従事してきた者からなる選挙人が選挙し,

　　（d）できるかぎりその3分の1は,州下院の議員が州下院の議員でない者の中から選挙する。

　　（e）残余の者は,5項の規定に基づいて知事が指名する。

（4）3項a号,b号及びc号に基づいて選挙される議員は,国会が制定する法律により又はこれに基づいて定められる地域的選挙区において選挙し,当該

144

各号及び同項 d 号に基づく選挙は,単記移譲式による比例代表制にしたがって行う。

(5) この条 3 項 e 号に基づいて知事が指名する議員は,次に掲げる事項に関し特別の知識又は実際の経験を有する者をもって充てる。

　　　文学,科学,芸術,協同組合運動又は社会事業

第172条（州議会の期間）

(1) 各州の下院は,解散される場合を除き,最初の開会指定日から 5 年の期間継続し, 5 年の期間が経過したときには,解散の効果を生ずる。

　ただし,当該期間は非常事態の布告の施行中においては,国会が法律で 1 回につき 1 年を超えない限度において延長することができる。ただし,いかなる場合においても,その布告が効力を失った後 6 月以上にわたって延長することはできない。

(2) 州上院は,解散されない。ただし,できるかぎりその 3 分の 1 は,国会が法律で定めるところにしたがい, 2 年の期間が経過するごとに退職するものとする。

第173条（州議会の議員の資格）

　次に掲げる条件に該当する者でなければ,州議会の議員として選挙される資格を有しない。

　　(a) インド市民であり,当該目的のため選挙委員会によって権限を与えられた者の前で第三附則に定める形式にしたがい宣誓又は約言を行い,署名した者であること

　　(b) 州下院にあっては25歳以上,州上院にあっては30歳以上であること

　　(c) 国会の制定する法律により又はこれに基づいて定めるその他の資格を有すること

第174条（州議会の会期、停会及び解散）

(1) 知事は,随時適当と認めるとき及び場所に州議会の議院又は両議院を招集する。ただし, 1 会期の最終日と次の会期の初日として指定する日との間隔は 6 月を超えてはならない。

(2) 知事は,随時,

145

（a）議院又は両議院の停会を命じ,

（b）州下院を解散することができる。

第175条（州議会における知事の演説及び教書送付権）

（1）知事は,州下院又は2院制をとっている州の州議会のいずれかの議院若しくは両議院の合同会議で演説することができ,そのために議員の出席を要求することができる。

（2）知事は,州議会において現に審議中の法案その他の案件に関して,州議会の1議院又は両議院に教書を送ることができる。教書を受け取った議院は,当該教書によって審議を求められた事項をできるかぎりすみやかに審議しなければならない。

第176条（知事の特別演説）

（1）州下院の各総選挙後初めての会期及び各年の初めての会期の開始にさいし知事は,州下院又は2院制をとっている州にあっては両議院の合同会議において演説を行い,議院招集の理由を告知する。

（2）当該演説において言及された事項を検討するための時間の割り当てに関しては,1議院又は両議院の各議事規則で定めなければならない。

第177条（州議会に関する州大臣及び州法務総裁の権利）

各州大臣及び州法務総裁は,発言その他の方法により州下院若しくは2院制をとっている州にあっては両議院の議事又は自己が委員に指名されている議会委員会の議事に参加する権利を有する。ただし,この条により投票する権利を与えられるものではない。

州議会の役員

第178条（州下院の議長及び副議長）

各州下院は,できるかぎりすみやかに,その議員の中から議長1人及び副議長1人を選挙し,議長又は副議長が欠けたときには,さらに議長又は副議長を選挙する。

第179条（州下院の議長及び副議長の欠員、辞任及び解任）

州下院の議長又は副議長の職にある者は,

（a）州下院の議席を失うときには,その地位を失う。

（b）議長にあっては副議長宛,副議長にあっては議長宛の自筆の文書で申し出ることによっていつでも辞任することができる。

（c）州下院の在籍議員の過半数で採択された決議により解任される。

ただし,c号の規定による決議は,少なくとも14日前に予告するのでなければ発議することはできない。

さらに,州下院が解散されたときには,議長は解散後州下院のはじめての会議のあるまでその職を空席にしてはならない。

第180条（州下院副議長の権限及び議長代理たる者又は議長の職務を行う者の権限）

（1）議長が欠けたとき,議長の職務は副議長が行い,副議長もまた欠けているときには,議長の職務は知事がそのために指名する州下院の議員が行う。

（2）州下院の開会中議長が欠席しているときは副議長が,副議長も欠席しているときは州下院の議事規則により決定される議員が,また,この者も欠席しているときには,州下院の決定する他の議員が議長として行動する。

第181条（解任決議案上程中の議長又は副議長による会議の司会）

（1）州下院の開会中において,議長解任の決議案が審議されているとき議長は,また,副議長解任の決議案が審議されているとき副議長は,出席していても会議を司会しない。この場合においては,議長又は副議長が欠席している場合と同様に第181条2項の規定を適用する。

（2）議長は,議長解任の決議案が州下院において審議されているときは,発言その他の方法で議事に参加する権利を有し,かつ,第189条の規定にかかわらず,審議中の当該決議案その他の議事について第1回にかぎり投票することができる。ただし可否同数の場合には投票することができない。

第182条（州上院の議長及び副議長）

2院制をとっている州の上院は,できるだけすみやかに,州上院議員の中から議長1人及び副議長1人を選挙し,議長又は副議長が欠けたときには,さらに,議長又は副議長を選挙する。

147

第183条（州上院の議長又は副議長の欠員、辞任及び解任）

州上院の議長又は副議長の職にある議員は,

(a) 州上院の議席を失うときは,その職を失う。

(b) 議長にあっては副議長宛,副議長にあっては議長宛の自筆の文書で申し出ることによっていつでも辞任することができる。

(c) 州上院の在籍議員の過半数により採択される決議により解任される。

ただし,c号の規定による決議案は,少なくとも14日前に予告するのでなければ発議できない。

第184条（州上院副議長の権限、及び議長代理たる者又は議長の職務を行う者の権限）

(1) 議長が欠けたとき,議長の職務は副議長が行い,副議長も欠けているときは,議長の職務は,知事がそのために任命する州上院議員が行う。

(2) 州上院開会中議長が欠席しているときは副議長が,副議長も欠席しているときは州上院規則により決定される議員が,また,この者も欠席しているときは州上院の決定する他の議員が議長として行動する。

第185条（解任決議案上程中の議長又は副議長による会議の司会）

(1) 州上院の開会中において,議長解任の決議案が審議されているとき議長は,また,副議長解任の決議案が審議されているとき副議長は,出席していても会議を司会しない。この場合においては,議長又は副議長が欠席している場合と同様に,第184条2項の規定を適用する。

(2) 議長は,議長解任の決議案が州上院において審議されているときは,発言その他の方法で議事に参加する権利を有し,かつ第189条の規定にかかわらず,審議中の当該決議案その他の議事について第1回にかぎり投票することができる。ただし,可否同数の場合には投票することができない。

第186条（州下院議長及び副議長並びに州上院議長及び副議長の俸給及び手当）

州下院の議長及び副議長並びに州上院議長及び副議長は,州議会が法律でそれぞれ定める俸給及び手当を受けるものとし,それについての規定が設けられるまでは,第二附則に規定する俸給及び手当を受けるものとする。

148

第三章　インド憲法（和訳）本文

第187条（州議会事務局）

（1）　州議会の1議院又は両議院に,それぞれ事務局をおく。

　ただし,この項の規定は,2院制をとっている州において両議院に共通の職を設置することを妨げるものと解釈してはならない。

（2）　州議会は,法律で州議会の1議院又は両議院の事務局職員の任用及び服務条件を定めることができる。

（3）　2項の規定に基づく規定が州議会により制定されるまで,知事は州下院議長又は州上院議長と協議した後,州下院又は州上院の事務局職員の任用及び服務条件を定める規則を制定する。当該規則は,2項の規定に基づいて制定される法律の規定の制限内において効力を有する。

議院の事務の処理

第188条（議員の宣誓又は約言）

　州下院又は州上院の議員は,議席をしめるに先立ち,知事又は知事の任命する者の前で第三附則に規定する方式により宣誓又は約言を行い,署名しなければならない。

第189条（議院における投票、欠員ある場合の議院の権限及び定足数）

（1）　この憲法に別段の定めがあるものを除き,州議会の会議におけるすべての問題は議長又は議長として行動する者を除き,出席しかつ投票する議員の過半数で決定する。

　議長又は議長として行動する者は,第1回においては投票することが出来ないが,可否同数のときには,決裁権を有し,これを行使しなければならない。

（2）　議会は,議員に欠員があっても行動する権限を有し,かつ,州議会における議事は,資格のない者が出席,投票その他の方法により議事に参加していたことが後になって判明した場合においても有効とする。

（3）　州議会が法律で別段の定めをするまでは,州議会の議院の定足数は,10人又は総議員の10分の1のいずれか多いほうによる。

（4）　州下院又は州上院の会議中定足数を欠くときには,当該議院の議長又は議長として行動する者は,延会するか又は定数に達するまで会議を中止し

149

なければならない。

議員の失格

第190条（議席の欠員）

(1) 何人も州議会の両議院の議員をかねることはできず,州議会の両議院の議員に選挙された者が,いずれかの議員となることによって生ずる空席については,州議会が法律で定める。

(2) 何人も第一附則に規定する2以上の州の州議会議員をかねることはできず,2以上の州の州議会議員に選挙された者がある場合においては,この者があらかじめ1以外の議席を辞任しないかぎり,大統領が制定する規則に定める期間が経過した日においてすべての州議会での議席を失う。

(3) 州議会の議員は,次の場合にその議席を失う。

  (a) 第191条1項若しくは2項に規定する欠格事由のいずれかに該当するとき,又は

  (b) 州下院議長若しくは州上院議長宛の自筆の文書で申し出,州下院議長若しくは州上院議長により承認されたとき

  ただし,b号で定める辞任の場合には,州下院議長又は州上院議長は,報告から又は適当と認める調査を行った後,当該辞職が自発的なもの又は真意に出たものではないとの心証を得たときには,当該辞職を認めてはならない。

(4) 州議会の議員が60日間,当該議院の許可を受けずにすべての会議を欠席したときには,当該議院はその議席の喪失を宣告することができる。

  ただし,当該60日の算定にあたっては,当該議院が引き続き4日以上停会し,又は休会したときは,その期間は算入しない。

第191条（議員の失格）

(1) 次の各号の1に該当する者は,州下院又は州上院の議員に選挙され,又は議員であることができない。

  (a) インド政府又は第一附則に規定する州政府の下で,州議会が法律で欠格とならない旨定めた職以外の報酬をともなう職にある者

  (b) 精神耗弱者であって,権限ある裁判所でその旨を宣告された者

（c）破産者であって,復権しない者

（d）インド市民でない者,自らの意思で外国の市民権を取得した者又は外国に対する忠誠若しくは帰依を承認した者

（e）国会の定める法律により又はこれに基づいて失格となった者

（原注）何人も連邦又は第一附則で定める州の大臣であるという理由だけで,この項にいうインド政府又は州政府の職にある者とはみなされない。

（2）第十附則により欠格とされた者は,州下院又は州上院の議員となることができない。

第192条（議員の失格に関する疑義の決定）

（1）州議会の議員が第191条1項に規定する欠格事由にあてはまるか否かに関して疑義を生じたときは,当該疑義は知事の裁決に付され,その裁決によって決定される。

（2）前項の疑義を決定するにあたって,知事は選挙委員会の意見を聞き,その意見に従って措置しなければならない。

第193条（第188条の規定による宣誓若しくは約言を行わない者又は欠格者若しくは失格者である者が議事に加わり、投票した場合の処罰）

州下院又は州上院の議員として議事に参加し又は投票した者が,第188条の規定にしたがって宣誓若しくは約言を行っていないとき,又は議員の資格がないこと,欠格者であること若しくは国会若しくは州議会の制定する法律の規定により議事に参加し若しくは投票することが禁ぜられていることを知っているときには,この者は議事に参加し又は投票した日1日につき500ルピーの罰金を連邦に対する債務として支払わなければならない。

州議会及び州議会議員の権限、特権及び免責

第194条（州議会の議院、議員及び委員会の権限及び特権等）

（1）この憲法の規定並びに州議会の議事手続きを定める規則及び議事規程の制限内において,州議会における発言は自由である。

（2）州議会議員は,議院又はその委員会における発言又は投票に関して裁判所で審査されることはない。また,何人も議院の権限による,又はこれに基づ

く報告,文書,投票又は議事についての出版に関しても審査されることはない。

(3) 前2項に規定するものの外,州議会の議院,議員及び委員会の権限,特権及び免責については州議会が随時法律で定めるところによるものとし,当該規定が設けられるまでは,1978年憲法(第44次改正)法第26条施行まで議院,その議員及び委員会の有していたものとする。

(4) 1項,2項及び3項の規定は,州議会の議員に関して適用されると同様に,この憲法により州議会の議院又はその委員会において発言その他の方法により議事に参加する権利を有する者に関しても適用する。

第195条(議員の俸給及び手当)

州下院及び州上院の議員は,州議会が随時法律で定める俸給及び手当を受ける権利を有し,これに関する規定が設けられるまでは,この憲法施行まで当該州に対応する旧州の下院の議員に適用されていた率及び条件による俸給及び手当を受ける。

立法手続き
第196条(法案の先議及び可決に関する規定)

(1) 法案は,金銭法案その他の財政法案に関する第198条及び第207条に規定する場合を除き,2院制をとっている州議会においては,そのいずれの議院においても先議することができる。

(2) 2院制をとっている州議会に提出する法案は,第197条及び第198条に規定する場合を除き,無修正たると両議院が同意を与える修正付たるとを問わず,両議院がこれに同意を与えないかぎり,州議会の両議院が可決したものとはみなされない。

(3) 州議会において審議中の法案は,1議院又は両議院の停会によって廃案となることはない。

(4) 州下院を通過していない法案であって,州上院において審議中のものは,州下院の解散によって廃案となることはない。

(5) 州下院において審議中の法案,又は州下院によって可決し州上院において審議中の法案は,州下院の解散によって廃案となる。

第197条（金銭法案以外の法案に関する州上院の権限の制限）

(1)　２院制をとっている州において法案が州下院で可決され,州上院に送付された場合において

　(a)　当該法案が州上院で否決され,

　(b)　当該法案が州上院に上程された日から可決されることなく３月を経過し,又は

　(c)　州上院が修正を付して可決し,州下院がその修正に同意しないときは,州下院は,その手続きを定める規則の制限内において,当該法案を州上院が提示若しくは支持する修正を付し,又は付さないで,同一会期又は次の会期において再可決し,州上院に送付することができる。

(2)　州下院が法案を再可決し,州上院に送付した場合において,

　(a)　当該法案が,州上院によって否決され,

　(b)　当該法案が,州上院に上程された日から可決されることなく１月以上を経過し,又は

　(c)　州上院が,修正を付して可決し,州下院がその修正に同意しないときには,

当該法案は,再可決のときの法案が州下院の行い,又は提示した修正であって,州下院が同意したものを含むものであるときには,それを含めた形式で,州下院が再可決したときの形式において,州議会の両議院によって可決されたものとみなす。

(3)　この条の規定は,金銭法案には適用しない。

第198条（金銭法案に関する特別手続き）

(1)　金銭法案は,州上院で先議してはならない。

(2)　金銭法案は,２院制をとっている州議会の州下院が可決した後,州上院の勧告を得るため州上院に送付する。州上院は,当該法案を受け取った日から14日以内にその勧告を付して州下院に回付しなければならない。州下院は,州上院の勧告の全部又は一部を受諾し又は拒否することができる。

(3)　州下院が州上院の勧告を受諾したときには,金銭法案は,州上院が勧告し,州下院が受諾した修正を付して両議院が可決したものとみなす。

153

（4） 州下院が州上院の勧告を受諾しないときには,金銭法案は,州上院が勧告した修正を含まず州下院が可決した形式において両議院が可決したものとみなす。

（5） 州下院が可決し,州上院に勧告を求めて送付した金銭法案が2項に規定する14日以内に回付されないときには,当該金銭法案は,当該期間が経過した日において州下院が可決した形式で両議院が可決したものとみなす。

第199条（金銭法案の定義）

（1） 法案が,次に掲げる事項の全部又は一部を取り扱う規定のみを含むとき,当該法案は,この章にいう金銭法案とみなす。

　（a） 租税の賦課,廃止,変更又は規制

　（b） 州による借入金若しくは保証供与の規則又は州が負い若しくは負うべき財政負担に関する法律の改正

　（c） 州統合基金若しくは州非常基金の管理,それら基金への金銭の払込又はそれら基金からの金銭の引き出し

　（d） 州統合基金からの金銭支出の承認

　（e） ある支出を州統合基金の負担とすべき支出となる旨を定め,又はその支出額を増加すること

　（f） 州統合基金若しくは州公金勘定のための金銭の出納又はその管理若しくは支払

　（g） a号からf号までに掲げる事項に付随する事項

（2） 罰金若しくは科料の課徴若しくは手数料の要求若しくは支払を規定し,又は地方機関若しくは地方団体による租税の賦課,廃止,軽減,変更若しくは規制に関して規定する法案は,それだけを理由として金銭法案とみなされることはない。

（3） 2院制をとっている州議会に上程された法案が金銭法案か否かについて疑義を生じたときは,当該州下院議長の裁決により確定する。

（4） 第198条の規定により,金銭法案を州上院に送付する場合及び第200条の規定により,認証を得るため知事に提出する場合には,当該法案はそれが金銭法案であることを証する州下院議長の署名した証明書により認証しなければ

ならない。

第200条（法案の認証）

法案は,州下院又は2院制をとっている州にあっては両議院が可決したときには,知事に提出され,知事はこれに対して認証するか否かを宣言し,又は大統領の考慮を求めるために保留する旨を宣言する。

ただし,知事は,それが金銭法案でない場合には,その法案又はその法案中の特定の条項につき教書を付して,できるかぎりすみやかに州議会の議院又は両議院に返付して再審議を求め,特に知事が教書において勧告した修正の審議を求めることができる。返付を受けた州議会の議院又は両議院は,これを再審議すべきものとし,議院又は両議院が修正を付し又は付さないで再可決した上知事に提示したときには,知事は認証を保留することができない。

さらに,ある法案が法律となるならば,この憲法が定める高等裁判所の地位を危うくし,その権限を冒すと知事が認めるときは,これを認証せず,大統領の考慮を求めるために保留しなければならない。

第201条（考慮のために保留される法案）

知事が法案につき大統領の考慮を求めたときには,大統領はその法案を認証するか否かを宣言する。

ただし,法案が金銭法案でない場合には,大統領は知事に対して第200条第1ただし書の規定による教書を付したうえ,州議会の議院又は2院制をとっている州では両議院に返付するように指令することができる。返付をうけた州議会の議院又は両議院は,当該教書を受け取った日から6月以内に再審議を行い,修正し又は修正しないでこれを再可決したうえ更に大統領の考慮を求めなければならない。

財政事項に関する手続き

第202条（年次財政説明書）

（1）知事は,各財政年度ごとに,この編において「年次財政説明書」とよぶ当該年度の州収支予算の説明書を州議会の議院又は両議院に提出させなければならない。

(2) 年次財政説明書に計上される州予算は,

　(a) この憲法が州統合基金の負担となるべき支出として規定している支出に充当する額,及び

　(b) その他の支出であって州統合基金から支出さるべきことが提案されているものに充当する額にわけて記載し,かつ,収入勘定についての支出とその他の支出とを区別しなければならない。

(3) 次に掲げる支出は,州統合基金の負担となるべき支出とする。

　(a) 知事の報酬及び手当並びに知事の職務に関するその他の支出

　(b) 州下院議長及び副議長の俸給及び手当,州上院を有する州においてはその議長及び副議長の俸給及び手当

　(c) 州が支払いの義務を有する利子,減債基金及び償還費並びに起債,役務及び債務償還に関するその他の支出を含む債務

　(d) 高等裁判所裁判官の俸給及び手当に関する支出

　(e) 裁判所又は仲裁裁判所の判決,決定又は裁定を履行するのに必要な額

　(f) この憲法又は州議会の制定する法律により統合基金の負担すべきものとされるその他の支出

第203条(予算に関する州議会の手続き)

(1) 予算のうち州統合基金の負担となるべき支出に関するものは,州下院の表決に付さない。ただし,この項の規定は,州議会が当該予算を審議することを妨げるものと解釈してはならない。

(2) 予算のうち前項に規定する支出以外の支出に関するものは,州下院に交付金要求書の形で提出し,州下院はこれを承認若しくは拒否し又は減額を条件として承認する権限を有する。

(3) 交付金の要求は,知事の勧告に基づく場合の外は行ってはならない。

第204条(支出承認法案)

(1) 州下院が第203条の規定に基づいて交付金の承認をした後,できるかぎりすみやかに次に掲げるものに充当するために必要な金額を州統合基金から支出することを規定した法案を提出しなければならない。

　(a) 州下院が承認した交付金額

（b）州統合基金の負担となるべき支出であって,さきに州議会の議院又は両議院に提出された年次財政説明書に計上された額を超えないもの

（2）前項の法案に対して,その交付金の額若しくはその目的又は州統合基金の負担となるべき支払金額を変更する修正案は,州議会の議院又は両議院に発議することができない。この項の規定により修正案の発議ができるか否かにつき疑義があるときは,議長の職にあるものが決定する。

（3）第205条及び第206条に規定する場合を除き,この条の規定にしたがって可決された法律により行われる支出承認に基づくのでなければ,州統合基金から金銭を引きだすことはできない。

第205条（補正、追加又は超過のための交付金）

（1）知事は,

（a）第204条の規定に基づく法律により当該財政年度内の特別役務のために支出することを認められた金額が,当該年度の需要に対して不十分であることが明らかになったとき,若しくは当該財政年度において当該年度の年次財政説明書で予見されていなかった新役務に充てるため支出を補足し,追加する必要が生じたとき,又は

（b）ある役務のために1財政年度内に要した金額が当該年度及び当該年度に対して交付された金額を超えるときは,

場合に応じ,当該支出の予算金額を明示した別の説明書を州議会の議院若しくは両議院に提出させ又は当該超過額に対する要求書を州下院に提出させなければならない。

（2）第202条,第203条及び第204条の規定は,前項に規定する説明書,支出,要求書及び当該支出又は交付金に充てるため州統合基金から金銭を支出することを認める法律に関し,年次財政説明書,当該説明書に記された支出,交付金要求書及びその支出又は交付金に充てるため州統合基金から金銭を支出することを認める法律に関して有するのと同様の効力を有する。

第206条（勘定に対する投票、貸付及び特別交付金に対する投票）

（1）この章の前条までの規定にかかわらず,州下院は次の権限を有する。

（a）財政年度中のある期間の支出予算に関し,交付金の表決に関する第203

条の規定による手続き及び当該支出に関する第204条の規定による法律の制定手続きが完了する以前において,あらかじめ交付金を承認すること

(b) 役務の規模又はその不明確な性質のため,要求が年次財政説明書に用いられる通常の細目で記載することができない場合において,州財源に関する予見しなかった要求に充てるため交付金を承認する権限を有すること

(c) 財政年度の通常の役務の一部をなさない例外的交付金を承認すること

また,州議会は,法律で当該交付金の承認を行う目的のために州統合基金から金銭の支払いを承認する権限を有する。

(2) 第203条及び第204条の規定は,1項による交付金の承認及び同項に基づき制定された法律に関し,年次財政説明書に記載される支出にかかる交付金の承認及び当該支出に充当するため州統合基金から金銭を支出することを承認する法律に関して有するのと同様の効力を有する。

第207条(財政法案に関する特別規定)

(1) 第199条1項a号からf号までに掲げる事項について定める法案又は修正案は,知事の勧告に基づく場合の外は提出又は発議してはならず,かつ,当該法案は州上院で先議してはならない。

ただし,租税の軽減又は廃止を規定する修正案の発議には,この項で定める勧告を必要としない。

(2) 罰金若しくは科料の課徴若しくは許可料若しくは手数料の要求若しくは支払いを規定し,又は地方機関若しくは地方団体による租税の賦課,廃止,軽減,変更若しくは規制に関して規定する法案又は修正案は,それのみを理由として前項に規定する法案又は修正案とみなされることはない。

(3) 制定,施行された場合において,州統合基金から支出を要することとなる法案は,知事がその審議を勧告しないかぎり,州議会の議院によって可決されてはならない。

158

第三章　インド憲法（和訳）本文

一般手続き

第208条（手続き規則）

(1)　州議会の議院は,この憲法の規定の制限内において,その手続き,院務の処理に関する規則を制定することができる。

(2)　1項の規定により規則が制定されるまでは,当該州に対応する旧州の議会に関し,この憲法施行まで効力を有する手続規則及び議事規程が,州下院議長又は州上院議長の定める読替えをして,随時当該州議会に適用されるものとする。

(3)　州上院を有する州の知事は,州下院及び州上院の議長と協議した後,両議院間の連絡に関する手続きについての規則を制定することができる。

第209条（財政に関する州議会の手続きの法律による規制）

　州議会は,財政事務をすみやかに処理するため,法律で財政に関する事項又は州統合基金からの金銭支出についての法案に関し,州議会の議院又は両議院の手続き及び事務の処理を規制することができる。この場合において,当該法律の規定が第208条1項の規定により州議会が定める規則,又は同条2項の規定により州議会に関して効力を有する規則若しくは議事規程と抵触するときには,この条に基づく法律の規定が優先する。

第210条（州議会において使用する言語）

(1)　第17編の規定にかかわらず,第348条の規定の制限内において,州議会の事務は州の公用語又はヒンディー語若しくは英語によって処理しなければならない。

　ただし,州下院議長若しくは州上院議長又は議長として行動する者は,本文に規定する言語では適当に表現できない議員に対して,その母語で述べることを許可することができる。

(2)　州議会が法律で別段の規定を設けないかぎり,この憲法施行後15年が経過した後においては,「若しくは英語」とある文言は省略するものとする。

　ただし,ヒマーチャル・プラデーシュ州,マニプル州,メガラヤ州及びトリプラ州の議会に関しては,この項の「15年」という文言は,「25年」という文言に置き換えられたものとして効力を有する。

159

さらに,アルナーチャル・プラデーシュ州,ゴア州,及びミゾラム州の議会に関しては,この項の「15年」という文言は,「40年」という文言に置き換えられたものとして効力を有する。

第211条（州議会の討議に対する制限）

最高裁判所裁判官又は高等裁判所裁判官がその任務の遂行のためになす行為に関しては,州議会において討議してはならない。

第212条（州議会の議事の審査についての裁判所の無権限）

(1) 州議会における議事の効力は,手続き上の瑕疵を理由に審査されることはない。

(2) この憲法により又はこの憲法に基づいて州議会における手続き若しくは事務処理を規制し,又は秩序を維持する権限を与えられた州議会の役員若しくは議員は,その権限の行使に関し,裁判所の管轄権に服することはない。

第4章　知事の立法権

第213条（州議会閉会中知事令を公布する知事の権限）

(1) 州下院の開会中又は2院制をとっている州にあっては両議院の開会中を除き,すみやかに措置する必要のある事態が存在すると認めるときは,知事はいつでも当該事態に対処するため必要と考えられる知事令を公布することができる。

ただし,次の各号の1に該当するときには,知事は大統領の訓令なくしては知事令を発することができない。

(a) 当該事項を含む法案を州議会に提案するには,この憲法に基づいて大統領の事前の許可を要するとき

(b) 知事が当該事項を含む法案を大統領の考慮を求めるために保留するだろうとみなされるとき,又は

(c) 当該事項を含む州議会の制定法が大統領の考慮を求めるために保留された後,その承認が与えられない場合には,この憲法の規定に基づいて無効となる。

(2) この条に基づいて公布される知事令は,知事が承認した州議会の制定法

160

と同一の効力を有する。ただし,すべての知事令は,

（a）州下院又は2院制をとっている州にあっては両議院に提出されなければならず,かつ,州議会が再開した日から6週間が経過したとき,又は当該期間経過前に当該知事令を否決する決議が州下院により可決されたとき若しくは2院制をとっている州において州下院が当該決議を可決し,州上院がこれに同意したときには,その同意をしたときに効力を失い,また

（b）知事が随時廃止することができる。

（原注）2院制をとっている州において両議院が異なった日に再開するように招集されたときには,この項でいう6週間は,後に再開された日から起算する。

（3）この条に基づく知事令が州議会の制定法として知事の承認を得て立法化されるものとした場合において,当該法律が無効であるべき事項を規定するときは,そのかぎりにおいて当該知事令は無効とする。

ただし,共通管轄事項表に掲げる事項に関する国会制定法又は現行法と抵触する州議会制定法の効力に関するこの憲法の規定の適用については,大統領の訓令にしたがい,この条の規定に基づいて公布される知事令は,大統領の考慮を求めるために保留され,その承認を与えられ成立した州議会制定法とみなす。

第5章　州における高等裁判所

第214条（州における高等裁判所）

各州に高等裁判所をおく。

第215条（記録裁判所としての高等裁判所）

高等裁判所は,記録裁判所とし,裁判所侮辱の処罰権を含む記録裁判所としてのすべての権限を有する。

第216条（高等裁判所の構成）

高等裁判所は,裁判所長及び大統領が随時必要に応じて任命するその他の裁判官で構成する。

161

第217条（高等裁判所裁判官の任命及び要件）

(1) 高等裁判所裁判官は,第124A条に定める国家裁判官任命委員会の推薦に基づいて,大統領の署名捺印した辞令をもって任命し,補佐裁判官又は臨時代理裁判官の場合は,第224条の定める期間,その他の場合には62歳に達するまでその職に在る。

　　ただし,

　　（a）高等裁判所裁判官は,大統領宛の自筆の文書で申し出ることにより辞任することができる。

　　（b）高等裁判所裁判官は,最高裁判所裁判官の解任に関する第124条4項に規定する方法によって大統領が解任する。

　　（c）高等裁判所裁判官の職は,大統領が裁判官を最高裁判所の裁判官に任命し,又はインド領内の他の高等裁判所へ転任させることによって欠員となる。

(2) インド市民であり,かつ,次に掲げる要件の1をみたす者でなければ,高等裁判所裁判官に任命される資格を有しない。

　　（a）インド領内において少なくとも10年間司法官の職に在った者,又は

　　（b）少なくとも10年間1の高等裁判所若しくは引き続き2以上の高等裁判所の弁護士であった者

（原注）この項の規定の適用にあたっては,

　　（a）インド領内において司法官の職に在った期間の算定にあたっては,その者が司法官となった後,高等裁判所の弁護士,審判所審査官又は特別の法律知識を必要とする連邦若しくは州の官職に就いていた期間を含むものとする。

　　（aa）高等裁判所の弁護士にあった期間の算定にあたっては,その者が弁護士となった後,司法官,審判所審査官又は特別の法律知識を必要とする立法若しくは州の官職に就いていた期間を含むものとする。

　　（b）インド領内において司法官の職にあり,又は高等裁判所の弁護士であった期間の算定にあたっては,1935年インド統治法の規定により1947年8月15日前にインド領であった地域において司法官の職にあり,又は

高等裁判所の弁護士であった期間であって,この憲法施行前のものを含むものとする。

(3) 高等裁判所裁判官の年齢に関して疑義が生じたときには,その疑義は,インド最高裁判所長官と協議した後,大統領が決定するものとし,その決定を争うことはできない。

第218条（最高裁判所に関する一定の規定の高等裁判所への適用）

第124条4項及び5項の規定は,高等裁判所についても適用し,この場合において,最高裁判所とあるのは高等裁判所と読替えるものとする。

第219条（高等裁判所裁判官の宣誓又は約言）

高等裁判所裁判官に任命された者は,就任に先立ち,知事又は知事が指名する者の前で,第三附則に定める方式により宣誓又は約言を行い,署名しなければならない。

第220条（高等裁判所常勤裁判官の職にあった者の弁護事務の禁止）

この憲法施行後高等裁判所の常勤裁判官の職にあった者は,最高裁判所及びその他の高等裁判所を除き,インド領内における裁判所又は機関において弁護士として働くことはできない。

（原注）この条において「高等裁判所」とは,1956年憲法（第7次改正）法施行前にあった第一附則B編で定められた州の高等裁判所を含まない。

第221条（高等裁判所裁判官の俸給等）

(1) 高等裁判所裁判官は,国会の制定する法律により定める俸給を受ける。この法律が制定されるまでは,第二附則で定める俸給を受ける。

(2) 高等裁判所裁判官は,国会の制定する法律により,又はこれに基づいて随時定める手当並びに休暇及び年金に関する権利を有し,当該規定が設けられるまでは,第二附則で定める手当及び権利を有する。

ただし,高等裁判所裁判官の手当並びに休暇及び年金に関する権利は,裁判官の任命後その者の不利益となるよう変更することはできない。

第222条（高等裁判所裁判官の転任）

(1) 大統領は,第124A条に定める国家裁判官任命委員会の推薦に基づいて,高等裁判所裁判官を他の高等裁判所へ転任させることができる。

(2) 高等裁判所裁判官が転任したときには,1963年憲法(第15次改正)法施行後,その者が他の高等裁判所裁判官として勤務する期間中,その俸給の外,国会が法律で定める補償手当を受ける権利を有する。当該規定が設けられるまでは,当該補償手当は大統領が命令で定める。

第223条(高等裁判所長代理の任命)

高等裁判所長が欠け,又は不在その他の理由により,その職責を果たすことができないときには,大統領が任命する1人のその他の裁判官が高等裁判所長の職責を行う。

第224条(補佐裁判官及び臨時代理裁判官の任命)

(1) 高等裁判所の事務の一時的な増加を理由として,又は高等裁判所での作業の遅れを理由として大統領が当該高等裁判所の裁判官の員数を一時的に増加する必要があると思慮するときには,大統領は,国家裁判官任命委員会との協議に基づいて,2年を超えない期間を特定して,適当な資格を有する者を当該期間中,高等裁判所補佐裁判官に任命する。

(2) 高等裁判所長以外の高等裁判所裁判官が不在その他の理由によりその職責を果たせないとき,又は高等裁判所長として一時的に勤務している場合には,大統領は,国家裁判官任命委員会との協議に基づいて,常勤の裁判官がその職責を果たすと考えられるまで,適切な資格を有する者を当該裁判所の臨時代理裁判官として任命する。

(3) 何人も62歳に達した後には,高等裁判所の補佐裁判官又は臨時代理裁判官に任命され,又はその職責を保持してはならない。

第224A条(高等裁判所の審理への退職裁判官の参加)

この章の規定にかかわらず,国家裁判官任命委員会は,州高等裁判所長官の提案をうけて,大統領との事前の合意に基づき,当該高等裁判所又は他の高等裁判所裁判官の職に在った者に対し,いつでも当該高等裁判所裁判官として審理に加わることを要求することができる。要求を受けた者は,当該裁判官として審理に加わる間,大統領が命令で定める手当を受け,高等裁判所裁判官の全ての管轄権,権限及び特権を有するが,その他の点では高等裁判所裁判官とはみなされない。

第三章　インド憲法（和訳）本文

ただし,この条の規定は,本人が承諾していない場合においても審理に加わることを要求するものとみなしてはならない。

第225条（現存高等裁判所の管轄権）

この憲法の規定及びこの憲法により州議会に与えられる権限に基づいて州議会が制定する法律の規定の制限内において現に存する高等裁判所の管轄権,当該裁判所に適用される法律及び裁判所の規則を定め,審理を規制し,また,単独で又は部を構成して審理に加わる裁判官の員数を定める権限を含む当該裁判所での裁判運営に関する裁判官の権限は,この憲法施行までのものと同一とする。

ただし,歳入又はその徴収のために命ぜられ若しくは実行される行為に関する事項につき,この憲法施行まで高等裁判所に対して加えられていた第1審管轄権の行使の制限は,適用しない。

第226条（高等裁判所の一定の令状発出権）

(1) 高等裁判所は,第32条の規定にかかわらず,その管轄権を行使する全領域内の人又は場合によっては政府をも含む機関に対して,第3編の規定によって与えられた権利を確保するため及びその他の目的のために指令,命令,又は人身保護令状,職務執行令状,禁止令状,権限開示令状若しくは移送命令書の性質を有する令状若しくはそのいずれかを発する権限を有する。

(2) 政府,機関又は人に対して指令,命令又は令状を発するという,1項により与えられた権限は,当該政府若しくは機関の所在地又は人の住所が当該高等裁判所の管轄領域内にない場合でも,当該権限の行使にあたって,全部又は一部の訴因が生ずる領域内に関して管轄権を有する高等裁判所によっても行使されるものとする。

(3) 差止命令,猶予命令若しくはその他の方法を問わず仮命令が当事者になされ,又は

(a) 当該当事者に当該申請の謄本及び当該命令についての抗弁を支持する全ての文書を提出することなく,かつ

(b) 審理の機会を当該当事者に与えることなしに,

1項の規定に基づく申請につき若しくはその手続き上,当該命令の空白期

165

間について高等裁判所に申請をなし,当該命令で有利に扱われた当事者若しくはその弁護人に当該申請の謄本を提供した場合には,高等裁判所はその申請を受け取った日から若しくは当該謄本の提供された日から遅くとも2週間以内に,又は高等裁判所がその期間の最終日に閉廷しているときには,高等裁判所が次に開廷する日のうちにその申請を処理しなければならない。また,その申請がその期間の終了までに又は前記次日のうちに処理されない場合には,仮命令は無効となる。

(4) この条により高等裁判所に与えられる権限は,第32条2項の規定により最高裁判所に与えられた権限をおかしてはならない。

第227条(高等裁判所による下級裁判所への監督権)

(1) 高等裁判所は,その管轄権を行使する領域においてすべての下級裁判所及び審判所への監督権を有する。

(2) 前項に規定する一般原則をそこなうことなく,高等裁判所は,

(a) 下級裁判所から報告を求め,

(b) 一般原則を制定・公布し,下級裁判所の弁護及び審理手続きを規律する形式を定め,

(c) 下級裁判所の職員が帳簿,登記簿及び勘定書を保管する方式を定めることができる。

(3) 高等裁判所は,下級裁判官の執行官,書記及び職員並びに当該裁判所において弁護事務を行う代理人,弁護士及び仲裁人に支払われる手数料を定めることができる。

ただし,2項又は3項の規定に基づいて定められる規則,方式又は表は,その時において効力を有する法律の規定と抵触してはならず,かつ,知事の事前の承認を必要とする。

(4) この条の規定は,軍隊に関する法律により又はこれに基づいて設置される裁判所又は審判所を監督する権限を高等裁判所に与えるものとみなしてはならない。

第228条(一定事件の高等裁判所への移送)

高等裁判所は,下級裁判所に係属中の事件がこの憲法の解釈に関する法律

上の実体問題を含み,その決定が事件を処理するために必要であると認める
ときには,事件を引き取って,

　(a) 事件を自ら処理し,又は

　(b) 当該法律上の問題を決定した後,その判決の謄本を添えて,事件を原審
　　　裁判所に回付することができる。原審裁判所は,当該判決にしたがって
　　　事件を処理しなければならない。

第229条（高等裁判所の職員、雇員及び経費）

(1) 高等裁判所の職員及び雇員は,高等裁判所長又はその指名する他の裁判
官若しくは職員が任命する。

　ただし,州知事は,規則で,その規則中に定める一定の場合には,従来高等裁判
所に所属していなかった者を当該裁判所関係の職員に任命するには州公務委
員会と協議した後でなければならないとすることができる。

(2) 州議会が制定する法律の規定の制限内において,高等裁判所の職員及び
雇員の服務条件は,高等裁判所長又は高等裁判所長により権限を与えられた
高等裁判所のその他の裁判官若しくは職員が制定する規則で定める。

　ただし,この項の規定に基づく規則は,俸給,手当,休暇又は年金に関するかぎ
り,その州の知事の承認を必要とする。

(3) 高等裁判所の職員及び雇員に対し,又はこれらの者に関して支払われる
すべての俸給,手当及び年金を含む高等裁判所の行政費は,州統合基金の負担
となり,高等裁判所の徴収する手数料その他の金銭は,当該基金の一部となる。

第230条（連邦直轄領への高等裁判所の管轄権の拡大）

(1) 国会は,法律で高等裁判所の管轄権を拡張し,又は連邦直轄領から高等裁
判所の管轄権を除外することができる。

(2) 高等裁判所が連邦直轄領に関する管轄権を行使するときには,

　(a) この憲法上,州議会にその管轄権を拡大,制限又は廃止する権限が与え
　　　られていると解釈してはならず,

　(b) 知事についての第227条の規定は,当該地域における下級裁判所につい
　　　ての規則,方式又は表に関しては大統領の承認と解釈される。

167

第231条（2以上の州についての共通の高等裁判所の設置）

(1) この章の前条までの規定にかかわらず,国会は法律で2以上の州について又は2以上の州と連邦直轄領とについての共通の高等裁判所を設置することができる。

(2) 当該高等裁判所に関しては,

(a) 〔削除〕[7]

(b) 知事についての第227条の規定は,下級裁判所についての規則,方式又は表に関しては当該下級裁判所が設置されている州の知事についての規則と解釈される。

(c) 州についての第219条及び第229条の規定は,高等裁判所の主たる所在地たる州についての規定と解釈される。

ただし,当該主たる所在地が連邦直轄領にある場合には,知事,公務委員会,州議会,州統合基金についての第219条及び第229条の規定は,それぞれ大統領,連邦公務委員会,国会,インド統合基金の規定と解釈される。

第232条（解釈） 〔削除〕[8]

第6章　下級裁判所

第233条（地方裁判所裁判官の任命）

(1) 州における地方裁判所裁判官の任命,補職及び昇任は,州知事が,当該州に関して管轄権を行使する高等裁判所と協議して行う。

(2) 連邦又は州に勤務していない者は,7年以上弁護士又は仲裁人であり,かつ,高等裁判所が任命の勧告をしなければ,地方裁判所裁判官に任命される資格を有しない。

第233A条（一定の地方裁判所裁判官の任命等の効力）

裁判所の判決,決定又は命令にかかわらず,

(a) 第233条又は第234条の規定によらず,1966年憲法（第20次改正）法施行前になされたもので次に掲げるものは,当該任命,補職,昇任又は転任が前

---

7) 憲法第99次改正（2015年）により削除された。

8) 憲法第7次改正（1956年）により削除された。

168

記規定にしたがってなされたものでないということのみを理由として違
法又は無効とみなされることはない。

（i）州内ですでに司法官職にある者又は7年以上弁護士若しくは仲裁人
　　である者の当該州の地方裁判所裁判官への任命

（ii）地方裁判所裁判官への補職,昇任又は転任

（b）第233条又は第235条の規定によらず,1966年憲法（第20次改正）法施行
　　前に,州の地方裁判所裁判官として任命,補職,昇任若しくは転任された者
　　により又はその者の面前で行使された管轄権,下された判決,決定又は命
　　令,及びその他の処分又は手続きは,当該任命,補職,昇任又は転任が前記規
　　定にしたがってなされたものでないということのみを理由として違法又
　　は無効とみなされることはない。

第234条（地方裁判所裁判官以外の者の司法官職への任用）

　地方裁判所裁判官以外の者の司法官職への任命は,州公務委員会及び当該
州に関して管轄権を行使する高等裁判所と協議した後,知事の制定する規則
にしたがって,知事が行う。

第235条（下級裁判所への監督）

　州の司法官職にある者であって地方裁判所裁判官より下位の職を保持する
者の任用,昇任及び休暇付与を含む,地方裁判所及び下級裁判所への監督権は,
高等裁判所が有する。ただし,この条の規定は,これらの者がその服務条件を
定める法律に基づいて有する訴願の権利を奪い,又は法律に基づく服務条件
を逸脱して高等裁判所がこれらの者を取り扱うことを許すものと解釈しては
ならない。

第236条（解釈）

　この章において,

（a）「地方裁判所裁判官」とは,市民事裁判官,補佐地方判事,合同地方判事,
　　地方判事補,小事件判事長,総治安判事,補佐総治安判事,季節裁判所判事,補
　　佐季節裁判所判事,季節裁判所判事補を含む。

（b）「司法官の職」とは,地方裁判所裁判官及びそれより下位の民事司法官
　　職につく者のみにより構成される公務を意味するものとする。

169

第237条（一定の治安判事に対するこの章の規定の適用）

知事は,公示で,この章の前条までの規定及びそれに基づいて知事の制定する規則が,州の司法官の職に適用されると同様に,当該公示で明かにする適用除外及び読替えをして,一定の期日以後当該州の各級の治安判事に適用されることを指示することができる。

第7編　第一附則B編に規定する州　〔削除〕⁹⁾

第8編　連邦直轄領

第239条（連邦直轄領の行政）

(1) 国会が法律で別段の定めをした場合を除いて,すべての連邦直轄領の行政は,大統領が行うものとし,その適当と認める範囲において指名により任命された行政官を通じて行う。

(2) 第6編における規定にかかわらず,大統領は州知事を,隣接する連邦直轄領の行政官に任命することができる。知事がこの行政官に任命されたときには,その大臣会議から独立した行政官としてその権能を行使するものとする。

第239A条（一定の連邦直轄領のための地方議会若しくは大臣会議の創設又は地方議会と大臣会議の創設）

(1) 国会は,法律によりプドゥチェーリ連邦直轄領のために当該法律で定める構成,権限及び機能を有する,次のいずれか一方又は双方を設置することができる。

　(a) その連邦直轄領の議会としての機能を有する,選挙された機関若しくは指名と選挙によって選ばれた機関,又は

　(b) 大臣会議

(2) 1項にいう法律は,それがこの憲法を改正し又は改正の効果を有する規定を含む場合においても,第368条でいうこの憲法の改正とみなされてはなら

---

9)　憲法第7次改正（1956年）により削除された。

170

ない。

第239AA条（デリーに関する特別規定）

（1）1991年憲法（第69次改正）法施行の日からデリー連邦直轄領は,デリー国家首都地区と呼ぶものとし（以下,この編では国家首都地区と略記する）,第239条に基づいて任命される行政官は副知事として任命される。

（2）(a) 国家首都地区に立法院をおき,同立法院は,国家首都地区の地域的選挙区から直接選挙によって選出された議員で構成する。

　(b) 同立法院の議席数,指定カーストに留保する議席数,国家首都地区の地域的選挙区割（この区割の根拠を含む）,及び同立法院の活動に関するその他のすべての事項は,国会が法律により定める。

　(c) 第324条から第327条及び第329条の規定は,国家首都地区,国家首都地区立法院及びその議員に関しては,州,州下院及びその議員に関するそれぞれの規定を適用するものとする。また,第326条及び第329条に定められた「当該議会」とは,国会をさすものとする。

（3）(a) この憲法の規定にしたがい,同立法院は,州管轄事項表1号,2号及び18号とこれらの号に関係する同管轄事項表64号,65号及び66号に関する事項を除き,連邦直轄領に適用される州管轄事項表及び共通管轄事項表に挙げる全ての事項に関して,国家首都地区の全域又は一部に適用される法律を制定することができる。

　(b) a号の規定は,連邦直轄領又はその一部についてのいかなる事項に関しても法律を制定することができる国会の憲法上の権限をそこなうものではない。

　(c) 同立法院が制定した法律の規定が,その事項について国会が制定した法律の規定と抵触するときには,その法律が立法院の制定した法律の前に制定されたのか後に制定されたのかを問わず,又は同立法院が制定した法律以外の以前の法律なのかを問わず,国会が制定した法律又は同種の以前の法律が優位し,同立法院が制定した法律は,それらの法律に抵触するかぎり無効となる。

　ただし,同立法院が制定した法律が大統領の考慮を保留しており,大統領の

171

認証を受けたときには,この法律が国家首都地区では優位する。

さらに,この項の規定は,国会が同立法院の制定した法律の規定する事項に対して付加,修正,変更を行い又は廃止することを妨げるものではない。

(4) 同立法院議員の10%以下の議員で構成する次官会議をおく。この次官会議には,長として長官をおき,副知事が法律により又は法律に基づいてその裁量で処理することを認められる事項を除き,同立法院が法律を制定する権限を有する事項に関して副知事の権限行使を補佐し,助言する。

ただし,副知事とその次官との間で意見の相違が生じたときには,副知事はそれを大統領の決定に委ね,大統領の決定に基づいて処理しなければならない。この決定が出るまでに速やかな処分が必要であるとみなしたときには,副知事は必要であると考えた措置をとり,指令を与えることができる。

(5) 長官は大統領が任命し,その他の次官は長官の助言に基づいて大統領が任命する。次官は,大統領の信任の存する期間その職にある。

(6) 次官会議は,同立法院に対し連帯してその責任を負う。

(7) (a) 国会は,法律により前項までの規定及びそれらに付随し,それらから生ずる全ての事項を実施し,補足する規定を設けることができる。

(b) a号でいう法律は,それがこの憲法を改正し又は改正する効果をもつ規定を含むものであったとしても,第368条に基づく憲法の改正とみなされてはならない。

(8) 第239条の規定は,国家首都地区,副知事及び同立法院に関しては,それぞれプドゥチェーリ連邦直轄領,行政官及び同議会に関する規定を適用する。また同条の「第239A条1項」という文言は,この条又は第239AB条とみなされる。

第239AB条(憲法機構運用不能の場合の規定)

大統領は,副知事からの報告その他により,次のいずれかの号に該当すると認めるときには,第239AA条の規定又は同条の実施のために規定された法律の規定の全部若しくは一部の運用を当該法律で定めた期間,条件にしたがい,命令によって停止することができる。また,第239条及び第239AA条の規定にしたがい国家首都地区の行政に必要かつ適切と認める付随的,結果的規定を

制定することが出来る。

(a) 国家首都地区の行政が,第239AA条の規定若しくは同条の実施のために制定された法律の規定に基づいて実施できない状況が発生していること,又は

(b) 国家首都地区の行政を適切に行うために前記命令を発することが必要・適当であること

第239B条(連邦直轄領議会閉会中における行政間の命令発出権)

(1) 第239A条1項で規定された連邦直轄領議会が開会中を除き,当該連邦直轄領の行政官がすみやかな行動が必要だという状況が存在するとみなすときには何時でも,その行政官は,状況に必要な命令を発することができる。

ただし,当該命令は,そのために大統領の訓令を得たのちでなければ行政官により公布されないものとする。

さらに,前記議会が解散されているとき又はその機能が第239A条1項で規定する法律に基づいて採られた措置のために停止されているときには,行政官は当該解散又は停会期間中いかなる命令も発することはできない。

(2) 大統領の訓令に従い,この条に基づいて公布された命令は,第239A条1項にいう法律に含まれた規定にしたがって適当に制定された連邦直轄領の制定法とみなされる。

ただし,当該命令は,

(a) 連邦直轄領議会に提出されなければならず,当該議会再開から6週間の経過以前にその命令を承認しないという決議が議会により可決された場合,その決議の可決によって効力を失う。

(b) そのための大統領の訓令を得たのち行政官により何時でも取り消される。

(3) この条に基づく命令が,連邦直轄領の制定法によっては有効とされ得ない規定を,第239A条1項にいう法律にしたがって定められた規定とみなしているときは,有効でない規定を定めているとき及び定めている限り無効である。

第240条（一定の連邦直轄領についての大統領の規則制定権）

（1）大統領は,次に掲げる連邦直轄領の平和的,進歩的かつ良き統治を行うために規則を制定することができる。

　（a）アンダマン・ニコバル諸島

　（b）ラクシャディープ

　（c）ダドラ及びナガル・ハーヴェリ

　（d）ダマン及びディーウ

　（e）プドゥチェーリ

　ただし,プドゥチェーリ連邦直轄領議会としての機能を有する機関が第239A条に基づいて設置されたときには,大統領は当該議会の最初の会議として指定された日以降,当該連邦直轄領で効力を有する平和的,進歩的かつ良き統治を行うための規則を制定することはできない。

　さらに,プドゥチェーリ連邦直轄領議会としての機能を有する機関が解散されているとき,又は議会としての当該機関の機能が第239A条1項にいう法律に基づいて採られた措置を理由として停止されているときには,大統領は当該連邦直轄領地域の平和的,進歩的かつ良き統治を行うための規則を制定することができる。

（2）前項の規則は,国会が制定する法律又はそのときに当該連邦直轄領に適用されるその他の法律を廃止又は改正することができる。また,当該規則が大統領により公布されたときには,当該領域に対し国会の制定法と同一の効力を有する。

第241条（連邦直轄領の高等裁判所）

（1）国会は,法律で連邦直轄領に高等裁判所を設置し,又は当該領内のいずれかの裁判所をこの憲法の規定の全部又は一部の適用上高等裁判所とみなすことができる。

（2）第6編第5章の規定は,第214条に規定する高等裁判所に関して適用すると同様に国会が法律で規定する読替え又は適用除外をして,1項で規定する高等裁判所に関しても適用する。

（3）この憲法の規定の制限内及びこの憲法に基づいて州議会に与えられる権

限に基づき当該州議会が制定する法律の規定の制限内で,連邦直轄領におい
て1956年憲法(第7次改正)法施行まで管轄権を有する高等裁判所は,この憲
法施行後当該領域に関して管轄権を有する。

(4) この条の規定は,州の高等裁判所の管轄権を連邦直轄領又はそれに含ま
れる地域に拡張し又はこれから除外する国会の権限に影響を及ぼすものでは
ない。

第242条(クールグ) 〔削除〕[10]

第9編　パンチャーヤト

第243条(定義)

この編においては,文脈の許すかぎり,

(a)「県」とは,州の中の一つの県をいう。

(b)「グラム・サバ」とは,村規模でのパンチャーヤト地域内にある村に関
して,選挙人名簿に登録されたものが構成する機関をいう。

(c)「中間規模」とは,この編のために州知事が中間規模であると公示に
よって定めた,村と県との間の規模をいう。

(d)「パンチャーヤト」とは,農村地域のために第243B条に基づいて組織さ
れた自治組織(それがどのような名称でよばれようと)をいう。

(e)「パンチャーヤト地域」とは,パンチャーヤトの地域的領域をいう。

(f)「人口」とは,関連数字が公表されている直近の人口調査において確定
された人口をいう。

(g)「村」とは,知事が公示により,この編のために村と定めたものをいい,
その村の集合を含むものとする。

第243A条(グラム・サバ)

グラム・サバは,州議会が法律により定めた権限を行使し,村規模でその活動
を行う。

---

10) 憲法第7次改正(1956年)により削除された。

第243B条（パンチャーヤトの構成）

(1) すべての州に,この編の規定にしたがい,村規模,中間規模及び県規模のパンチャーヤトをおく。

(2) 1項の規定にかかわらず,中間規模のパンチャーヤトは,人口が200万を超えない州ではこれをおかないものとする。

第243C条（パンチャーヤトの組織）

(1) この編の規定にしたがい,州議会は,法律によりパンチャーヤトの組織に関して定める。

　ただし,すべての規模のパンチャーヤト地域の人口と選挙によって選ばれる当該パンチャーヤトの議席数との間の割合は,できるかぎりその州内で均しくしなければならない。

(2) パンチャーヤトの全議席は,そのパンチャーヤト地域内の地域的選挙区から直接選挙によって選ばれるものとし,各パンチャーヤト地域は,各選挙区の人口とその選挙区に割り当てる議席数との割合ができるかぎりパンチャーヤト地域内で均しくなるよう,地域的選挙区に区割される。

(3) 州議会は,法律により,次の代表について定める。

　(a) 中間規模パンチャーヤト内の,又は中間規模パンチャーヤトをもたない州では県規模パンチャーヤト内の村規模パンチャーヤト議長について

　(b) 県規模パンチャーヤト内の中間規模パンチャーヤトの議長について

　(c) 州において,村規模パンチャーヤト以外のパンチャーヤト地域全体又はその一部で構成する選挙区を代表する国会下院議員及び州下院議員について

　(d) 次の地域内で選挙人として登録された,国会上院議員及び州上院議員について

　　(i) 中間規模パンチャーヤト内の,中間規模パンチャーヤト地域

　　(ii) 県規模パンチャーヤト内の,中間規模パンチャーヤト地域

(4) パンチャーヤト議長及びパンチャーヤトのその他の議員は,そのパンチャーヤト地域の地域的選挙区から直接選挙で選ばれたか否かにかかわりなく,そのパンチャーヤトの会議で表決権を有する。

(5)（a）村規模パンチャーヤト議長は,州議会が法律により定める方法で選出
　　　される。

　　（b）中間規模パンチャーヤト又は県規模パンチャーヤトの議長は,そのパ
　　　ンチャーヤトの選出議員により互選される。

第243D条（議席の留保）

(1) すべてのパンチャーヤトにおいて,(a)指定カースト及び(b)指定部族に
議席を留保する。また,当該パンチャーヤト内で直接選挙によって選出され
る全議席中で留保される議席数は,当該パンチャーヤト地域内での指定カー
ストの人口又は同地域内の指定部族の人口が当該地域の全人口に占める比率
とできるだけ均しくなるように定めるものとする。さらに,その留保議席は,
パンチャーヤト内の異なった選挙区へ交代で割りあてるものとする。

(2) 1項に基づいて留保する議席の3分の1以上は,指定カーストに属する
女性に留保するものとし,指定部族についても同様とする。

(3) すべてのパンチャーヤトで直接選挙によって選ばれる全議席数の3分の
1以上(指定カースト及び指定部族に属する女性に留保する議席数も含む)
は,女性のために留保するものとし,この議席はパンチャーヤト内の異なった
選挙区へ交代で割りあてるものとする。

(4) 村規模又はその他の規模のパンチャーヤトにおいて,議長職は,州議会が
法律により定める方法で,指定カースト,指定部族及び女性に留保される。

　ただし,当該州の各規模のパンチャーヤトで指定カースト及び指定部族に
留保される議長職の数は,指定カースト又は指定部族がその州の全人口に占
める割合とできるだけ均しくなるように定めるものとする。

　さらに,各規模のパンチャーヤトで,議長職の3分の1以上を女性に留保し
なければならない。

　また,この項で留保する官職の数は,それぞれの規模で,異なったパンチャー
ヤトに交代で割りあてられるものとする。

(5) 1項及び2項に基づく議席の留保並びに4項に基づく議長職の留保(女
性への留保を除く)は,第334条で定められた期間の満了によってその効力を
失う。

177

(6) この編の規定は,州議会が後進階層市民のためにそれぞれの規模のパンチャーヤトでの議席の留保又は議長職の留保についての規定を設けることを妨げるものではない。

第243E条(パンチャーヤトの任期など)

(1) すべてのパンチャーヤトは,そのときに効力を有する法律に基づいて解散される場合を除き,最初の開会指定日から5年の期間継続し,その任期を終える。

(2) 1項で定める任期が満了するまでは,そのときに効力を有するいかなる法律の改正も,その改正のときに活動している各規模パンチャーヤトの解散を生ぜしめる効力をもつものではない。

(3) パンチャーヤトを組織する選挙は,次の場合に行われる。

 (a) 1項で定められた任期満了前

 (b) 解散の日から6月の期間内

 ただし,解散されたパンチャーヤトの任期の残余期間が6月未満のときには,パンチャーヤトを組織するため,この項に基づいて選挙を行う必要はない。

(4) 任期満了前,パンチャーヤトの解散によって組織されたパンチャーヤトは,解散したパンチャーヤトが,1項に基づいて解散されなければ継続するはずであった期間の残余期間のみ継続する。

第243F条(議員の欠格事由)

(1) 次の各号の一に該当する者は,パンチャーヤトの議員に選挙される資格を有せず,又は議員であることができない。

 (a) 当該州議会の選挙について,現に効力を有する法律により,又はその法律に基づいて欠格とされたとき

 ただし,何人も21歳に達しているときには,25歳未満であるという理由で欠格とされてはならない。

 (b) 当該州議会が制定した法律により,又はその法律に基づいて欠格とされたとき

(2) パンチャーヤト議員が1項に規定する欠格事由のいずれかに該当するか否かの争いが生じたときには,その争いは州議会が法律で定める機関が,その

法律で定めた方法で決定する。

第243G条（パンチャーヤトの権能、権限及び責務）

憲法の規定にしたがい,州議会は,法律によりパンチャーヤトが自治統治機構として活動するのに必要な権能と権限をパンチャーヤトに与えることができる。また,この法律は,次の事項に関して,その中で明記する条件にしたがって適切な規模のパンチャーヤトに権能と責務を付与する規定を含むものとする。

（a）経済開発及び社会正義のための計画の策定

（b）第十一附則に列記された事項に関するものを含め,パンチャーヤトに委ねる,経済開発と社会正義のための計画の実施

第243H条（パンチャーヤトの課税権及びパンチャーヤト基金）

州議会は,法律で次のことを明記するものとする。

（a）法律で定めた手続き及び制限にしたがい,パンチャーヤトに租税,税,使用料及び手数料を賦課,徴収,充当する権限を与えること

（b）法律で定めた目的及び条件・制限にしたがい,州政府が賦課,徴収した租税,税,使用料及び手数料をパンチャーヤトに割りあてること

（c）パンチャーヤトに交付する,州統合基金からの補助金について定めること

（d）パンチャーヤトにより又はパンチャーヤトのために配分された全ての金銭の貸付,引出しを扱う基金の組織について定めること

第243I条（財務状況を審査する財務委員会の構成）

（1）州知事は,1992年憲法（第73次改正）法施行後1年以内に財務委員会をおく。同委員会はその後5年ごとに更新されるものとし,パンチャーヤトの財務状況を審査し,次に掲げる事項について知事に勧告する。

（a）次の事項を行う原則

（i）州が徴収した租税,使用料及び手数料の純収入を,この編の規定に基づいて州とパンチャーヤトとの間で配分し,同収入をそれぞれの割合で各規模パンチャーヤト間に配分すること

（ii）パンチャーヤトに配分され又は割り当てられる租税,税,使用料及び

手数料の決定

　　(iii) パンチャーヤトへの州統合基金からの補助金

　(b) パンチャーヤトの財務状況を改善するのに必要な措置

　(c) パンチャーヤトの健全な財務をはかるため,知事が財務委員会に付託
　　するその他の事項

(2) 州議会は,法律により,財務委員会の組織,委員の任命資格及びその選任方
法を定める。

(3) 財務委員会は,その手続きを定めることができる。また,その職責を果す
ために,州議会が法律で同委員会に与える権限を有する。

(4) 知事は,この条の規定に基づいて財務委員会が行うすべての勧告を,当該
勧告に対して知事が採った措置に関する説明書とともに,州議会に提出しな
ければならない。

第243J条 (パンチャーヤト会計の監査)

　州議会は,法律により,パンチャーヤト会計の管理及び同会計の監査に関す
る規定を設ける。

第243K条 (パンチャーヤトの選挙)

(1) パンチャーヤトのすべての選挙についての,選挙人名簿の準備及び選挙
の実施を監督し,指令し及び管理する権限は,知事が任命する州選挙委員会で
構成する州選挙委員会に与えられる。

(2) 州選挙委員の服務条件及び服務期間は,州議会が制定する法律の規定に
したがい,知事が規則で定めるものとする。

　ただし,州選挙委員は,高等裁判所裁判官と同様の方法及び理由によるほか
は解任されることはない。また,州選挙委員の服務条件は,その任命後本人の
不利益となるよう変更してはならない。

(3) 州知事は,州選挙委員会の要求があるときには, 1 項の規定に基づいて州
選挙委員会に与えられた権能を行使するために必要な職員を州選挙委員会に
配属しなければならない。

(4) 州議会は,この憲法の規定にしたがい,法律によりパンチャーヤトの選挙
に関するすべての事項について規定を設けることができる。

第243L条（連邦直轄領への適用）

　この編の規定は,連邦直轄領に適用されるものとし,連邦直轄領への適用に際しては,州知事への規定は第239条に基づいて任命される連邦直轄領行政官への規定として,州議会又は州下院への規定は,立法院をもつ連邦直轄領に関してはその立法院への規定としての効力を有する。

　ただし,大統領は公示により,この編の規定を連邦領又はその一部に,公示の中で定めた読替えをして適用することを命ずることができる。

第243M条（一定の地域へのこの編の不適用）

（1）　この編の規定は,第244条１項に規定する指定地域,及び同条２項に規定する部族地域には適用しない。

（2）　この編の規定は,次の地域には適用しない。

　（a）ナガランド州,メガラヤ州及びミゾラム州

　（b）法律に基づく権限を有する県評議会が存在するマニプル州丘陵地域

（3）　この編の規定は,

　（a）県規模パンチャーヤトに関しては,法律に基づく権限を有するダージリン・ゴルカ丘陵評議会が存在する,西ベンガル州ダージリン地区丘陵地域には適用しない。

　（b）前号の法律に基づいて組織されたダージリン・ゴルカ丘陵評議会の活動と権限に影響を与えるものと解釈してはならない。

（3A）指定カーストの議席留保に関する第243D条の規定は,アルナーチャル・プラデーシュ州には適用しない。

（4）　この憲法の規定にかかわらず,

　（a）２項a号に規定する州の議会が,当該州の下院で全議員の過半数でかつ出席し投票する議員の３分の２以上の多数によって議決したときには,法律により当該州にこの編を適用する。ただし,１項に規定する地域がその州にあるときには,その地域を除く。

　（b）国会は,法律により,同法律で定めた読替えをおこなって,１項に規定する指定地域及び部族地域にこの編の規定を適用する。また,この法律は,第368条に定めるこの憲法の改正とみなされてはならない。

181

第243N条（現行法及びパンチャーヤトの継続）

この編の規定にかかわらず,1992年憲法（第72次改正）法施行のときに州において効力を有するパンチャーヤトに関する法律の規定で,この編の規定と抵触するものは,権限を有する議会若しくはその他権限を有する機関により改正若しくは廃止されるか,又はこの憲法が改正されて１年の期間が経過するか,いずれか早い時期が来るまでその効力を継続するものとする。

ただし,この憲法改正のときに存在するすべてのパンチャーヤトは,その州の下院が,その州に上院がある場合にはいずれかの議院が解散決議を可決することによってただちに解散される場合を除いて,その任期満了まで継続するものとする。

第243O条（選挙事項に対する裁判所の干与の排除）

この憲法の規定にかかわらず,

(a) 第243K条の規定に基づいて行われ又は同条の実施のために行われる,選挙区の画定,当該選挙区への議席割りあてに関する法律の効力は,裁判所により審査されない。

(b) パンチャーヤトの選挙は,州議会が制定する法律により又はこれに基づいて定められた機関と方法により提出される選挙訴願による場合を除き,審査されない。

第9A編　自治都市

第243P条（定義）

この編においては,文脈の許すかぎり,

(a) 「委員会」とは,第243S条に基づいて組織された委員会をいう。

(b) 「県」とは, １州内の１県をいう。

(c) 「大都市地域」とは,人口が100万以上で, １以上の県から成り,かつ２以上の自治都市,パンチャーヤト又はその他の隣接した地域から構成されるものであって,知事が公示により,この編のために大都市地域であると定めたものをいう。

(d)「自治都市地域」とは,知事が公示した,自治都市の地域的区域をいう。

(e)「自治都市」とは,第243Q条に基づいて組織された自治政府の機構をいう。

(f)「パンチャーヤト」とは,第243B条に基づいて組織されたパンチャーヤトをいう。

(g)「人口」とは,関連数字が公表されている直近の人口調査において確定された人口をいう。

第243Q条（自治都市の構成）

(1) この編の規定にしたがい,すべての州に次の組織をおく。

(a) 移行地域,すなわち農村地域から都市地域へ移行しつつある地域にナガル・パンチャーヤト（それをどのように呼ぼうとも）

(b) 小都市地域に自治都市評議会

(c) 大都市地域に自治都市体

ただし,この条の規定に基づく自治都市は,地域の規模及びその地域の産業施設が提供し又は提供することになっている都市サービスその他知事が適当と認めた要件を有する都市地域又はその一部を,知事が公示によって産業都市と定めたときには構成されない。

(2) この条において,「移行地域」,「小都市地域」又は「大都市地域」とは,その地域の人口,人口密度,地方行政の財源,非農業活動への就業率,経済的重要性その他知事が適当と認めた要件をみたす地域で,知事がこの編のために公示によって定めたものをいう。

第243R条（自治都市の組織）

(1) 2項に規定したものを除き,自治都市のすべての議席は,自治都市地域内の地域的選挙区から直接選挙によって選ばれるものとし,この選挙のために各自治都市地域は,区と呼ばれる地域的選挙区に区割される。

(2) 州議会は,法律で次の事項を定める。

(a) 自治都市の代表について,

(i) 自治都市行政に特別の知識又は経験を有する者

(ii) 自治都市地域の全域又は一部で構成する選挙区を代表する国会下院

議員及び州下院議員

(iii) 自治都市地域内で選挙人として登録されている,国会上院議員及び
州上院議員

(iv) 第243S条5項の規定に基づいて組織された委員会の委員長

ただし,(i)目に定める者は,自治都市会議で表決権を有しない。

(b) 自治都市議長の選出方法について

第243S条(区委員会の構成と組織等)

(1) 自治都市の地域内で30万以上の人口を有する地域に,1以上の区からな
る区委員会をおく。

(2) 州議会は,法律により次に掲げる事項に関する規定を設ける。

(a) 区委員会の組織及び地域

(b) 区委員会の委員を選任する方法

(3) 区委員会の地域内の1つの区を代表する自治都市議員は,同委員会の委
員でなければならない。

(4) 区委員会において,次に掲げる者は,その委員会の委員長となる。

(a) 1の区において,自治都市内でその区を代表する委員

(b) 2以上の区において,区委員会の委員により選出され自治都市内で当
該区を代表する1人の委員

(5) この条の規定は,州議会が,区委員会に加えて委員会の構成についての規
定を設けることを妨げるものではない。

第243T条(議席の留保)

(1) すべての自治都市において,指定カースト及び指定部族のために議席を
留保する。また,当該自治都市内で直接選挙によって選出される全議席中で
留保される議席数は,当該自治都市地域内での指定カーストの人口又は同地
域内での指定部族の人口が当該地域の全人口に占める比率とできるだけ均し
くなるように定めるものとする。さらに,その留保は,自治都市内の異なった
選挙区へ交代で割りあてるものとする。

(2) 1項に基づいて留保する議席の3分の1以上は,指定カーストに属する
女性に留保するものとし,指定部族についても同様とする。

（3）すべての自治都市で直接選挙によって選ばれる全議席の3分の1以上（指定カースト及び指定部族に属する女性に留保する議席数も含む）は,女性のために留保するものとし,この議席は自治都市内の異なった選挙区へ交代で割りあてるものとする。

（4）自治都市における委員長職は,州議会が法律により定める方法で,指定カースト,指定部族及び女性に留保される。

（5）1項及び2項に基づく議席の留保並びに4項に基づく委員長職の留保（女性への留保を除く）は,第334条で定められた期間の満了によってその効力を失う。

（6）この編の規定は,州議会が後進階層市民のためにそれぞれの自治都市での議席の留保又は自治都市の委員長職の留保についての規定を設けることを妨げるものではない。

第243U条（自治都市の任期等）

（1）すべての自治都市は,そのときに効力を有する法律に基づいて解散される場合を除き,最初の開会指定日から5年の期間継続し,その任期を終える。

　　ただし,その解散の前に,自治都市は充分な聴聞の機会を与えられねばならない。

（2）1項で定める任期が満了するまでは,そのときに効力を有するいかなる法律の改正も,その改正のときに活動している各規模自治都市の解散を生ぜしめる効果をもつものではない。

（3）自治都市を組織する選挙は,次の場合に行われる。

　（a）1項で定められた任期満了前

　（b）解散の日から5月の期間内

　　ただし,解散された自治都市の任期の残余期間が6月未満のときには,自治都市を組織するため,この項に基づいて選挙を行う必要はない。

（4）任期満了前,自治都市の解散によって組織された自治都市は,解散した自治都市が1項に基づいて解散されなければ継続するはずであった期間の残余期間のみ継続する。

185

第243V条（委員の欠格事由）

（1）次の各号の1に該当する者は,自治都市の委員に選挙される資格を有せず,又は委員であることができない。

  （a）当該州議会の選挙について,現に効力を有する法律により,又はその法律に基づいて欠格とされたとき

     ただし,何人も21歳に達しているときには,25歳未満であるという理由で欠格とされてはならない。

  （b）当該州議会が制定した法律により,又はその法律に基づいて欠格とされたとき

（2）自治都市の委員が1項に規定する欠格事由のいずれかに該当するか否かの争いが生じたときには,その争いは州議会が法律で定める機関が,その法律で定めた方法で決定する。

第243W条（自治都市の権能、権限及び責務等）

憲法の規定にしたがい,州議会は,法律により次のものを自治都市に与えることができる。

  （a）自治都市が自治統治機構として活動するのに必要な権能と権限。また,当該法律は,その中で明記する条件にしたがって,次の事項に関して自治都市に権能と責務を付与する規定を含むものとする。

    （ⅰ）経済開発及び社会正義のための計画の策定

    （ⅱ）第十二附則に列記された事項に関するものを含め,自治都市に委ねる作用の遂行と計画の実施

  （b）第十二附則に列記された事項に関するものを含め,自治都市に委ねられた責務を実行するのに必要な権能と権限を有する委員会。

第243X条（自治都市の課税権及び自治都市基金）

州議会は,法律で次のことを明記するものとする。

  （a）法律で定めた手続及び制限にしたがい,自治都市に租税,税,使用料及び手数料を賦課,徴収,充当する権限を与えること

  （b）法律で定めた目的及び条件・制限にしたがい,州政府が賦課,徴収した租税,税,使用料及び手数料を自治都市に割りあてること

（c）自治都市に交付する,州統合基金からの補助金について定めること

（d）自治都市により自治都市のために配分されたすべての金銭の貸付,引出しを扱う基金の組織について定めること

第243Y条（財務委員会）

（1）第243I条に基づいて組織する財務委員会は,自治都市の財務状況を審査し,次に掲げる事項について知事に勧告する。

（a）次の事項を行う原則

（i）州が徴収した租税,税,使用料及び手数料の純収入を,この編の規定に基づいて州と自治都市との間で配分し,同収入をそれぞれの割合で各規模自治都市間に配分すること

（ii）自治都市に配分され又は割りあてられる租税,税,使用料及び手数料の決定

（iii）自治都市への州統合基金からの補助金

（b）自治都市の財務状況を改善するのに必要な措置

（c）自治都市の健全な財政をはかるため,知事が財務委員会に付託するその他の事項

（2）知事は,この条の規定に基づいて財務委員会が行うすべての勧告を,当該勧告に対して知事が採った措置に関する説明書とともに,州議会に提出しなければならない。

第243Z条（自治都市会計の監査）

州議会は,法律により,自治都市会計の管理及び同会計の監査に関する規定を設ける。

第243ZA条（自治都市の選挙）

（1）自治都市のすべての選挙についての,選挙人名簿の準備及び選挙の実施を監督し,指令し及び管理する権限は,第243K条の規定にしたがい,州選挙委員会に与えられる。

（2）州議会は,この憲法の規定にしたがい,法律により自治都市の選挙に関するすべての事項について規定を設けることができる。

187

第243ZB条（連邦直轄領への適用）

　この編の規定は,連邦直轄領に適用されるものとし,連邦直轄領への適用に際しては,州知事への規定は第239条に基づいて任命される連邦直轄領行政官への規定として,州議会又は州下院への規定は立法院をもつ連邦直轄領に関してはその立法院への規定としての効力を有する。

　ただし,大統領は公示により,この編の規定を連邦直轄領又はその一部に,公示の中で定めた読替えをして適用することを命ずることができる。

第243ZC条（一定の地域へのこの編の不適用）

(1)　この編の規定は,第244条1項に規定する指定地域,及び同条2項に規定する部族地域には適用しない。

(2)　この編の規定は,法律に基づいて西ベンガル州ダージリン地区丘陵地域に組織されているダージリン・ゴルカ丘陵評議会の活動と権限に影響を与えるものと解釈してはならない。

(3)　この憲法の規定にかかわらず,国会は,法律により,同法律で定めた読替えを行って,1項に規定する指定地域及び部族地域にこの編の規定を適用する。また,この法律は,第368条に定めるこの憲法の改正とみなされてはならない。

第243ZD条（県計画のための委員会）

(1)　すべての州で県規模において,パンチャーヤト及び自治都市が作成した計画を統合し,県全体の開発案を作成する県計画委員会をおく。

(2)　州議会は,法律で次の事項に関する規定を設けるものとする。

　(a)　県計画委員会の構成

　(b)　同委員会の委員を選出する方法

　　　　ただし,同委員会の委員の5分の4以上は,県規模パンチャーヤト及び県規模自治都市から選ばれた委員の中から,同県の農村地域人口と都市地域人口との比率にしたがって選ばなければならない。

　(c)　同委員会に付託する県計画に関する作用

　(d)　同委員会の委員長の選出方法

(3)　すべての県計画委員会は,開発計画案作成にさいして,

　(a)　次に掲げる事項を盛り込まなければならない。

（ⅰ）その地域の立地計画,用水その他の物資・天然資源の配分及び都市基
　　　盤と環境保全の統一的発展を含むパンチャーヤトと自治都市との間の
　　　共通利害に関する事項

　（ⅱ）財政的その他の方法で利用しうる資源の規模と形態

　（b）知事が命令で定めた組織・機構に諮問しなければならない。

（4）すべての県計画委員会の委員長は,同委員会が勧告する開発計画を州知
事に進達しなければならない。

第243ZE条(大都市計画のための委員会)

（1）すべての大都市地域において,大都市地域全体の開発案を作成する大都
市計画委員会をおく。

（2）州議会は,法律で次の事項に関する規定を設けるものとする。

　（a）大都市計画委員会の構成

　（b）同委員会の委員を選出する方法

　　　ただし,同委員会の委員の3分の2以上は,大都市地域内の自治都市か
　　　ら選ばれた委員と,パンチャーヤトの委員長の中から,同地域内の自治都
　　　市人口とパンチャーヤト人口との比率にしたがって選ばなければならな
　　　い。

　（c）インド政府及び州政府の同委員会への代表,並びに同委員会に付託さ
　　　れた作用を実施するのに必要とみなされる組織・機構の同委員会への代
　　　表

　（d）同委員会に付託する,大都市地域についての計画及び調整に関する作
　　　用

　（e）同委員会の委員長の選出方法

（3）すべての大都市計画委員会は,開発計画案作成にさいして,

　（a）次に掲げる事項を盛り込まなければならない。

　（ⅰ）大都市地域における自治都市及びパンチャーヤトによって作成され
　　　た計画

　（ⅱ）その地域の立地計画調整,用水その他の物資・天然資源の配分及び
　　　都市基盤と環境保全の統一的発展を含む自治都市とパンチャーヤトと

の間の共通利害に関する事項

(iii) インド政府及び州政府が決めた総合的目的及び優先順位

(iv) インド政府及び州政府の機関が大都市地域で行う投資,その他財政的かそれ以外の目的かを問わず利用しうる資源の規模と性質

(b) 知事が命令で定めた組織・機構に諮問しなければならない。

(4) すべての大都市計画委員会の委員長は,同委員会が勧告する開発計画を州知事に進達しなければならない。

第243ZF条 (現行法及び自治都市の継続)

この編の規定にかかわらず,1992年憲法 (第74次改正) 法施行のときに効力を有する自治都市に関する法律の規定で,この編の規定と抵触するものは,権限を有する議会若しくはその他権限を有する機関により改正若しくは廃止されるか又はこの憲法改正が施行されて1年の期間が経過するか,いずれか早い時期が来るまでその効力を継続するものとする。

ただし,この憲法改正施行のときに存在するすべての自治都市は,その州の下院が,その州に上院がある場合にはいずれかの議院が解散決議を可決することによってただちに解散される場合を除いて,その任期満了まで継続するものとする。

第243ZG条 (選挙事項に対する裁判所の干与の排除)

この憲法の規定にかかわらず,

(a) 第243ZA条の規定に基づいて行われ又は同条の実施のために行われる,選挙区の画定,当該選挙区への議席割りあてに関する法律の効力は,裁判所により審査されない。

(b) 自治都市の選挙は,州議会が制定する法律により又はこれに基づいて定められた機関と方法により提出される選挙訴願による場合を除き,審査されない。

第三章　インド憲法（和訳）本文

第9B編　協同組合

第243ZH条（定義）

(a)「権限を有する者」とは,第243ZQ条に定める者をいう。

(b)「理事会」とは,いかなる名称であれ,団体の事務の運営について指示し,又はこれを管理する権限を委ねられた理事による会又は運営組織をいう。

(c)「協同組合」とは,いかなる州においても,その時点で効力を有する協同組合に関する法律の下で協同組合として登録された又は登録されたとみなされた組織をいう。

(d)「複数州の協同組合」とは,その時点で効力を有する協同組合に関する法律の下で登録された又は登録されたとみなされた組織で,その目的が単独の州のみに限定されない組織をいう。

(e)「役員」とは,協同組合の理事長,副理事長,会長,副会長,事務局長又は財務担当者をいい,協同組合の理事会により選出されたその他の者を含む。

(f)「登録官」とは,複数州の協同組合に関しては連邦政府により任命される連邦登録官をいい,協同組合に関しては協同組合に関して州議会により制定された法律の下で州政府により任命される登録官をいう。

(g)「州法」とは,州議会により制定される法律をいう。

(h)「州レベルの協同組合」とは,その活動領域が州全体に及び,州議会により制定された法律によりその旨が定義された協同組合をいう。

第243ZI条（協同組合の組織）

この編の規定にしたがい,州議会は法律により,協同組合の設立,規制及び解散に関して,自主的組織,民主的会員管理,会員の経済的参加及び自律的運営の原則に基づいて定めることができる。

第243ZJ条（理事及び役員の定数及び任期）

(1) 理事会は,州議会が法律により定める数の理事によりこれを構成する。ただし,協同組合の理事の数は,21人を超えないものとする。

191

さらに,州議会は,法律により,理事のうち１人を指定カースト又は指定部族
に,２人を女性に,これらの階層又は集団からの組合員がおり,個人により構成
されるすべての協同組合において留保させなければならない。

(2) 選出された理事及び役員の任期は,選出の日から５年とし,役員の任期は
理事会の任期と同じとする。

ただし,理事会は欠員が出たとき,任期の残りが全体の半分以下である場合,
欠員の生じた階層と同じ者から任命することができる。

(3) 州議会は,法律により,銀行,経営,財務又は協同組合の実施する活動に関連
するその他の領域について経験ある人物を推薦理事とすることができる。

ただし,１項で定める21人の理事のほか,推薦理事は２人を超えることはで
きない。

さらに,この推薦理事は,協同組合のいかなる選挙においても組合員として
の投票権を持たず,理事会の役員として選任されることはない。

また,協同組合の専務理事は理事会の構成員とされ,１項に定める理事会構
成員の数からは除外される。

第243ZK条（理事選挙）

(1) 州議会の制定する法律のいかなる規定にもかかわらず,理事選挙は,退任
する理事の任期満了後新たに選出された理事が直ちに着任することができる
よう,理事会の任期終了前に実施されなければならない。

(2) 協同組合のすべての選挙の実施及びその選挙人名簿の準備の監督,指示
並びに管理は,州議会が法律で定める機関又は組織に委ねなければならない。

ただし,州議会は,その選挙の実施に関わる手続き及びガイドラインを法律
により定めることができる。

第243ZL条（理事会の交代及び停止並びに暫定的運営）

(1) 効力を有するいかなる法律の規定にも関わらず,理事会は,６月を超えて
理事が交代し又はこれが停止されることはない。

ただし,次に定める事態においては理事会を交代又は停止させることがで
きる。

　(ⅰ) その継続的不開催

(ii) その責務の遂行懈怠

(iii) 協同組合若しくはその組合員の利益を侵害する行為を理事会が行ったとき

(iv) 理事会の構成若しくは事務について停滞がみられるとき,又は

(v) 州政府が第243ZK条2項に基づき法律により定める機関若しくは組織が,州法の定めに従う選挙を実施できなかったとき

さらに,いかなる協同組合の理事会も,政府による株式保有,貸付,財政支援又は政府による保証があるときには,交代又は停止されてはならない。

また,協同組合が銀行業を営むときには,1949年銀行業規制法の適用を受けなければならない。

また,複数州の協同組合を除き,協同組合が銀行業を営むときには,本条の規定は「6月」を「1年」に読み替えて適用する。

(2) 理事会が交代したとき,当該協同組合の事務を執行するために任命された行政官は,前項に定めた期間内に選挙を実施するよう手配しなければならず,選出された理事会にその事務を引き継がなければならない。

(3) 州議会は,法律により行政官の事務の条件について定めることができる。

第243ZM条(協同組合の会計監査)

(1) 州議会は,法律により,協同組合による会計管理及び協同組合の会計の監査について定めることができる。

(2) 州議会は,法律により,協同組合の会計を監査することのできる監査役及び監査法人の最低限の資格並びに経験について定める。

(3) すべての協同組合は,協同組合の総会において任命された前項で定める監査役又は監査法人により,その会計の監査を受けなければならない。

ただし,この監査役又は監査法人は,州政府又は州政府から認定された機関により認められた委員会に任命されなければならない。

(4) すべての協同組合の会計は,その会計年度が終了して6月を経過するまでに監査を受けなければならない。

(5) 州法で定義する協同組合の会計監査報告書は,州議会が法律で定める方法により,州議会に提出されなければならない。

第243ZN条（総会の招集）

　州議会は,法律に定める事務を遂行するために,会計年度終了から6月以内に総会を開催しなければならない旨法律により定めることができる。

第243ZO条（会員が情報を得る権利）

(1)　州議会は,法律により,すべての組合員が自らの関わる定期業務に関する協同組合の台帳,情報及び口座へのアクセスについて定めることができる。

(2)　州議会は,組合員の会合への参加の最低限度又は法律に定めることのできるサービスを活用することのできる最低限度について,法律により定めることができる。

(3)　州議会は,組合員に対する協同組合に関する教育又は研修について定めることができる。

第243ZP条（報告書）

　すべての協同組合は,会計年度終了から6月以内に州政府の定める機関に対して次に掲げる事項を含む報告書を提出しなければならない。

　(a)　業務の年次報告書

　(b)　会計の監査報告

　(c)　協同組合の総会において認められた剰余金の処理計画

　(d)　もしあれば,協同組合の規約の改正リスト

　(e)　選挙の実施又は総会の開催日程の通告,及び

　(f)　州法の規定に基づき登録官が要請するその他の情報

第243ZQ条（違反行為及び刑罰）

(1)　州議会は,法律により,協同組合に関わる違反行為及びこれに係る刑罰を定めることができる。

(2)　前項に基づいて州議会が制定した法律には,次に掲げる行為の実行又は違法行為の不作為を含めなければならない。

　(a)　協同組合若しくはその職員若しくはその組合員が故意に不正な利益を発生させ若しくは不正な情報を提供すること,又は州法の規定により権限を有する者から要請された情報を故意に提供しないこと

　(b)　故意に又は理由なくいかなる召喚,要請若しくは州法の規定に基づき

発せられた書面での命令にも従わないこと

(c) 使用者が十分な理由なくその被用者から控除した額を協同組合に控除した日から14日以内に支払わないこと

(d) 公務員又は管理人が,故意に台帳,会計簿,書類,記録,現金,証券又はその他当該公務員又は管理人が関与している協同組合に属する資産を権限ある者に移譲しないこと

(e) 理事若しくは役員の選挙前,選挙中又は選挙後になされたすべての汚職行為

第243ZR条（複数州にわたる協同組合への適用）

この編の規定は,複数州にわたる協同組合に対して,「州議会」,「州法」又は「州政府」の語をそれぞれ「国会」,「連邦法」又は「中央政府」に読み替えて適用する。

第243ZS条（連邦直轄領への適用）

この編の規定は,連邦直轄領に適用され,その適用にあたり立法院を持たない連邦直轄領については第239条に基づき任命される行政官を州議会に読み替え,立法院を持つ連邦直轄領についてはその立法院を州下院に読み替える。

ただし,大統領は官報による告示により,連邦直轄領又はその一部で告示において大統領の特定するものについて,この編の規定の適用を除外することができる。

第243ZT条（既存の法令の継続）

この編の規定に関わらず,2011年憲法（第97次改正）法の施行の時点で効力を有する協同組合に関わるいかなる法律のいかなる規定についても,この編の規定と抵触するものについては関連する議会若しくはその他の関連する機関が改正若しくは廃止するまで又はその施行から1年の期間が経過するまでのいずれか短い期間その効力を有する。

第10編　指定地域及び部族地域

第244条（指定地域及び部族地域の行政）

(1) アッサム州,メガラヤ州,トリプラ州,及びミゾラム州を除く州の指定地域及び指定部族の行政及び監督については,第五附則の定めるところによる。

(2) アッサム州,メガラヤ州,トリプラ州,及びミゾラム州の部族地域の行政については,第六附則の定めるところによる。

第244A条（アッサム州内の一定の部族地域により構成される自治州の形成並びに当該地域のための地方議会若しくは大臣会議の創設又は地方議会及び大臣会議の創設）

(1) この憲法の規定にかかわらず,国会は法律でアッサム州内に第六附則第20条に付された表の Ⅰ編で定められた部族地域の全部又は一部（包括的又は部分的に）から構成される自治州を創設することができ,当該自治州のために当該法律で定める構成,権限及び機能を有する,次のいずれか一方又は双方を設置することができる。

　(a) その自治州の議会としての機能を有する選挙された機関若しくは指名と選挙によって選ばれた機関,又は

　(b) 大臣会議

(2) 1項で規定する法律は,次に掲げる事項を定めることができる。

　(a) 自治州の議会が,アッサム州議会を除外してか否かの方法を問わず,その全部又は一部に適用される法律を制定する権限を有することに関して,州管轄事項表又は共通管轄事項表に列挙された事項を定めること

　(b) 自治州の行政権が及ぶ事項を定義すること

　(c) アッサム州によって徴収される租税収入が自治州に帰属する限度において自治州に割り当てられることを定めること

　(d) この憲法の条項における州の規定が自治州についての規定を含むものとみなされることを定めること,並びに

　(e) 必要とみなされた補足的,付随的及び結果的規定を設けること

196

（3）前項で定める法律の改正は,それが 2 項 a 号又は b 号で規定された事項のいずれかに関連するものであるときには,その改正が国会の両議院で出席し投票する議員の 3 分の 2 以上によって可決されなければ効力を有しない。

（4）この条でいう法律は,それがこの憲法の改正又は改正の効力を有している場合でも第368条の規定するこの憲法の改正とはみなされないものとする。

第11編　連邦と州との関係

第1章　立法関係

立法権の配分

第245条（国会及び州議会の立法範囲）

（1）この憲法の規定の制限内において,国会はインド領の全部又は一部に対して法律を制定し,州議会は州の全部又は一部に対して法律を制定することができる。

（2）国会の制定する法律は,それが領域外に適用されるという理由で無効とみなされることはない。

第246条（国会及び州議会の立法事項）

（1）2 項及び 3 項の規定にかかわらず,国会は第七附則第 1 表（この憲法において「連邦管轄事項表」という）に掲げる事項に関し,排他的立法権を有する。

（2）3 項の規定にかかわらず,国会は第七附則第 3 表（この憲法において「共通管轄事項表」という）に掲げる事項に関し立法権を有し, 1 項の規定の制限内において州議会もまた同様とする。

（3）1 項及び 2 項の規定の制限内において,第七附則第 2 表（この憲法において「州管轄事項表」という）に掲げる事項に関し,州議会は当該州又はその一部に対して排他的管轄権を有する。

（4）国会は,州に含まれないインド領の一部の領域のため,その事項が州管轄事項表に掲げる事項である場合であっても,当該事項に関して立法権を有する。

197

第246A条（商品及びサービス税に関する特別規定）

(1) 第246条及び第254条の規定に関わらず,国会及びこの条2項に従いすべての州議会は,連邦又は該当する州の課する物品及びサービス税について法律を定める権限を有する。

(2) 国会は,州間における取引又は商業活動における物品若しくはサービス若しくはその両方の提供に関わる物品及びサービス税について法律を制定する排他的権限を有する。

（原注）この条の規定で第279A条5項に定める物品及びサービス税については,物品及びサービス税評議会の勧告する日より効力を発する。

第247条（一定の補充裁判所設置について定める国会の権限）

　この章の規定にかかわらず,国会は,連邦管轄事項表に掲げる事項に関する法律であって国会が制定するもの又は既存のものの適切な運用をはかるため,法律で補充裁判所の設置を定めることができる。

第248条（未分配事項に関する立法権）

(1) 第246A条に基づき,国会は,共通管轄事項表及び州管轄事項表に掲げていない事項に関し,排他的立法権を有する。

(2) 前項の規定による権限は,同項に規定する表に掲げていない租税を賦課する立法権を含む。

第249条（国家利益のために国会が有する州管轄事項表に関する立法権）

(1) この章の前条までの規定にかかわらず,国会上院が出席し投票する議員の3分の2以上の賛成を得た議決により,第246A条に定める物品およびサービス税又は国家の利益のため州管轄事項表に掲げる事項であって当該決議において指定したものに関して国会が法律を制定することが必要又は有利であると宣言したときには,国会はその決議の有効期間中インド領の全部又は一部に対し当該事項に関する立法権を有する。

(2) 1項の規定に基づいて採択された決議は,1年を超えない限度において決議で定める期間効力を有する。

　ただし,当該決議の効力継続を認める決議が1項に定める方法で可決されたときには,当該決議はこの規定により効力を失うべき日から更に1年効力

を継続する。

（3）　1項に基づく決議が採択されない場合には,立法権を有しない事項にかかる国会の制定法はその権限を欠く限度において当該決議が効力を失った後6月を経過した日においてその効力を失う。ただし,当該期間経過前になされ又はなされないこととなった事項の効力には影響を及ぼさない。

第250条(非常事態の布告施行中における州管轄事項に関する国会の立法権)

（1）　この章の規定にかかわらず,非常事態の布告の施行中,国会は,第246A条に定める物品およびサービス税又は州管轄事項表に掲げるいかなる事項に関してもインド領の全部又は一部に対して立法権を有する。

（2）　非常事態の布告の施行がない場合には,立法権を有しない事項にかかる国会の制定法は,その権限を欠く限度において当該布告が効力を失った後6月を経過した日においてその効力を失う。ただし,当該期間の経過前になされ又はなされないこととなった事項の効力には影響を及ぼさない。

第251条(第249条及び第250条の規定に基づき国会の制定した法律と州議会の制定した法律との抵触)

　第249条及び第250条の規定は,この憲法の規定に基づいて州議会が有する立法権を制限するものではない。ただし,州議会の制定した法律の規定が同条の規定により国会の有する立法権に基づいて国会の制定した法律と抵触するときには,国会の制定した法律は,それが州議会による法律制定の前に制定されたものであると後に制定されたものであるとを問わずその効力を有するものとし,州議会の制定した法律は国会の制定した法律が効力を有するかぎり抵触する限度においてその効力を停止する。

第252条(2以上の州の承認による当該州のための国会の立法権及び他州による当該法律の採択)

（1）　第249条及び第250条に規定する場合を除き,国会が州に対して立法権を有しない事項に関し, 2以上の州議会が国会の制定する法律でこれを規制することを希望した場合においてその旨の決議がこれらの州のすべての議会で採択されたときには,国会は当該事項を規制する制定法を可決する権限を有する。当該制定法は,これらの州に適用するものとし,他の州がその州下院又

199

は2院制をとっている州にあっては両議院において当該制定法の適用を受けるべき旨を決議したときは,当該制定法はその州にも適用する。

(2) 国会が可決した当該制定法は,前項と同様の方法で国会が可決した制定法で改正又は廃止することができる。

ただし,当該制定法の適用を受ける州は,当該制定法をその州の議会の制定法で改正又は廃止することはできない。

第253条(国際協定実施のための立法)

この章中の前条までの規定にかかわらず,国会は外国との条約,協定若しくは協約又は国際会議,国際機構その他の国際機関が採択した決議を実施するためインド領の全部又は一部に対し法律を制定する権限を有する。

第254条(国会の法律と州議会の法律が抵触する場合)

(1) 州議会の制定した法律の規定が,国会がその権限に基づいて制定した法律又は共通管轄事項表に掲げる事項に関する既存の法律の規定に抵触するときは,国会の制定した法律又は既存の法律は,それが州議会による法律制定の前に制定されたものであると後に制定されたものであるとを問わず,2項の制限内においてその効力を有するものとし,州議会の制定した法律は抵触するかぎりにおいて無効となる。

(2) 共通管轄事項表に掲げる事項に関し州議会の制定した法律が,当該事項に関しそれ以前に国会が制定した法律又は既存の法律に抵触する規定を含むときには,州議会の制定した法律は大統領の考慮を求めるために保留され,その裁可が得られたときには当該州に対して効力を有する。

ただし,この項の規定は国会が当該事項に関し州議会の制定した法律に対する追加,改正,変更又は廃止を規定するいかなる法律を制定することをも妨げるものではない。

第255条(手続事項に関する勧告及び事前許可についての要件)

国会又は州議会による制定法及び当該制定法の規定は,当該制定法に対して次に掲げる認証が与えられるかぎり,この憲法の要求する勧告又は事前許可が与えられなかったという理由だけで無効とされることはない。

(a) この憲法の要求する勧告が知事の勧告であるときには,知事又は大統

第三章　インド憲法（和訳）本文

　　領の認証

（b）この憲法の要求する勧告がラジプラムクの勧告であるときは,ラジプ
　　　ラムク又は大統領の認証

（c）この憲法の要求する勧告又は事前許可が大統領の勧告又は事前許可で
　　　あるときは,大統領の認証

第2章　行政関係

総則

第256条（州及び連邦の責務）

　州の執行権は,国会の制定した法律及び既存の法律であって当該州に適用
されるものに従って行使されるものとし,連邦の執行権は,インド政府が州に
対して必要と認める指令を発する権限を含むものとする。

第257条（一定の場合における州に対する連邦の監督）

（1）州の執行権は,連邦の執行権を妨害又は侵害しないように行使されるも
のとし,この目的を達成するため連邦の執行権はインド政府が州に対して必
要と認める指令を発する権限を含むものとする。

（2）連邦の執行権は,国家的又は軍事的に重要性がある旨指令に明記される
交通機関の建設及び維持に関し,州に対して指令を発する権限を含むものと
する。

　ただし,この項の規定は,道路若しくは水路を国道若しくは国水路と宣言す
る国会の権限,当該宣言された道路若しくは水路に関する連邦の権限又は海
軍,陸軍若しくは空軍の施設に関する連邦の権限の一部としての交通機関の
建設及び維持に関する連邦の権限を制限するものとみなしてはならない。

（3）連邦の執行権は,州内における鉄道の保護のためにとるべき措置に関し
て州に指令を発する権限を含むものとする。

（4）交通機関の建設若しくは維持に関し2項の規定に基づいて州に対して発
せられた指令又は鉄道の保護措置に関して3項の規定に基づいて発せられる
指令を実施するにあたり,当該指令が発せられない場合における当該州の通
常の任務遂行に要する費用以上の費用を要したときには,インド政府はその

201

超過額に関し州の同意する金額又は当該州の同意が得られない場合にはインド最高裁判所長官の任命する仲裁官の決定する金額を当該州に対して支払わなければならない。

第258条（一定の場合における連邦の州に対する権限等の付与権）

（1）この憲法の規定にかかわらず,大統領は州議会の同意を得て連邦の執行権に含まれる事項に関する権限を無条件又は条件付で州政府又はその官吏に委任することができる。

（2）国会が制定する法律であって州に適用されるものは,州議会が立法権を有しない事項に関しても州,州の官吏若しくは州の機関に権限を与え若しくは任務を課し,又は権限の付与若しくは任務の賦課を承認する旨を規定することができる。

（3）この条の規定により州,州の官吏若しくは州の機関に対し権限を与え又は任務を課したときには,インド政府は当該権限の行使又は任務の遂行にともなって生じた州の行政費の超過額に関し州の同意する金額を,当該州の同意が得られない場合にはインド最高裁判所長官の任命する仲裁官の決定する金額を当該州に対して支払わなければならない。

第258A条（連邦に作用を委任する州の権限）

この憲法の規定にかかわらず,州知事はインド政府の同意を得て州の執行権に含まれる事項に関する作用を無条件又は条件付で当該州政府又はその官吏に委任することができる。

第259条（第一附則Ｂ編に規定する州の軍隊）〔削除〕 [11]

第260条（インド国外に関する連邦の管轄権）

インド政府は,インド領以外の地域の政府との協定により,当該地域の政府の有する執行権,立法権及び司法権を管掌することができる。ただし,当該規定はそのときにおいて効力を有する外国の管轄権の行使に関する法律の制限にしたがい,また,当該法律により運用されなければならない。

第261条（公的行為、記録及び司法手続き）

（1）連邦及び州の公的行為,記録及び司法手続きに対してはインド全土をつ

---

11) 憲法第7次改正（1956年）により削除された。

うじて完全な信頼と信用が与えられる。

(2) 1項に規定する行為,記録及び司法手続きを証明する方法及び条件並びにその効力は,国会の制定する法律で規定しなければならない。

(3) インド領内の民事裁判所が下した終局判決又は命令は,法律にしたがい,インド領内のいずれの場所においても執行することができる。

河川に関する紛争

第262条(州際河川又は州際河谷の紛争に関する裁決)

(1) 国会は,法律で州際河川又は州際河谷の水使用,配分又は管理に関する紛争又は不服申し立ての裁決について規定を設けることができる。

(2) この憲法の規定にかかわらず,国会は法律で最高裁判所その他の裁判所が1項に規定する紛争又は不服申し立てに関し管轄権を行使できない旨を規定することができる。

州間の調整

第263条(州際評議会に関する規定)

大統領は,次に掲げる任務を有する評議会を設置することが公共の利益に役立つと認めるときは,何時でも命令で当該評議会を設置し,かつ,当該評議会の遂行する任務の性格,その組織及び手続きを定めることができる。

(a) 州間に生ずる紛争について調査及び助言すること

(b) いくつかの州,すべての州又は連邦及び1州若しくは数州が共通の利害関係を有する事項を調査及び討議すること

(c) 前各号に掲げる事項に関する勧告,とくに当該事項に関する政策及び行動を一層調整するための勧告を行うこと

第12編　財政、財産、契約及び訴訟

第1章　財政

総則

第264条（解釈）

　この編において「財務委員会」とは,第280条の規定に基づいて設置される財務委員会を意味する。

第265条（法律によらない課税の禁止）

　租税は,法律の認めるところによらなければ,賦課又は徴収することはできない。

第266条（インド及び州の統合基金及び公金勘定）

（1）　第267条の規定並びに特定の租税及び公課に純収入高の全部又は一部を州に交付することに関するこの章の規定の制限内において,インド政府の収納する全収入,当該政府の国庫証券発行による起債額,借入金及び貸付金返還により当該政府の収納する金銭は,「インド統合基金」と称される一つの統合基金を構成し,州政府の収納する全収入,州庫証券発行による起債額,借入金及び貸付金返還により当該政府の収納する金銭は,「州統合基金」と称される一つの統合基金を構成する。

（2）　インド政府若しくは州政府により,又は当該政府のために収納される全てのその他の公金は,インド公金勘定又は州公金勘定に繰り入れる。

（3）　インド統合基金又は州統合基金を構成する金銭は,法律にしたがい,かつ,この憲法の規定する目的及び方法にしたがうのでなければ支出してはならない。

第267条（非常基金）

（1）　国会は,法律で「インド非常基金」と称する貸出国庫金の性質を有する非常基金を設け,当該法律で定める金額を随時これに払い込むことができる。当該基金は,大統領の管理に属し,予見しがたい支出であって第115条又は第

204

116条の規定に基づく法律で国会が承認したものに充てるためのものとする。
(2) 州議会は,法律で「州非常基金」と称する貸出州庫金の性質を有する非
常基金を設け,当該法律で定める金額を随時これに払い込むことができる。
当該基金は知事の管理に属し,予見しがたい支出であって第205条又は第206
条の規定に基づいて法律で議会が承認したものに充てるためのものとする。

連邦と州との間における収入の配分
第268条（連邦が賦課し、州が徴収充用する租税）
(1) 連邦管轄事項表に掲げる印紙税は,インド政府が賦課し,次の各号の規定
するところにより徴収する。

　(a) 連邦領内に賦課されたものである場合には,インド政府が徴収し,

　(b) その他の場合には,当該税を賦課された州が徴収する。

(2) 州内において賦課される税の各財政年度における収入は,インド統合基
金の一部となさず,当該州に交付する。

第268A条（連邦が賦課し、連邦と州が徴収充用するサービス税） 〔削除〕[12]

第269条（連邦が賦課徴収し、州に交付する租税）

(1) 物品の販売又は購買に対する税,及び物品の委託販売に対する税は,第
269A条の定めるものを除きインド政府が賦課徴収するものとし,1996年4月
1日以降,2項に規定する方法で州に交付し,また交付してきたものとみなす。
(原注)この条において,

　(a)「物品の販売又は購買に対する税」とは,州際通商又は取引において行
　　われた場合における新聞以外の当該物品の販売又は購買に対する税をい
　　う。

　(b)「物品の委託販売に対する税」とは,(その委託販売がその商品を製造
　　した人に対するものと,その他の人に対するものとを問わず)州際通商又
　　は取引において行われた物品の委託販売に対する税をいう。

(2) 当該税の財政年度内における純収入は,それらが連邦領に帰属する収入
である場合を除き,インド統合基金の一部をなさず,賦課された州の間で当該

---
12) 憲法第101次改正(2016年)により削除された。

205

年度内に交付するものとし,国会が法律で定める配分基準にしたがって関係各州に配分するものとする。

(3) 国会は,法律で物品の販売,購買又は委託が州際通商又は取引において行われた場合を決定する原則を定める。

第269A条（州際取引又は商業活動に関わる物品及びサービス税の賦課徴収）

(1) 州際取引又は商業活動に関わる物品及びサービス税は,インド政府によりこれを賦課徴収し,並びにこの税は物品及びサービス税評議会の勧告に基づき国会が法律により定める方法により連邦と州とでこれを分配する。

（原注）この条のため,インド領内に輸入される形での物品,サービス又はその両方の提供は,州間の物品,サービス又はその両方の提供とみなす。

(2) 前項に基づき州に配分されたものは,インド統合基金には含まれない。

(3) 1項に基づき税として徴収されたものが第246A条に基づき州により徴収される税の支払いに充てられるときには,インド統合基金には含まれない。

(4) 第246A条に基づき州により税として徴収されたものが1項に基づき徴収される税の支払いに充てられるときには,インド統合基金には含まれない。

(5) 国会は,法律により,提供場所並びに州間における取引又は商業活動により物品,サービス及びその両方を提供するときについての決定に関する原則を定めることができる。

第270条（連邦と州との間で賦課・配分する税）

(1) 第268条,第269条及び第269A条に定めるすべての租税を除き,連邦管轄事項表に掲げる租税,すなわち,第271条に定める付加税,及び国会の制定する法律に基づいて特定の目的のために徴収されるいかなる料金も,インド政府が賦課徴収するものとし,2項の定める方法にしたがって連邦と州との間に配分するものとする。

(1A) 第246A条1項に基づき連邦政府に徴収された税は,2項に定める手続きにより連邦と州との間で配分する。

(1B) 第246A条2項及び第269A条に基づき連邦政府が課した税で,第246A条1項に基づき連邦政府が課した税の支払いに充てられるもの及び第269A条1項に基づき配分されるものは,2項に定める手続きにより連邦と州とで,第

第三章　インド憲法（和訳）本文

269A条に基づき連邦政府が課した税で,第246A条1項に基づき連邦政府が課した税の支払いに充てられるもの及び第269A条1項に基づき配分されるものは,2項に定める手続きにより連邦と州とで配分されなければならない。

(2) 租税の財政年度内における純収入のうち,定められた一定割合は,インド統合基金の一部となさず,これらの租税が賦課された州にその財政年度内に3項で定める方法と時期に交付するものとする。

(3) この条において「定める」とは,

(ⅰ) 財務委員会が設置されるまでは,大統領が命令で定めるものとし,

(ⅱ) 財務委員会が設置された後においては,大統領が財務委員会の勧告を考慮して命令で定めることをいう。

第271条（一定の租税に対する連邦のための付加税）

第269条及び第270条の規定にかかわらず,国会は連邦のために,第246A条に定める物品及びサービス税を除き前条までに規定する租税に対し随時付加税を課すことができる。当該付加税の全収入は,インド統合基金の一部となる。

第272条（連邦が賦課徴収し、連邦と州との間に配分する消費税）　〔削除〕[13]

第273条（ジュート及びジュート製品輸出税に代わる補助金）

(1) アッサム州,ビハール州,オディーシャ州及び西ベンガル州に対し,ジュート及びジュート製品に課される輸出税の各年度純収入取得分の交付に代え,それらの州の歳出への一定の補助金をインド統合基金から支払うものとする。

(2) 1項の補助金額は,インド政府がジュート若しくはジュート製品に対する輸出税の賦課を廃止する日又はこの憲法施行後10年を経過する日のいずれか早い日までインド統合基金から支払われる。

(3) この条において「一定の」とは,第270条におけると同じ意味を有する。

第274条（州に関係する課税法案上程の場合の大統領の事前の勧告の必要）

(1) 法律又は修正案であって州に利害関係のある租税を課し若しくは変更し,インド所得税に関する法令に規定する「農業所得」の意味を変更し,この章の前条までの規定に基づいて州に金銭を配分若しくは配分するための基

---

13)　憲法第80次改正（2000年）により削除された。

準に影響を及ぼし,又はこの章の前条までの規定により連邦のために付加税を要するものを国会に提出若しくは発議するのには大統領の勧告を必要とする。

(2) この条において「州に利害関係のある租税」とは,次のものをいう。

 (a) 租税の純収入の全部又は一部を州に交付するもの

 (b) 租税の純収入に関し,当分の間インド統合基金から一定額を州に支払うもの

第275条(一定の州に対する連邦の補助金)

(1) 国会が法律で定める金額は,国会が援助を必要とするものと定める州の収入に対する補助金として毎年インド統合基金から支出するものとし,州により異なった額を定めることができる。

　ただし,州内の指定部族の福祉を増進し,指定地域の行政水準をその他の行政水準に近づけるためインド政府の承認を得て州が立てた開発計画を実施するための費用をまかなうのに必要な資金及び経費は,当該州の歳入への補助金としてインド統合基金が支出するものとする。

　さらに,アッサム州の歳入に対する補助金として,次に掲げる額に相当する額の資金及び経費をインド統合基金から支出するものとする。

 (a) 第六附則第20条の表1編に掲げる部族地域の行政に関し,この憲法施行前2年間の支出超過額の平均額

 (b) 前号に規定する地域の行政水準をその州の他の地域の水準に近づけるためにインド政府の承認を得て当該州が立てた開発計画を実施するための費用

(1A) 第244A条で規定する自治州の形成に対して又はその形成から生ずる金額は,

 (i) 1項第2ただし書a号に基づいて支払われる金額は,自治州がすべて部族地域から構成されているときには自治州に支払われ,自治州が部族地域の中のいくつかからのみで構成されているときにはアッサム州と自治州との間で大統領が命令で定める割合で配分される。

 (ii) 自治州の行政水準をアッサム州のその他の地域の行政水準に近づけ

208

るためにインド政府の承認を得て自治州が立てた開発計画を実施する
のに必要な額に相当する額の資金及び経費は,自治州の歳入への補助
金としてインド統合基金から支出するものとする。

(2) 1項の規定に基づく規定が設けられるまでは,同項の規定に基づいて国
会に与えられる権限は大統領が命令で行使するものとし,この項の規定に基
づいて大統領が制定する命令は,国会が制定する規定の制限内において効力
を有する。

ただし,財務委員会を置いた後は,大統領は財務委員会の勧告を考慮した後
でなければこの項に基づく命令を発することはできない。

第276条（自由業、商工業その他の職業及び雇用に対する課税）

(1) 第246条の規定にかかわらず,自由業,商工業その他の職業又は雇用につい
て,州又は州内の自治都市,県,地方団体,その他の地方機関のための租税に関し
て定める州議会の法律は,それが所得税に関するものであるという理由で無
効とされることはない。

(2) 個人が州又は州内の市,県,地方団体,その他の地方機関に対し,自由業,商工
業その他の職業又は雇用について支払う税の総額は, 1 年につき2500ルピー
を超えてはならない。

(3) 州議会が,自由業,商工業その他の職業又は雇用に関する課税に関して法
律を制定するという,前 2 項に規定する権限は,自由業,商工業その他の職業又
は雇用から生ずる所得に課税する法律を制定する国会の権限を制限するもの
と解釈してはならない。

第277条（例外）

この憲法施行まで,州政府,自治都市,その他の地方機関又は団体により州,自
治都市,県,その他の地方機関又は団体のため適法に課されている租税又は税,
手数料は,連邦管轄事項表に掲げられている租税,税又は手数料であっても国
会が法律でこれと異なる規定を定めるまでは,なお,同様に課することができ
る。

209

第278条（一定の財政事項に関する第一附則Ｂ編に規定する州との協定）

〔削除〕[14)]

第279条（『純収入』の計算等）

（1）この章の前条までの規定において「純収入」とは,税収入により徴税費を控除したものをいい,これらの規定を適用するにあたっては,その地域にかかる税の純収入又は一部はインド会計検査院長が確証するものとし,その確証は最終的なものとなる。

（2）この編に規定するところにより税収入を州に交付し又は交付することができる場合においては,国会の制定する法律又は大統領の定める命令は,前項に規定するところにしたがい,かつ,この章に明示する規定の制限内において,収入を計算する方法,支払いをなすべき時期又は方法,財政年度と他の財政年度との調整その他付随的又は補助的な事項を規定することができる。

第279A条（物品及びサービス税評議会）

（1）大統領は,憲法（第101次改正）法施行から60日以内に,命令により物品及びサービス税評議会と称する評議会を設置しなければならない。

（2）物品及びサービス税評議会は次のメンバーで構成する。

（a）連邦財務大臣：議長

（b）租税又は財務を担当する連邦大臣：委員

（c）州政府が指名する財務若しくは租税又はその他の担当大臣

（3）前項ｃ号に定める物品及びサービス税評議会評議員は,互選により,自らの決定した期間評議会副議長を務める者を可能な限り速やかに選出しなければならない。

（4）物品及びサービス税評議会は,連邦及び州に対し,次の事項について勧告する。

（a）物品及びサービス税に含まれる,連邦,州及び地方機関が課す税,特別目的税及び課徴金

（b）物品及びサービス税の対象となる又は対象から除外される物品及びサービス

14）憲法第7次改正（1956年）により削除された。

210

（c）モデル物品及びサービス税法,第269A条に基づき州際取引又は商業活動において課される物品及びサービス税の課税及び配分の原則並びに提供場所規制の原則

（d）物品及びサービス税の対象から除外される物品及びサービスの売上高の限界値

（e）物品及びサービス税の下限金利を含む利率

（f）すべての自然災害に関わる追加資源のための特定期間における特別な利率

（g）アルナーチャル・プラデーシュ,アッサム,ジャンムー・カシュミール,マニプル,メガラヤ,ナガランド,シッキム,トリプラ,ヒマーチャル・プラデーシュ及びウッタラーカンドの各州に関わる特別規定,並びに

（h）評議会が決定しうるその他の事項

（5）物品及びサービス税評議会は,原油,高速ディーゼル,自動車燃料（いわゆるガソリン）,天然ガス及び航空機タービン燃料に対し物品及びサービス税を課税する期日を勧告しなければならない。

（6）この条により付与された権能を遂行するにあたり,物品及びサービス税評議会は,物品及びサービス税の調和的体系及び物品及びサービスに関わる国内市場の調和的発展に基づかなければならない。

（7）物品及びサービス税評議会の定足数は,総評議員数の半数とする。

（8）物品及びサービス税評議会は,その権能を遂行するための手続を決定する。

（9）物品及びサービス税評議会の決定は,すべてその会合における,出席し投票した評議員の,次に定める原則に基づく加重投票の4分の3を下回らない多数によりなされる。

（a）中央政府の投票は,総投票数の3分の1

（b）すべての州政府の合計投票は,総投票数の3分の2

（10）物品及びサービス税評議会の行為又は手続は,次に掲げる理由のみでは無効とされない

（a）評議会の構成における空席又は瑕疵

211

(b) 評議会評議員としての任命に際しての瑕疵

(c) 本案に影響しない評議会の手続的不備

(11) 物品及びサービス税評議会は,評議会による勧告又はその実施をめぐる次の紛争を解決するための仕組みを設けなければならない。

(a) インド政府と1又は複数の州との紛争

(b) 一方がインド政府及び1又は複数の州であり,他方が1又は複数の州である紛争

(c) 2又はそれ以上の州の間の紛争

第280条(財務委員会)

(1) 大統領は,命令でこの憲法施行後2年以内に財務委員会をおく。同委員会は,その後5年毎に又は大統領が必要とするこれより早い時期に更新されるものとし,大統領の任命する委員長及びその他4人の委員で構成する。

(2) 国会は,法律で,1項に規定する委員会委員の任命資格及び選任方法を定めることができる。

(3) 財務委員会は,次に掲げる事項に関し大統領に勧告することを任務とする。

(a) この章の規定に基づいて連邦と州との間に分割し又は分割することのできる租税の純収入を配分すること,及び各州に対して当該収入の分与額を割り当てること

(b) インド統合基金から州歳入へ交付する補助金についての基準

(bb) 州において,当該州財務委員会が行う勧告の基礎となっているパンチャーヤト財源を補充し,州統合基金を増加するのに必要な措置

(c) 州において,当該州財務委員会が行う勧告の基礎となっている自治都市財源を補充し,州統合基金を増加するのに必要な措置

(d) 財政を健全にするため,大統領が同委員会に付託するその他の事項

(4) 財務委員会は,その手続きを定めることができ,また,その職責を果たすために国会が法律で与える権限を有する。

第281条(財務委員会の勧告)

大統領は,この憲法の規定に基づいて財務委員会が行う勧告を,当該勧告に

対して採るべき措置に関する説明書とともに国会の両議院に提出させなければならない。

財政に関する雑則

第282条（連邦又は州がその収入より行う支出）

連邦又は州は,国会又は州議会が立法権を有していない事項に関しても公共の目的のために交付金を与えることができる。

第283条（統合基金、非常基金及び公金勘定払込金の管理等）

(1) インド統合基金及びインド非常基金の管理,当該基金への金銭の払込及び当該基金からの金銭引き出し,インド政府により又はこれに代わって収納される公金であって当該基金に寄託される以外のものの管理,インド公金勘定への金銭払込及び当該公金勘定からの金銭引き出し並びにこれらの事項に関連し又は付随するその他の事項は,国会の制定する法律で規制するものとし,当該法律が制定されるまでは,大統領の制定する規則で規制しなければならない。

(2) 州統合基金及び州非常基金の管理,当該基金への金銭の払込及び当該基金からの金銭引き出し,州政府により又はこれに代わって収納される公金であって当該基金に寄託される以外のものの管理,州公金勘定への金銭払込及び当該公金勘定からの金銭引き出し並びにこれらの事項に関連し又は付随するその他の事項は,州議会の制定する法律で規制するものとし,当該法律が制定されるまでは,知事の制定する規則で規制しなければならない。

第284条（訴訟者供託金並びに官吏及び裁判所の収納するその他の金銭の管理）

次に掲げる者が収納し,又は預入した一切の金銭は,それぞれインド公金勘定又は州公金勘定に払い込むものとする。

(a) 連邦又は州の事務に関し雇用されている官吏　ただし,インド政府又は州政府が起債し又は収納する収入又は公金に関する場合を除く。

(b) インド領内の裁判所　ただし,訴訟,事件又は人に関する場合にかぎる。

213

第285条（連邦財産に対する州の租税の非課税）

（1）連邦財産は,国会が法律で別段の定めを設けないかぎり,州又は州内の機関によって租税を課されることはない。

（2）1項の規定は,国会が法律で別段の定めを設けないかぎり,この憲法施行まで租税を課され又は課することができるものとされていた連邦財産に対し,当該租税が当該州内に課されているかぎり,州内の機関がこれを課することを妨げるものではない。

第286条（貨物売買税賦課に関する制限）

（1）州の法律は,次の場合には物品,サービス又はその両方の提供に対し税を課する旨又は課することを承認する旨を規定してはならない。

(a) 州外における物品の売買,又は

(b) インド領への物品,サービス若しくはその両方の輸入若しくはインド領からの物品,サービス若しくはその両方の輸出における売買

（2）国会は,法律で物品,サービス又はその両方の提供が1項で規定された方法で行われたと認めるための原則を定めることができる。

（3）〔削除〕[15]

第287条（電力に対する非課税）

国会が法律で別段の定めを設けないかぎり,州の法律は,次に掲げる場合には電力（政府又は個人のいずれが発電するのかを問わず）の消費又は販売に対し租税を課する旨又は課することを承認する旨を規定してはならない。

(a) インド政府が消費し又はインド政府消費用としてインド政府に販売する場合

(b) インド政府若しくは鉄道を経営する鉄道会社による鉄道の建設,維持若しくは運営に際して消費し,又は鉄道の建設,維持若しくは運営に消費するためインド政府若しくは鉄道会社に販売する場合

また,電力の販売に対して租税を課する旨又は課することを承認する旨を規定する法律は,インド政府消費用として販売し,又は鉄道の建設,維持若しくは運営のため当該鉄道会社に販売する電力料金については,他の大口電力消

---

15) 憲法第101次改正（2016年）により削除された。

費者の電力料金より租税の額に相応する額だけ安くなるように措置しなければならない。

第288条（一定の場合における水力及び電力に関する租税の非課税）

(1) 大統領が命令で別段の定めを設けないかぎり,この憲法施行まで効力を有する州の法律は,州際河川又は州際河谷を規制し又は開発するための既存の法律又は国会の制定する法律に基づいて置かれる機関が貯蔵し,発電し,消費し,配分し,又は販売する水力又は電力に対し租税を課する旨又は課することを承認する旨を規定してはならない。

（原注）この項において「効力を有する州の法律」とは,この憲法施行前に可決し又は制定された州の法律を含むものとし,その全部又は一部が特定の地域に実施されているか否かを問わないものとする。

(2) 州議会は,法律で1項に規定する租税を課し又は課することを承認することができる。ただし,当該法律は,大統領の考慮を求めるため保留され,その承認を得た後でなければ効力を有しない。また,当該法律が税率その他付随的事項を同法に基づいて規則又は命令で定める旨規定するときには,当該法律には,かかる規則又は命令の制定については大統領の事前の承認を要する旨を規定しなければならない。

第289条（州の財産及び収入に対する連邦の租税の非課税）

(1) 州の財産及び収入に対しては,連邦の租税を課さない。

(2) 1項の規定は,連邦が国会の制定する法律の規定の制限内において,州政府により若しくはそれに代わって行われる交易若しくは事業,当該交易若しくは事業の運営,当該交易若しくは事業のために使用し若しくは占有する財産又は当該交易若しくは事業から生ずる所得に対し,租税を課し又は課することを承認することを妨げるものではない。

(3) 2項の規定は,国会が法律で行政の通常の機能に付随的なものと認める交易若しくは事業又は交易若しくは事業に属するものには適用しない。

第290条（一定の経費及び年金に関する調整）

この憲法の規定に基づき,裁判所若しくは委員会の経費又はこの憲法施行前インドにおいてイギリス国王の下で勤務していた者に対し若しくはこの憲

法施行後連邦若しくは州の事務に関し勤務した者に対し若しくはこの者に関連して支払われている年金がインド統合基金又は州統合基金の負担とされている場合において,

(a) 当該経費若しくは年金がインド統合基金の負担となる場合で,裁判所若しくは委員会が州の別の要求に奉仕し,若しくは当該者が州事務の全部若しくは一部に奉仕した者であるとき,又は

(b) 当該経費若しくは年金が州統合基金の負担となる場合で,裁判所若しくは委員会が連邦若しくは他の州の別の要求に奉仕し,若しくは他の州の事務の全部若しくは一部に奉仕した者であるときは,

各場合に応じ協議して定めた経費若しくは年金に関する負担額,又は協議が整わないときには,インド最高裁判所長官の任命する仲裁官が決定する負担額を州統合基金又はインド統合基金若しくは他の州の州統合基金から支払うものとする。

第290A条(一定のデヴァスワム基金への年次支払い)

総額465万ルピーがケーララ州統合基金の負担であり,毎年トラヴァンコール・デヴァスワム基金に支払われる。また,135万ルピーがタミル・ナードゥ州統合基金の負担であり,トラヴァンコール・コーチン州から1956年11月1日にタミル・ナードゥ州に移譲された地域におけるヒンドゥー寺院及び聖地の維持のため当該州に設置されたデヴァスワム基金に支払われねばならない。

第291条(藩王国統治者の内帑金) 〔削除〕[16]

第2章　借入

第292条(インド政府の借入)

連邦の執行権は,国会が随時法律で定める制限があればその限度内において,インド統合基金を担保として借入を行い,また,法律の定める限度内において保証を与える権限を含むものとする。

---

16) 憲法第26次改正(1971年)により削除された。

第三章　インド憲法（和訳）本文

第293条（州の借入）

（1）この条の規定の制限内において,州の執行権は,州議会が随時法律で定める制限があればその限度内において州統合基金を担保としてインド領内において借入を行い,また,法律の定める限度内において保証を与える権限を含むものとする。

（2）インド政府は,国会の制定する法律により又はこれに基づいて定める条件の制限内において州に借款を供与し,また,第292条の規定に基づいて定める条件の制限を超えない範囲で州の起債に関し保証を提供することができる。この場合において,借款供与のために要する金額はインド統合基金の負担となる。

（3）インド政府若しくはその前任政府が州に対して供与した借款の一部が未払いであり又は当該借款についてインド政府若しくはその前任政府が保証を与えている場合には,当該州はインド政府の同意がなければ起債することができない。

（4）3項の規定に基づく同意は,インド政府が適当と認める条件を必要とする場合には,その制限内において与えることができる。

第3章　財産、契約、権利、義務、負担及び訴訟

第294条（一定の場合における財産、資産、権利、義務及び負担の承継）

この憲法の施行以後においては,

(a) この憲法施行までインド自治領政府のためイギリス国王陛下に属したすべての財産及び資産又はこの憲法施行まで旧知事州政府のためイギリス国王陛下に属したすべての財産及び資産は,連邦又は旧知事州に対応する州にそれぞれ帰属し,かつ,

(b) インド自治領政府又は各旧知事州のすべての権利,義務及び負担は,契約その他により発生したか否かを問わず,それぞれインド政府又は旧知事州に対応する州の権利,義務及び負担となるものとする。

ただし,パキスタン自治領,西ベンガル,東ベンガル,西パンジャーブ,東パンジャーブの各旧州をこの憲法施行前に創設したことを理由として行われる調

217

整に服さなければならない。

第295条（他の場合における財産、資産、権利、義務及び負担の承継）

(1) この憲法施行以後においては,

  (a) この憲法施行まで,第一附則Ｂ編に規定する州に対応するインド藩王国に属していたすべての財産及び資産は,この憲法施行までにその供されていた目的がこの憲法施行後において連邦管轄事項表に掲げる事項に関する連邦の目的となるものであるときは,すべて連邦に帰属するものとし,かつ,

  (b) 第一附則Ｂ編に規定する州に対応するインド藩王国のすべての権利,義務及び負担は,契約その他により発生したか否かを問わず,当該権利,義務又は負担がこの憲法施行前において取得された目的がこの憲法施行後において連邦管轄事項表に掲げる事項に関するインド政府の目的となるものであるときには,すべてインド政府の権利,義務及び負担となるものとする。

  ただし,インド政府と藩王国との間に締結された協定の制限に服さなければならない。

(2) 第一附則Ｂ編に規定する州の政府は,この憲法施行以後１項に規定する制限内において,当該州に対応するインド藩王国のすべての財産及び資産並びに契約その他により発生したか否かを問わず同項に規定するものを除くすべての権利,義務及び負担の承継者となる。

第296条（復帰、失効又は無主物の財産）

  以下数条の規定の制限内において,この憲法が施行されなかったとした場合に,正当な所有者がいないため復帰,失効又は無主物としてイギリス国王陛下又はインド藩王国統治者に帰属すべきであったインド領内の財産は,州にあるときは当該州に,それ以外の場合には連邦に帰属する。

  ただし,イギリス国王陛下又はインド藩王国統治者に帰属すべきであったときに,インド政府又は州政府の保有に属し又はその管理下にあった財産は,そのときの保有又は保管の目的が連邦又は州のいずれの目的であったかに応じ,連邦又は州に帰属する。

218

（原注）この条において「統治者」及び「インド藩王国」とは,第363条に規定する「統治者」及び「藩王国」と同じ意味を有する。

第297条（領海又は大陸棚の有価物及び連邦に帰属する排他的経済水域の資源）

（1）インド領海,大陸棚又は排他的経済水域内における海底のすべての土地,鉱物その他の有価物は連邦に帰属し,連邦のために保有される。

（2）インド排他的経済水域のその他の資源も連邦に帰属し,連邦のために保有される。

（3）インド領海,大陸棚,排他的経済水域その他の海域の境界は,国会が随時定める法律により又はその法律に基づいて定めるところによる。

第298条（交易等を行う権限）

連邦及び各州の執行権は,交易を行い,財産の取得,保有及び処分並びに契約を締結することを含む。

ただし,

（a）この条で規定する連邦の執行権は,当該交易等について国会が法律を制定することのできるものでない場合には,各州においてその州による立法の制限に服する。

（b）この条で規定する州の執行権は,当該交易等について州議会が法律を制定することのできない場合には,国会による立法の制限に服する。

第299条（契約）

（1）連邦又は州の執行権を行使して締結するすべての契約は,大統領又は州知事が締結することを明らかにして行うものとし,当該権限行使によるすべての契約及び財産の保証は,大統領又は知事の指令又は承認する者が,その指令又は承認された方式によって行う。

（2）この憲法又はインド政府に関してこれまで効力を有してきた法令を適用して締結又は設定される契約又は保証に関して,大統領又は知事は個人的責任を負うことなく,また,これらの者に代わって契約を締結し又は保証を設定する者も個人的責任を負うことはない。

第300条（訴訟及び手続き）

（1）インド政府は連邦の名において,州政府は州の名において訴えられることができる。また,この憲法の与える権限に基づいて制定される国会又は州の制定法の規定の制限内において,この憲法が施行されなかったとした場合にインド自治領又は当該州に対応する旧州若しくはインド藩王国が訴え又は訴えられることができた事件と同一の事件に関し,同様に訴え又は訴えられることができる。

（2）この憲法施行の際,

（a）インド自治領が当事者である係争中の訴訟があるときは,当該訴訟はインド連邦が受け継いだものとみなし,

（b）旧州又はインド藩王国が当事者である係争中の訴訟があるときは,当該訴訟は旧州又は旧インド藩王国に対応する州が受け継いだものとみなす。

第4章　財産権

第300A条（法律の根拠によらないで財産を奪われない権利）

何人も法律の根拠によらなければ,その財産を奪われない。

第13編　インド領内における取引、商業及び交通

第301条（取引、商業及び交通の自由）

この編の他の規定の制限内において,全インド領内における取引,商業及び交通は自由とする。

第302条（取引、商業及び交通に制限を課する国会の権限）

国会は,法律で州間の又はインド領内の一部における取引,商業及び交通に対し,公共の利益のために必要な制限を課することができる。

第303条（取引及び商業に関する連邦及び州の立法権の制限）

（1）第302条の規定にかかわらず,国会又は州議会は,第七附則の管轄事項表中に取引及び商業関係事項が掲げられていることを理由として,ある州に対し

他の州に優先する権利を与え若しくは与えることを承認し,又はある州と他の州との間に差別を付し若しくは付することを承認する法律を制定する権限を有するものではない。

(2) 1項の規定は,インド領内のいずれかの部分において物品が不足していることから生ずる事態を処理するために必要な場合において,国会がその旨を法律で宣言するときは,優先権を与え若しくは与えることを承認し,又は差別を付し若しくは付することを制定することを妨げるものではない。

第304条(州間における取引、商業及び交通の制限)

第301条又は第303条の規定にかかわらず,州議会は法律で,

(a) 他の州又は連邦領から輸入される物品に対し,自州において生産又は製造される同種の物品に課する税と同一の税を課することができる。この場合において,輸入される物品と自州で生産又は製造される物品との間に差別を付してはならない。

(b) 州間又は州内における取引,商業又は交通の自由に対し,公共の利益のために必要な合理的制限を課することができる。

ただし,b号のための法案又は修正案は,大統領の事前の承諾がなければ,州議会に提出又は発議してはならない。

第305条(州の独占を規定する法律の除外)

第301条及び第303条の規定は,大統領が命令で別段の規定を設けないかぎり,既存の法律の規定に影響を及ぼすものではない。また,第301条の規定は,国会又は州議会が第19条6項(ⅱ)目で規定する事項に関し法律を制定することに関連し又は制定することを妨げないかぎり,1955年憲法(第4次改正)法施行前に制定された法律の効力に影響を与えるものではない。

第306条(取引及び商業に制限を課する第一附則B編に規定する一定の州の権限)〔削除〕[17]

第307条(第301条から第304条の規定を実施するための機関の任命)

国会は,法律で第301条,第302条,第303条,第304条に規定する事項を実施するため適当と認める機関をおき,国会が必要と認める権限及び任務を与えるこ

---

17) 憲法第7次改正(1956年)により削除された。

とができる。

第14編　連邦及び州の公務

第1章　公務

第308条（解釈）

　この編において「州」とは,文脈の許すかぎり,ジャンムー・カシュミール州を含まないものとする。

第309条（連邦又は州の公務に従事する者の任用及び服務条件）

　この憲法の規定の制限内において,国会又は州議会の制定法は,連邦又は州の事務に関する公務又は公職への任用及び当該公務又は公職に任命された者の服務条件を規制することができる。

　ただし,この条の規定に基づく国会又は州議会の制定法により又はこれに基づいて規定が設けられるまでは,連邦の事務に関する公務又は公職については大統領又はその指名する者,州の事務に関する公務又は公職については州知事又はその指名する者が,それぞれ公務又は公職への任用及び当該公務又は公職に任命された者の服務条件を規制する規定を設ける権限を有し,当該規則は,当該制定法の規定の制限内において効力を有する。

第310条（連邦又は州の公務の保有条件）

（1）　この憲法が別に規定する場合を除き,連邦の武官,文官,全インド公務職又は連邦の下において国防に関する職若しくは文官職を保持する者は,大統領の意に反しないかぎりその職を保持し,州の文官又は州の下において文官職を保持する者は,州知事の意に反しないかぎりその職を保持する。

（2）　連邦又は州の下において文官職を保持する者が,大統領又は州知事の意に反しないかぎりその職を保持する旨の規定にかかわらず,大統領又は知事が特別の資格を有する者の役務を必要と認める場合において,連邦の武官,全インド公務職又は連邦若しくは州の文官のいずれでもない者がこの憲法の規定に基づいて公職に任命される場合の契約には,合意された期間経過前にそ

の職を廃止し又は本人の非行に関係のない理由により辞任を求める場合に,補償を支払う旨を規定することができる。

第311条(連邦又は州の文官の罷免、解任及び降任)

(1) 連邦の文官,全インド公務職,州の文官又は連邦若しくは州のもとにおいて文官職を保持する者は,その任命された機関より下位の機関により罷免又は解任されることはない。

(2) 1項に規定する者は,その者に対してなされた問責の理由を告げられ,その問責に関して弁明する合理的な機会が与えられた調査の後でなければ,罷免,解任又は降任されることはない。

ただし,当該調査後,その者に当該処分を課すことが提議された場合には,その処分は当該調査中挙示された証拠に基づいて課されねばならず,その者に提議された処分につき陳述をなす機会を与える必要はない。

さらに,この項の規定は,次の各号の1に該当する場合には適用しない。

(a) 刑事訴追により有罪とされた行為を理由として,罷免,解任又は降任される場合

(b) 罷免,解任又は降任を行う権限のある機関が,ある理由を記録として残す必要から当該調査を行うことを合理的に適切であると認めない場合

(c) 大統領又は知事が国家の安全のため,当該調査を行うことを不都合と認めた場合

(3) 1項に規定する者に対して2項の規定に基づく当該調査を行うことが合理的に適切か否かにつき疑義を生ずるときには,罷免,解任又は降任を行う権限を有する機関の決定が最終的のものとなる。

第312条(全インド公務職)

(1) 第6編第6章又は第11編の規定にかかわらず,国会上院が出席し投票する議員の3分の2以上の賛成で得た決議により国家の利益のために必要又は有利であると宣言したときには,国会は法律で連邦及び州に共通な(全インド司法職を含む)1又はそれ以上の全インド公務職の創設について規定し,かつ,この章の他の規定の制限内において当該公務職への任用及び当該公務職に任命された者の服務条件を規定することができる。

223

(2) この憲法施行の際,インド行政官職又はインド警察官職として知られていた公務職は,この条の規定に基づいて国会が創設した公務職とみなす。

(3) 1項で規定する全インド司法職は,第236条で定義された地方裁判官職より下位の官職を含まない。

(4) 前項の全インド司法職の創設について定める法律は,その法律の規定を施行するのに必要な第6編第6章の改正のための規定を含むものとし,当該法律は第368条でいうこの憲法の改正とみなされてはならない。

第312A条（一定の公務員の勤務条件を変更又は廃止する国会の権限）

(1) 国会は法律により,

(a) この憲法施行前インド大臣又は枢密院におけるインド大臣によりインドにおけるイギリス国王の文官に任命された者であって1972年憲法（第28次改正）法施行以後もイギリス政府又は州政府の下で官職又は地位を得て勤務している者の俸給,休暇若しくは年金に関する服務条件又は規律事項に関する権利を将来的若しくは遡及的に変更し,又は廃止する。

(b) この憲法施行前インド大臣又は枢密院におけるインド大臣によりインドにおけるイギリス国王の文官に任命された者であって1972年憲法（第28次改正）法施行前その職を退職し又はその他の理由で辞めた者の年金に関する服務条件を将来的若しくは遡及的に変更,又は廃止する。

ただし,最高裁判所長官若しくはその他の裁判官,高等裁判所長若しくはその他の裁判官,インド会計検査院長,連邦公務委員会若しくは州公務委員会の委員長その他の委員,選挙委員会委員長その他の委員,又は選挙委員会委員長の職を有し若しくは有していた者の場合には,a号又はb号の規定は,その者が当該職に任命されて後,インド大臣又は枢密院におけるインド大臣によりインドにおけるイギリス国王の文官に任命された者であるという理由で当該服務条件が適用される場合を除いて,その者が当該職に任命されて後,国会に変更又は廃止する権限を与えているものと解釈してはならない。

(2) この条の規定に基づいて国会が法律で定めた者を除き,この条の規定はこの憲法の他の規定に基づいて1項で規定する者の服務条件を規律する議会その他の機関の権限に影響を与えるものではない。

（3）最高裁判所その他の裁判所は,次に掲げる事項についての管轄権を有しない。

 （a）１項で規定する者により結ばれ若しくは行われた契約,協定その他の法律文書の規定若しくは裏書から生ずる紛争,又はインドにおけるイギリス国王の文官若しくはその旧州政府の下で継続的な勤務への任命に関しその者に交付された文書から生ずる紛争

 （b）当初制定されていた第314条に基づく権利,義務又は負担に関する紛争

（4）この条の規定は,当初制定されていた第314条における規定又はこの憲法のその他の規定にかかわらず効力を有する。

第313条（経過規定）

 この憲法の規定に基づいて,そのための別段の規定が設けられるまでは,この憲法施行まで効力を有し,かつ,この憲法施行後全インド公務職又は連邦若しくは州の公務若しくは公職として存続する公務若しくは公職に適用されるすべての法律は,この憲法の規定と一致するかぎり効力を有する。

第314条（一定の公務に服する者の保護規定）　〔削除〕[18]

第２章　公務委員会

第315条（連邦公務委員会及び州公務委員会）

（1）この条の規定により,連邦公務委員会及び州公務委員会をおく。

（2）２以上の州は,これらの州のために単一の公務委員会をおくことを協議して定めることができる。これらの各州議会の議院又は２院制をとっている州にあっては両議院でそのための決議が可決されたときには,国会は法律でこれらの州の必要をみたす合同州公務委員会（以下,この章において合同委員会という）の任命について規定する。

（3）前項に規定する法律は,その目的を達成するのに必要又は望ましい付随的・結果的規定を含むことができる。

（4）連邦公務委員会は,州知事の要求があるときには,大統領の許可を得て当該州が必要とする業務のすべて又は一部を行うことに同意することができる。

18）憲法第28次改正（1972年）により削除された。

(5) この憲法において連邦公務委員会又は州公務委員会とは,文脈の許すかぎり,当該特定事項に関する連邦又は州の必要をみたす委員会をさすものと解釈しなければならない。

第316条(委員の任命及び任期)

(1) 公務委員会の委員長及びその他の委員は,連邦公務委員会又は合同委員会にあっては大統領,州公務委員会にあっては州知事が任命する。

　ただし,各公務委員会委員のほぼ半数は,その任命の日にインド政府又は州政府の下において少なくとも10年間在任した者であることを要し,この10年の期間を算定するにあたっては,この憲法施行前インドにおけるイギリス国王又はインド藩王国政府の下において在任した期間を含むものとする。

(1A) 公務委員会の委員長が欠けたとき又は委員長が欠席その他の理由でその職責を行うことができないときには,1項の規定に基づいてその地位に任命された者がその職責を果たすまで又は当該委員長がその職責を再び行使するまで,連邦公務委員会又は合同委員会にあっては大統領,州公務委員会にあっては州知事がそのために任命する委員会委員がその職責を行使するものとする。

(2) 公務委員会委員は,就任の日から6年が経過する日又は連邦公務委員会にあっては65歳,州公務委員会若しくは合同委員会にあっては62歳に達する日までのうちいずれか早い方の時期までその職を保持する。

　ただし,

- (a) 公務委員会委員は,連邦公務委員会にあっては大統領宛,州公務委員会にあっては州知事宛の自筆の文書で申し出ることによって辞任することができる。
- (b) 公務委員会委員は,第317条1項又は3項に規定する方法で解任される。

(3) 公務委員会委員は,その任期満了後同一の職に再任される資格を有しない。

第317条(公務委員会委員の解任及び休職)

(1) 公務委員会の委員長その他の委員は,3項の規定の制限内において,その

非行につき大統領が最高裁判所に付議した場合において,最高裁判所が第145条に定める手続きにしたがって審査し,委員長又はその他の委員に解任に値する非行がある旨報告したときにかぎり,大統領の命令によって解任される。

(2) 連邦公務委員会又は合同委員会にあっては大統領,州公務委員会にあっては知事は,1項の規定に基づいて最高裁判所に付議された委員長又はその他の委員に対し,大統領が最高裁判所から報告を受け解任命令を発するまでの間休職を命ずることができる。

(3) 1項の規定にかかわらず,大統領は次に掲げる場合,公務委員会の委員長又はその他の委員を命令で解任することができる。

　(a) 破産宣告を受けた場合

　(b) 任期中にその公務以外の有給職についた場合

　(c) 心身耗弱のために任務を続けることが不適当であると大統領が認める場合

(4) 公務委員会の委員長又はその他の委員が,委員としてでなく法人の他の職員と共同してインド政府若しくは州政府が作成し,又はその政府のために作成される契約若しくは協定に与し,又は利得若しくはそれより生ずる報酬を得るときには,当該委員長又は委員は,1項の適用については非行があるものとみなす。

第318条(公務委員会の委員及び職員の服務条件に関し規程を設ける権限)

　連邦公務委員会又は合同委員会にあっては大統領,州公務委員会にあっては州知事は,それぞれ規程で次の事項を定めることができる。

　(a) 委員の数及び服務条件

　(b) 委員会の職員の数及び服務条件に関する規定

　ただし,公務委員会の委員の服務条件は,その任命後においてはその者の不利益となるように変更してはならない。

第319条(公務委員会を退任した後の任官禁止)

　公務委員会委員を退任した後においては,

　(a) 連邦公務委員会委員長は,インド政府又は州政府のいずれの下においても雇用される資格を有しない。

(b) 州公務委員会委員長は,連邦公務委員会の委員長若しくは委員又は他の州の公務委員会委員長に任命される資格を有するが,インド政府又は州政府のいずれの下においても,その他の職務に雇用される資格を有しない。

(c) 委員長以外の連邦公務委員会委員は,連邦公務委員会委員長又は州公務委員会委員長に任命される資格を有するが,インド政府又は州政府のいずれの下においても,その他の職務に雇用される資格を有しない。

(d) 委員長以外の州公務委員会の委員は,連邦公務委員会の委員長若しくはその委員又は当該州若しくは他の州の公務委員会委員長に任命される資格を有するが,インド政府又は州政府のいずれの下においても,その他の職務に雇用される資格を有しない。

第320条（公務委員会の権能）

(1) 連邦公務委員会及び州公務委員会は,連邦又は州の公務に就く者を任命するため,それぞれ試験を行うことを任務とする。

(2) 2又はそれ以上の州の要求がある場合において,特別の資格を有する候補者を必要とする公務に対する共同任用の計画を立案し,実行して,これらの州を援助することも連邦公務委員会の任務とする。

(3) 連邦公務委員会及び州公務委員会は,次に掲げる事項につき協議を受ける。

(a) 文官及び文官職への任用方法に関するすべての事項

(b) 文官及び文官職への任命,昇任又は転任にあたって守られるべき原則並びに当該任命,承認又は転任に対する候補者の適性

(c) インド政府又は州政府の下において文官の資格で服務するものに対する当該事項に関する陳情又は請願を含むすべての規律についての事項

(d) インド政府若しくは州政府の下において又はインドにおけるイギリス国王若しくはインド藩王国政府の下において,文官として服務し若しくは服務してきた者による,又はこれらの者に関する要求であってその任務を遂行するにあたってなし若しくはなさんとした行為について,その者に対し提起された訴訟を弁護するのに要した費用は,インド統合基金

又は州統合基金から支払うべきであるとする要求

（e）インド政府若しくは州政府の下において,又はインドにおけるイギリス国王若しくはインド藩王国政府の下において文官として服務中受けた傷害に関し年金を裁定することに対する要求及び当該裁定額に関する疑義

また,付議された事項及び大統領又は州知事から付議されたその他の事項に関し助言することは,公務委員会の任務とする。

ただし,大統領は全インド公務職並びに連邦の事務に関するその他の公務及び公職に関し,知事は州の事務に関するその他の公務及び公職に関し,概括的又は部類的若しくは特定的に,公務委員会と協議することを要しないことを定める規定を設けることができる。

（4）3項の規定は,第16条4項に定める規定を設ける方法又は第335条の規定を実施する方法に関し公務委員会に付議することを要求するものではない。

（5）3項ただし書の規定に基づき大統領又は州知事が制定する規程は,その制定後すみやかに国会の両議院又は州議会の議院若しくは両議院に提出し14日間以上存置されるものとし,国会の両議院又は州議会の議院若しくは両議院は,その会期中当該規程を廃止又は修正により変更することができる。

第321条（公務委員会の権能を拡張する権限）

国会又は州議会の制定法は,連邦又は州の公務,法律により構成され若しくは公共的性格を有する地方機関その他の公共団体の役務に関し連邦公務委員会又は州公務委員会が行使する付加的機能について規定することができる。

第322条（公務委員会の経費）

公務委員会の委員若しくはその職員に対し又はこれらのものに関して支給される俸給,手当及び年金を含む連邦公務委員会又は州公務委員会の経費は,インド統合基金又は州統合基金の負担となる。

第323条（公務委員会の報告）

（1）連邦公務委員会は,その業務に関し,毎年大統領に報告を提出する義務を有する。大統領は当該報告を受け取ったときには,その写しを,委員会の助言を受諾することができない場合においては,その理由を説明する覚書を付し

て,国会の両議院に提出させる。

(2) 州公務委員会は,その業務に関し,毎年州知事に報告を提出する義務を有する。合同委員会は,関係各州につき当該委員会によってなされた業務に関し,毎年関係各州の知事に,合同委員会によって行われた役務の必要性を報告する義務を有する。知事が当該報告を受け取ったときには,その写しを,委員会の助言を受諾することができない場合においては,その理由を説明する覚書を付して州議会に提出させる。

第14A編　審判所

第323A条（行政審判所）

(1) 国会は,法律で,連邦若しくは州の事務又はインド領内若しくはインド政府の監督の下にある地方機関その他の機関若しくはインド政府により支配若しくは監督された団体の事務に関する公務及び公職に任命される者の雇用及び服務条件についての争訟及び不服申立てにつき行政審判所による宣告又は裁判のための規定を設けることができる。

(2) 1項の規定に基づいて制定された法律は,

(a) 連邦のための行政審判所及び各州又は2以上の州のため個別の行政審判所の設置について規定することができる。

(b) 各行政審判所によって行使することのできる管轄権,(侮辱処罰権を含む)権能及び権限を明示することができる。

(c) 行政審判所によって行われる手続き(証拠制限,証拠法則に関する条項を含む)について規定することができる。

(d) 1項で規定する争訟又は不服申立てに関し,第136条に基づく最高裁判所の管轄権を除き,すべての裁判所の管轄権を排除することができる。

(e) 訴訟又は手続きの基礎となっている訴訟原因が行政審判所の設置以降生じた場合には,行政審判所の管轄権の範囲内にあるべき事件で行政審判所の設置までに裁判所その他の機関に係属している事件を各行政審判所に移送することについて規定することができる。

（f）第371D条３項に基づき,大統領により制定された命令を廃止又は修正することができる。

（g）国会が行政審判所による事件の迅速な処理について又は迅速な処理のため及び命令の実施について有効な作用だとみなす補足的,付随的,結果的規定（手数料に関する規定を含む）を含むことができる。

（3）この条の規定は,この憲法又は当分の間効力を有するその他の法律にかかわらず効力を有するものとする。

第323B条（行政審判所についてのその他の規定）

（1）権限を有する議会は,法律で,当該議会が立法権を有する事項に関し２項で定める事項のすべて又はあるものについての争訟,不服申立て又は犯罪を審判所が裁定又は裁判することについての規定を設けることができる。

（2）１項で定める事項は,次に掲げるものとする。

（a）税の賦課,査定,徴収,強制

（b）税関を通過する外国為替及び輸出入

（c）労使紛争

（d）第31A条で定義された資産若しくはその権利を州が収用し,又は当該権利を失効若しくは変更するという方法による,又は農地の最高価格を定めるという方法その他の方法による土地改革

（e）都市財産の最高価格を定めること

（f）第329条及び第329A条に規定する事項を除く,国会の議院又は州議会の議院についての選挙

（g）（食用油料種子及び食用油料を含む）食糧及び大統領が公示によりこの条の目的のために欠くことのできない物資とみなしたその他の物資の生産,調達,供給及び配分並びにかかる物資の価格統制

（h）地代・家賃,その規制と統制,並びに地主と借地借家人との権利,名義及び利害関係を含む保有紛争

（i）ａ号からｈ号に定める事項に関する法律に違反する犯罪及びそれらの事項に関する手数料

（j）ａ号からｉ号に定める事項に定める事項のあるものに付随する事項

231

(3) 1項に基づいて制定された法律は,

　(a) 審判所の序列の設定について規定することができる。

　(b) 各審判所により行使される管轄権,(侮辱処罰権を含む)権能及び権限を明示することができる。

　(c) 審判所により採られる手続き(証拠制限及び証拠法則に関する規定を含む)を規定することができる。

　(d) 第136条に基づく最高裁判所の管轄権を除き,審判所の管轄権内にあるすべての事項又はそのあるものに関し、すべての裁判所の管轄権を排除することができる。

　(e) 審判所の設置直前に裁判所その他の機関に係属していた事件であって当該訴訟又は手続きが審判所の設置以後行われたならば当該審判所の管轄権内にあったであろう事件を当該審判所に移送することを規定することができる。

　(f) 権限を有する議会が,審判所の効果的な作用,事件の迅速な処理及び命令の施行につき必要とみなした補足的,付随的及び結果的規定(手数料に関する規定を含む)を含むことができる。

(4) この条の規定は,この憲法又はそのときに効力を有するその他の法律の規定にかかわらず効力を有するものとする。

(原注) この条において「権限を有する議会」とは,いかなる事項との関連においても第11編の規定にしたがい,当該事項に関して立法権を有する国会又は州議会を意味する。

第15編　選挙

第324条(選挙委員会による選挙の監督、指令及び管理)

(1) この憲法に基づいて行われる国会及び州議会のすべての選挙並びに大統領及び副大統領の選挙のための選挙人名簿の準備及び選挙の実施を監督し,指令し及び管理する権限は,委員会(この憲法において選挙委員会という)に与えられる。

(2) 選挙委員会は,選挙委員長及び大統領が決定する数の選挙委員で構成し,選挙委員は,そのために国会が制定する法律の規定の制限内において大統領が任命する。

(3) 他の選挙委員が任命されたときには,選挙委員長は選挙委員会の議長として行動する。

(4) 大統領は,1項の規定に基づいて当該委員会に与えられた権能を行使することを援助する必要があると認めるときには,国会下院及び州下院の総選挙前並びに2院制をとっている州の上院の第1回の通常選挙前及びその後2年毎の選挙施行前に,選挙委員と協議した後,地方委員を任命することができる。

(5) 選挙委員及び地方委員の服務条件及び服務期間は,国会が制定する法律の規定の制限内において大統領が規則で定める。

ただし,選挙委員長は,最高裁判所裁判官と同様の方法及び理由によるほかは解任されることはない。また,選挙委員長の服務条件は,その任命後本人の不利益となるように変更してはならない。

さらに,他の選挙委員又は地方委員は,選挙委員長の勧告に基づく場合のほか,解任されることはない。

(6) 大統領又は州知事は,選挙委員会の要求があるとき,1項の規定に基づいて選挙委員会に与えられた権能を行使するために必要な職員を選挙委員会又は地方委員会に配属させなければならない。

第325条(宗教、人種、カースト、性別を理由として選挙人名簿から除外されることのない権利又は特別選挙人名簿に加わることを要求されない権利)

国会の両議院又は州議会の議院若しくは両議院の選挙のため,すべての選挙区に1の一般選挙人名簿を備えるものとし,何人も宗教,人種,カースト,性別又はそのいずれかのみを理由として当該選挙人名簿から除外され,又は選挙人名簿に加わることを要求されない。

第326条(国会下院及び州下院の選挙での普通成人選挙の保障)

国会下院及び州下院の選挙は,成人による普通選挙とし,インド市民であって当該議会の制定した法律により又はこれに基づいて定められた日に18歳以

上である者は,この憲法又は当該議会の制定した法律に基づいて無住居,精神不健全,犯罪若しくは破廉恥又は違法行為の理由で欠格とされる者を除き,選挙人として登録される資格を有する。

第327条(議会の選挙に関する規定を設ける国会の権限)

国会は,この憲法の規定の制限内において,随時法律で国会の両議院又は州議会の議院若しくは両議院の選挙に関し,選挙人名簿の準備,選挙区の画定及び議院の正当な構成を確保するために必要なその他の事項を含むすべての事項に関する規定を設けることができる。

第328条(州議会の選挙に関する規定を設ける州議会の権限)

この憲法の規定の制限内において,かつ,そのための規定が国会により法律で制定されないかぎり,州議会は法律で,州議会の議員又は両議院の選挙に関し,選挙人名簿の準備及び州議会の議院の正当な構成を確保するために必要なその他の事項を含むすべての事項に関し規定を設けることができる。

第329条(選挙事項に対する裁判所の干与の排除)

この憲法の規定にかかわらず,

(a) 第327条又は第328条の規定に基づいてなされ又はなされないとする選挙区の画定又は当該選挙区に対する議席の割当に関する法律の効力は,裁判所により審査されない。

(b) 国会の両議院又は州議会の議院若しくは両議院の選挙は,当該議会が制定した法律により又はこれに基づいて置かれる機関に対して,これらの法律が規定する方法により提出される選挙訴願による場合を除き,審査されない。

第16編　特定階層に対する特別規定

第330条(指定カースト及び指定部族に対する国会下院の議席留保)

(1) 国会下院においては,次に掲げるもののために議席を留保する。

(a) 指定カースト

(b) アッサム自治県における指定部族を除く指定部族,及び

（c）アッサム自治県における指定部族

（2）　1項の規定に基づいて,州若しくは連邦直轄領の指定カースト又は指定部族のために留保する議席数は,当該州若しくは連邦直轄領に割り当てられる国会下院の議席数に対し,当該州若しくは連邦直轄領の指定カーストの人口又は当該州若しくは連邦直轄領若しくはその一部における指定部族の人口と当該州若しくは連邦直轄領の総人口との比率にできるだけ均しくなるように定めるものとする。

（3）　2項の規定にかかわらず,アッサム自治県の指定部族のために留保される国会下院の議席数は,アッサム州に割り当てられる国会下院の全議席数に対し,州の全人口に対する当該自治県の指定部族の人口割合を下回らないものとする。

（原注）この条及び第332条において「人口」とは,関連数字が公表されている直近の人口調査において確定されている人口をいう。

　ただし,関連数字が公表されている直近の人口調査を参照するというこの注は,西暦2026年より後に行われる最初の人口調査で関連数字が公表されるまでは,2001年人口調査の参照と解釈される。

第331条（国会下院におけるアングロ・インディアン社会の代表）

　第81条の規定にかかわらず,大統領はアングロ・インディアン社会が国会下院において十分に代表されていないと認めるときには,国会下院に2人を超えない範囲において当該社会に属する者を指名することができる。

第332条（指定カースト及び指定部族に対する州下院の議席の留保）

（1）　アッサム自治県における指定部族を除き,すべての州下院においては,指定カースト及び指定部族のために議席を留保する。

（2）　アッサム州下院においては,その自治県のために議席を留保する。

（3）　1項の規定に基づいて州下院において指定カースト又は指定部族のために留保する議席は,当該州下院の議席総数に対し,当該州の指定カーストの人口又は当該州若しくはその一部における指定部族の人口と当該州の総人口との比率にできるだけ均しくなるように定めるものとする。

（3A）　3項の規定にかかわらず,西暦2026年後最初に行われる人口調査に基

づいて第170条で定める再調整が実施されるまで,アルナーチャル・プラデーシュ州,メガラヤ州,ミゾラム州及びナガランド州の下院議席中,指定部族のために留保される議席は,次のように定めるものとする。

（a）1987年憲法（第57次改正）法施行の日において,当該州下院（この項において「現存議院」という）のすべての議席が,指定部族の議員によって占められているときには, 1議席を除くすべての議席

（b）他のいかなる場合においても,全議席数に対する留保議席数は,現存議院における全議席に対する指定部族議員の（前記日時点での）数以上の割合でなければならない。

（3B） 3項の規定にかかわらず,第170条の規定に基づいて西暦2026年より後に実施される最初の人口調査を基礎にして行われるトリプラ州下院の議席数の再調整までは,同下院で指定部族に留保する議席は,1992年憲法（第72次改正）法が施行される日の,同下院の全議席数に対する同下院での指定部族に属する議員の割合を下回ってはならない。

（4）アッサム州下院において自治県に留保する議席数は,州下院の議席総数に対し,自治県の人口と当該州の総人口との比率を下回るように定めてはならない。

（5）アッサム州自治県のために留保する議席に対する選挙区は,自治県以外のいかなる区域をも含まない。

（6）アッサム州自治県の指定部族に属しない者は,当該県のいかなる選挙区からも当該州下院に選挙される資格を有しない。

ただし,アッサム州下院の選挙については,ボドランド辺境地域県に含まれる選挙区におけるボドランド辺境地域県として公示され,構成されるまで存在していた指定部族と非指定部族の代表は,維持される。

第333条（州下院におけるアングロ・インディアン社会の代表）

第170条の規定にかかわらず,州知事は,州議会にアングロ・インディアン社会の代表を出す必要があり,かつ,十分に代表されていないと認めるときには,当該社会に属する者1人を州下院に指名することができる。

第三章　インド憲法（和訳）本文

第334条（議席留保及び特別代表の70年後における廃止）

この編の前条までの規定にかかわらず,次に掲げる事項に関するこの憲法の規定は,この憲法施行後70年を経過した日にその効力を失う。

（a）国会下院及び州下院における指定カースト及び指定部族のための議席の留保

（b）国会下院及び州下院における指名によるアングロ・インディアン社会の代表

ただし,この条の規定は,その当時在任する国会下院又は州下院が解散されるまでは,国会下院又は州下院における代表に影響を及ぼさない。

第335条（公務及び公職に対する指定カースト及び指定部族の要求）

連邦又は州の事務に関する公務又は公職への任命にあたって指定カースト又は指定部族に属する者の要求は,行政の能率維持と矛盾しないかぎり考慮されなければならない。

ただし,この条は,連邦又は州の事項に関するいかなる職階の昇進での留保についても,指定カースト及び指定部族に属する者のためにいかなる試験の合格最低点をも緩和したり,評価基準を下げたりすることを妨げるものではない。

第336条（一定の公務におけるアングロ・インディアンに関する特別規定）

（1）この憲法施行後最初の2年間,アングロ・インディアン社会に属する者の連邦の鉄道,税関,郵便又は電信関係の公職への任命は,1947年8月15日前と同様の基準でなされるものとする。

これに続く各2年間においては,当該社会に属する者のために留保される当該役務における公務の数は,その前2年間に留保された数に比較して概ね10%だけ少ないものとする。

ただし,当該留保は,この憲法施行後10年を経過したときには,消滅する。

（2）1項の規定は,アングロ・インディアン社会に属する者が他の社会に属する者と比較して能力上任命の資格があると認められる場合において,これらの者を1項の規定に基づいて当該社会に留保された公職以外の公職又はこれに追加される公職に任命することを禁ずるものではない。

237

第337条（アングロ・インディアン社会のための教育交付金に関する特別規定）

この憲法施行後最初の3財政年度の期間中,連邦及び各州は,アングロ・インディアン社会の利益のために,教育に関し1948年3月31日に終了する財政年度になされたと同額の交付金を与えるものとする。

これに続く各3年間においては,その交付金の額は,その前3年間に交付された額より10%だけ少なくすることができる。

ただし,当該交付金は,この憲法施行後10年を経過したときには,それがアングロ・インディアン社会への特権付与である限度において消滅する。

さらに,毎年の入学者の少なくとも40%がアングロ・インディアン以外の社会に属する者の利用に供される教育機関でないかぎり,いかなる教育機関もこの条の規定に基づく交付金を受ける権利を有しない。

第338条（指定カーストのための全国委員会）

(1) 指定カーストのための全国委員会として,指定カースト委員会を置く。

(2) この目的のために国会が制定した法律の規定にしたがい,この委員会は,委員長,副委員長及びその他の3人の委員で構成するものとし,任命された委員長,副委員長及びその他の3人の委員の勤務条件及び任期は,大統領が規則で定めるものとする。

(3) この委員会の委員長,副委員長及びその他の委員は,大統領が署名捺印した令状によって任命される。

(4) この委員会は,その議事手続きを定める権限を有する。

(5) この委員会は,次に掲げる職責を有する。

　(a) 指定カーストのために定められた保護に関するすべての事項を調査調整し,これらの保護の働きを評価すること

　(b) 指定カーストの権利及び保護の剥奪に関する特定の不服申立てを審理すること

　(c) 指定カーストの社会的・経済的発展の計画過程に加わり,助言すること,並びに連邦及び州でのそれらの発展状況を評価すること

　(d) 毎年及び委員会が適当と認めたその他のときに,これらの保護活動に

ついての報告書を大統領に提出すること

(e) 当該報告書の中で,指定カーストの保護,福祉及び社会的・経済的発展のためのその他の措置の効果的な実行のために連邦又は州がとるべき措置に関して勧告を行うこと,並びに

(f) 国会が法律で定めた規定にしたがい,大統領が規則で明示した指定カーストの保護,福祉及び発展・進歩に関するその他の活動を行うこと

(6) 大統領は,連邦に関する勧告に基づいて行われ又は行われないこととされた活動及び当該勧告又はその一部を履行できないときには,その理由を説明する覚書を添えて,国会の各議院にすべての当該報告書を提出させるものとする。

(7) 当該報告書又はその一部がいずれかの州政府に関係する事項を含んでいるときには,当該報告書の謄本は州知事に送付されるものとし,当該州知事は,その州に関する勧告に基づいて行われ又は行うこととされた活動及び当該勧告又はその一部を履行できないときにはその理由を説明する覚書を添えて,州議会に提出させるものとする。

(8) この委員会は,5項a号に定める事項を調査し,又は5項b号に定める不服申立てを審理するときには,訴訟を審理するにあたって民事裁判所が有するすべての権限とりわけ次に掲げる事項に関する権限を持つものとする。

(a) インドのいかなる地域からも人を召還し,出頭を強制し,また,宣誓させたうえ審問すること

(b) 文書の開示・提出を要求すること

(c) 宣誓供述書に基づく証言を行わしめること

(d) 裁判所又は官公署の有する記録又は謄本の提出要求を行うこと

(e) 証人及び文書の審理のための命令を出すこと

(f) 大統領が規則により定めるその他の事項

(9) 連邦及びすべての州政府は,指定カーストにかかわるすべての主要な政策事項についてこの委員会に諮問する。

(10) この条に定める指定カーストに関する規定は,第340条1項の規定に基づいて任命される委員会の報告を受け取った後,大統領が命令で規定するそ

239

の他の後進階層及びアングロ・インディアン社会について適用するものとする。

第338A条（指定部族のための全国委員会）

(1) 指定部族のための全国委員会として,指定部族委員会を置く。

(2) この目的のために国会が制定した法律の規定にしたがい,この委員会は,委員長,副委員長及びその他の３人の委員で構成するものとし,任命された委員長,副委員長及びその他の３人の委員の勤務条件及び任期は,大統領が規則で定めるものとする。

(3) この委員会の委員長,副委員長及びその他の委員は,大統領が署名捺印した令状によって任命される。

(4) この委員会は,その議事手続きを定める権限を有する。

(5) この委員会は,次に掲げる職責を有する。

 (a) この憲法,そのときに効力を有するその他の法律又は政府の出す命令に基づいて,指定部族のために定められた保護に関するすべての事項を調査調整し,これらの保護の働きを評価すること

 (b) 指定部族の権利及び保護の剥奪に関する特定の不服申立てを審理すること

 (c) 指定部族の社会的・経済的発展の計画過程に加わり,助言すること,並びに連邦及び州でのそれらの発展状況を評価すること

 (d) 毎年及び委員会が適当と認めたその他のときに,これらの保護活動についての報告書を大統領に提出すること

 (e) 当該報告書の中で,指定部族の保護,福祉及び社会的・経済的発展のためのその他の措置の効果的な実行のために連邦又は州がとるべき措置に関して勧告を行うこと,並びに

 (f) 国会が法律で定めた規定にしたがい,大統領が規則で明示した指定部族の保護,福祉及び発展・進歩に関するその他の活動を行うこと

(6) 大統領は,連邦に関する勧告に基づいて行われ又は行われないこととされた活動及び当該勧告又はその一部を履行できないときには,その理由を説明する覚書を添えて,国会の各議院にすべての当該報告書を提出させるもの

とする。

(7) 当該報告書又はその一部がいずれかの州政府に関係する事項を含んでいるときには,当該報告書の謄本は州知事に送付されるものとし,当該州知事は,その州に関する勧告に基づいて行われ又は行うこととされた活動及び当該勧告又はその一部を履行できないときにはその理由を説明する覚書を添えて,州議会に提出させるものとする。

(8) この委員会は,5項a号に定める事項を調査し,又は5項b号に定める不服申立てを審理するときには,訴訟を審理するにあたって民事裁判所が有するすべての権限とりわけ次に掲げる事項に関する権限を持つものとする。

 (a) インドのいかなる地域からも人を召還し,出頭を強制し,また,宣誓させたうえ審問すること

 (b) 文書の開示・提出を要求すること

 (c) 宣誓供述書に基づく証言を行わしめること

 (d) 裁判所又は官公署の有する記録又は謄本の提出要求を行うこと

 (e) 証人及び文書の審理のための命令を出すこと

 (f) 大統領が規則により定めるその他の事項

(9) 連邦及びすべての州政府は,指定部族にかかわるすべての主要な政策事項についてこの委員会に諮問する。

第339条(指定地域の行政及び指定部族の福祉に関する連邦の管理)

(1) 州の指定地域の行政及び指定部族の福祉について報告させるため,大統領は命令で,何時でも委員会をおくことができる。この憲法施行後10年を経過したときには,大統領は命令で,委員会をおかなければならない。

 当該命令は,委員会の構成,権限及び手続きを定め,また,大統領が必要又は望ましいと認める付随的,補助的規定を含むことができる。

(2) 連邦の執行権は,州に対し,州における指定部族の福祉のために緊要である旨を明示する諸計画の立案及び実施に関して指令を与える権限を含むものとする。

第340条(後進階層の状況を調査する委員会の設置)

(1) 大統領は,命令で,適当と認める者をもって構成する委員会を置き,インド

241

領内の社会的・教育的後進階層の状態及びその困窮状態を調査し,その困難の除去及び状態の改善のために連邦又は州によって採られるべき措置並びに当該目的のため連邦又は州によって与えられるべき交付金及び当該交付金の下付条件に関し勧告させることができる。

　委員会の設置に関する命令は,当該委員会が採るべき手続きを定めなければならない。

(2)　委員会は,付託された事項を調査し,収集した事実及び適当と認める勧告を付した報告書を大統領に提出しなければならない。

(3)　大統領は,報告を受け取ったときには,採られた措置を説明する覚書を付し,当該報告書の写しを国会の両議院に提出させなければならない。

第341条（指定カースト）

(1)　大統領は,公示で州若しくは連邦直轄領に関し,州にあっては当該州の知事と協議した後,カースト,人種若しくは部族又はカースト,人種若しくは部族内の部分若しくは集団を,この憲法にいう当該州若しくは連邦直轄領における指定カーストとみなす旨を規定することができる。

(2)　国会は,法律で,1項の規定に基づいて発せられる公示で定める指定カーストの表につき,カースト,人種若しくは部族又はカースト,人種若しくは部族の部分若しくは集団をこれに追加し,又はこれから削除することができる。この場合においては,前記の場合を除き,1項の規定に基づいて発せられる公示は,これに続く公示によって変更してはならない。

第342条（指定部族）

(1)　大統領は,公示で,州若しくは連邦直轄領に関し,州にあっては当該州の知事と協議した後,部族若しくは部族社会又は部族若しくは部族社会の部分若しくは集団を,この憲法にいう当該州若しくは連邦直轄領における指定部族とみなす旨を規定することができる。

(2)　国会は,法律で1項の規定に基づいて発せられる公示により規定される指定部族の表につき,部族若しくは部族社会又は部族若しくは部族社会の部分若しくは集団をこれに追加し,又はこれから削除することができる。この場合においては,前記の場合を除き,1項の規定に基づいて発せられる公示は,

第三章　インド憲法（和訳）本文

これに続く公示によって変更してはならない。

第17編　公用語

第1章　連邦の言語

第343条（連邦の公用語）

（1）　連邦の公用語は,デーヴァナーガリー字によるヒンディー語とする。

　連邦の公に使用する数字の形式は,インド数字の国際的形式とする。

（2）　1項の規定にかかわらず,この憲法施行後15年間は,この憲法施行まで使用されていた英語が連邦の公のすべての目的のために継続して使用される。

　ただし,大統領は,当該15年の期間中,命令で連邦の公の目的のため英語の外にヒンディー語,インド数字の国際的形式の外に数字のデーヴァナーガリー形式の使用を認めることができる。

（3）　この条の規定にかかわらず,国会は法律で当該15年を経過した後において当該法律で定める目的のために,

　（a）　英語,又は

　（b）　デーヴァナーガリー形式の数字

を用いることを規定することができる[19]。

第344条（公用語に関する委員会及び国会の委員会）

（1）　大統領は,この憲法施行後5年を経過したとき及び10年を経過したときにおいて,命令で公用語に関する委員会を置くものとする。委員会は,1人の委員長及び大統領が指名する第八附則に規定する異なる言語の代表者をもって構成する。また,当該命令は,委員会のとるべき手続きを定めるものとする。

（2）　委員会は,大統領に対し,次に掲げる事項につき勧告を行うことを任務とする。

　（a）　連邦の公の目的のためにヒンディー語を漸進的に使用すること

---

19)　1963年公用語法（The Official Language Act, 1963）により,15年（1965年1月25日以降）を超えても,英語を公用語として用いることが認められている。

243

（b）連邦の公の目的のすべて又はいずれかのための英語の使用の制限

（c）第348条に規定する目的のすべて又はいずれかのため使用される言語

（d）連邦の１又はそれ以上の明示された目的のために使用されるべき数字の形式

（e）連邦の公用語,連邦と州又は州間の通信のための言語及びその使用に関し,大統領が委員会に付議するその他の事項

（3）委員会は,２項の規定に基づく勧告を行うにあたっては,インドの産業的,文化的及び科学的進歩並びに非ヒンディー語使用地域に属する者の公務に関する正当な要求及び利益を十分に考慮するものとする。

（4）公用語に関する国会の委員会は,30人の委員で構成し,委員のうち20人は下院議員,10人は上院議員とし,単記移譲式投票による比例代表制にしたがい,それぞれ下院議員及び上院議員が選挙する。

（5）前項の規定による委員会は,１項の規定に基づいて構成される委員会の勧告を検討し,それに関する意見を大統領に報告することを任務とする。

（6）第343条の規定にかかわらず,大統領は５項の規定による報告を考慮した後,当該報告の全部又は一部にしたがって指令を発することができる。

第２章　地方的言語

第345条（州における１又は２以上の公用語）

州議会は,第346条及び第347条に規定する場合を除き,法律で州の公の目的の全部又は一部のために使用されるべき公用語として,当該州において使用されている１若しくはそれ以上の言語又はヒンディー語を採用することができる。

ただし,州議会が法律で別段の規定を設けるまでは,この憲法施行まで州において使用されていた英語が公の目的のために引き続き使用される。

第346条（州間又は州と連邦との通信のための公用語）

公の目的のため連邦において使用することを許されている言語は,１州と他の州との間及び州と連邦との間の通信のための公用語とする。

ただし,２又はそれ以上の州がヒンディー語を州間の通信のための公用語

とすることに同意するときには,これをその通信のために使用することができる。

第347条（州人口の一部により使用される言語に関する特別規定）

　大統領は,州の人口の相当数がその使用する会話語を当該州によって公認されることを希望していると認めるときには,その要求に応じて,当該言語を当該州又はその一部において大統領の明示する目的のために使用することを公認する旨指令することができる。

第3章　最高裁判所、高等裁判所等において使用する言語

第348条（最高裁判所、高等裁判所、法律、法案等において使用する言語）

(1)　この編の前条までの規定にかかわらず,国会が法律で別段の定めを設けないかぎり,次に掲げるものは英文によるものとする。

　(a)　最高裁判所及び高等裁判所におけるすべての手続き

　(b)　次に掲げるものの正文

　　(ⅰ)　国会の両議院又は州議会の議院若しくは両議院に提出される法案又は発議される修正案

　　(ⅱ)　国会又は州議会が可決する制定法及び大統領又は州知事が公布する政令

　　(ⅲ)　この憲法又は国会若しくは州議会の制定する法律に基づいて定めるすべての命令,規則,規程及び細則

(2)　1項a号の規定にかかわらず,州知事は,大統領の事前の同意を得てヒンディー語又は当該州の公の目的に使用されるその他の言語を,当該州に主たる所在地を有する高等裁判所の手続きに使用することを許可することができる。

　ただし,この項の規定は,当該高等裁判所が決定し,又は下す判決,決定又は命令には適用しない。

(3)　1項b号の規定にかかわらず,州議会が英語以外の言語を州議会に提出される法案,州議会の可決する制定法,州知事が公布する政令又はb号(ⅲ)に規定する命令,規則,規程若しくは細則に用いる言語とする旨を定めた場合に

おいては,当該州の官報において州知事の承認の下に発表されるこれらのものの英語訳は,この条の規定に基づく正文とみなす。

第349条（言語に関する法律の実施のための特別手続き）

この憲法施行後15年間,第348条1項に規定する目的のために使用する言語に関する法案又は修正案は,大統領の事前の許可なしには国会の両議院に提出し,又は発議してはならない。大統領は,第344条1項の規定に基づいて構成する委員会の勧告及び同条4項の規定に基づいて構成する委員会の報告を考慮した後でなければ法案の提出又は修正案の発議に許可を与えてはならない。

第4章　特別規定

第350条（苦情申請に使用する言語）

何人も連邦又は州の官吏又は機関に対する苦情の処理の申請を連邦又は州において使用されている言語のいずれによっても提出することができる。

第350A条（初等教育を母語で行う施設）

州及び州の地方機関は,その州内の言語的少数者に属する子女に初等教育課程においてその母語で教育を受けるための十分な施設を提供するよう努めなければならない。大統領は,かかる施設の確保及び提供に必要又は適当とみなす指令を州に対して発することができる。

第350B条（言語的少数者のための特別官）

（1）大統領は,言語的少数者のために特別官を任命する。

（2）特別官は,この憲法の規定に基づいて,言語的少数者に与えられる保護に関するすべての事項を調査し,大統領に対しその指示する期間毎に当該事項につき報告することを任務とする。大統領は,当該報告をすべて国会の両議院に提出させ,当該州政府に送付する。

第351条（ヒンディー語普及に関する規定）

ヒンディー語の普及を促進し,これをインドの複合文化の全要素を表現する手段として役立つように発展させ,かつ,その長所,形式,様式及び表現をそこなうことなくヒンドゥスタニー語その他第八附則に規定するインド言語に同

化せしめ,また,必要又は望ましいときには,先ずサンスクリット語,次いで他の言語より語彙を採用しつつ内容を豊かにしていくことは,連邦の任務である。

第18編　非常事態規定

第352条(非常事態の布告)

(1) 大統領は,戦争,外患又は反乱により,インド又はその領域のいずれかの部分の安全が脅かされる重大な非常事態が存在すると認めるときには,布告でインド全域又は当該布告で定めたその領域の部分に関してその旨の宣言を発することができる。

(原注) 戦争,外患又は反乱により,インド又はその領域のいずれかの部分の安全が脅かされている旨宣言する非常事態の布告は,大統領がその緊急の危険があるとみなしたときには,戦争,外患又は反乱の現実的発生より前に発することができる。

(2) 1項の規定により発せられる布告は,これに次いで発せられる布告で廃止することができる。

(3) 当該布告を発することができるという連邦内閣(首相及び第75条に基づいて任命されるその他の閣内大臣によって構成される大臣会議)の決定が大統領に文書で伝えられないかぎり,大統領は, 1項の規定に基づく布告又は当該布告を変更する布告を発することができない。

(4) この条の規定に基づいて発せられるすべての布告は,国会の両議院に提出されねばならず,その布告が前の布告を廃止する布告である場合を除いて, 1月の経過前に国会の両議院の決議によって承認されなければ1月の経過終了時に効力を失うものとする。

　ただし,(以前の布告を廃止する布告以外の)当該布告が下院の解散中に発せられたとき又はこの条に規定する1月内に下院が解散された場合において,下院が当該布告を承認する決議を可決し,下院が当該期間経過前に当該布告を承認する決議を可決しないときには,当該布告は再編成後の下院の最初の開会の日から30日を経過する前に下院が当該布告を承認する決議を可決し

247

ないかぎり,当該30日が経過した日においてその効力を失う。

(5) 承認された布告は,廃止されないかぎり,4項の規定に基づいて布告を承認する2番目の決議が可決された日から6月経過したときにその効力を失う。

　ただし,国会の両議院によって当該布告の効力継続を承認する決議が可決されるごとに,当該布告は,廃止されないかぎり,この項の規定に基づいて効力を停止すると定める日からさらに6月その効力を継続する。

　さらに,当該6月の期間中に下院が解散された場合において,当該布告の効力継続を承認する決議が上院で可決され,当該布告の効力継続に関する決議が前記期間中に下院によって可決されないときには,その布告は前記30日の経過前に当該布告の効力継続を承認する決議が下院によっても可決されないかぎり,再編成後の下院の最初の開会の日から30日を経過した日においてその効力を失う。

(6) 4項及び5項で規定する決議は,国会の議院の総議員の過半数で,かつ出席し投票する議員の3分の2以上の多数によってのみ可決される。

(7) 前項までの規定にかかわらず,大統領は,1項の規定に基づいて発せられた布告又は下院が当該布告を承認しない決議若しくはその効力継続を承認しない決議を可決したときには,当該布告を変更する布告を廃止することができる。

(8) 下院議員総数の10分の1以上が署名して,1項の規定に基づいて発せられた布告若しくは当該布告を変更する布告を承認しないという決議又は効力継続を承認しないという決議を提出する意図を有する通告が

　(a) 下院が開会中は議長に,又は

　(b) 下院が閉会中は大統領に提出されたときには,

　当該通告が下院議長又は大統領により受理された日から14日以内に,当該決議を検討するために,下院の特別会が開かれなければならない。

(9) この条により大統領に与えられた権限は,1項の規定に基づいて大統領によりすでに布告が発せられているか当該布告が施行中であるか否かを問わず,戦争,外患若しくは反乱又は戦争,外患若しくは反乱の緊急の危険が存在す

248

るという各理由に基づいて異なった布告を発する権限を含むものとする。

第353条（非常事態の布告の効果）

非常事態の布告の施行中は,

（a）この憲法の規定にかかわらず,連邦の執行権は州の執行権の行使方法に関し,州に対して指令を与える権限を含むものとする。

（b）法律を制定する国会の権限は,連邦管轄事項表に掲げられていない事項についても連邦又は連邦の官吏若しくは機関に権限を与え,任務を課し,又は権限を与え若しくは任務を課することを承認する権限を含むものとする。

ただし,非常事態の布告がインド領内の一部においてのみ施行されているときでも,次に掲げる権限は,インド又はその領土の一部の安全が,非常事態の布告が施行されている州又はその州の一部以外の州にも及ぶものとする。

（i）a項の規定に基づいて指令を与える連邦の執行権,及び

（ii）b項の規定に基づいて法律を制定する国会の権限

第354条（非常事態の布告の施行中における収入配分に関する規定の適用）

（1）大統領は,非常事態の布告の施行中,命令でいかなる場合においても布告が効力を失った日を含む財政年度の経過後にわたらないように期間を定め,第268条から第279条までの規定の全部又は一部の適用について大統領が適当と認める適用除外又は読替えをする旨を指令することができる。

（2）1項の規定に基づく命令は,発令後すみやかに国会の両議院に提出しなければならない。

第355条（外患又は内乱から州を保護する連邦の任務）

外患又は内乱に対して各州を保護し,各州の統治がこの憲法にしたがって運営されるようにすることは,連邦の任務である。

第356条（州における憲法機構運用不能の場合の規定）

（1）大統領は,州知事からの報告その他により,州の統治がこの憲法の規定にしたがって運営することができない事態が発生していると認めるときには,布告で,次に掲げる措置をとることができる。

249

(a) 州政府の権能の全部若しくは一部又は州の知事,団体若しくは機関(州議会を除く)が有し,行使することができる権限の全部若しくは一部を接収すること

(b) 州議会の権限は,国会がこれを行使し,又は国会の権限に基づいて行使される旨宣言すること

(c) 州の団体若しくは機関に関するこの憲法の規定の全部又は一部の適用を停止する規定を含め,大統領が当該布告の目的を達成するために必要,又は望ましいと認める付随的,結果的規定を制定すること

ただし,この項の規定は,大統領が高等裁判所に与えられ若しくはそれにより行使される権限を接収し,又は高等裁判所に関するこの憲法の規定の全部若しくは一部を停止することを認めるものではない。

(2) 布告は,これに次いで発せられる布告で廃止又は変更することができる。

(3) この条の規定に基づく布告は,国会の両議院に提出しなければならず,当該布告を廃止する布告が発せられる場合を除き,国会の両議院の決議により廃止されないかぎり,2月が経過した日においてその効力を失う。

ただし,下院解散中に当該布告(以前の布告を廃止する布告でないもの)が発せられ,又は布告が発せられた後この項に規定する2月の期間内に下院が解散された場合において,下院が当該布告を承認する決議を可決し,下院が当該期間経過前布告に関する決議を可決しないときには,当該布告は再編成後の下院の最初の開会の日から30日を経過する前に下院が当該布告を承認する決議を可決しないかぎり,当該30日が経過した日にその効力を失う。

(4) 3項の規定により承認された布告は,廃止されないかぎり,布告が発せられた日から6月の期間が経過したときにその効力を失う。

ただし,国会の両議院が,当該布告の効力継続を承認する旨の決議を可決したときには,当該布告は,廃止されないかぎり,この項の規定に基づいてその効力を失うものとされた日から更に6月効力を継続するが,当該布告はいかなる場合においても3年以上効力を継続するものとしてはならない。

さらに,当該6月の期間内に下院が解散された場合において,下院が当該布告の効力継続を承認する決議を可決し,下院が当該期間内に当該布告の効力

継続に関する決議を可決しないときには,当該布告は再編成後の下院の最初の開会の日から30日を経過する前に,下院が当該布告の効力継続を承認する決議を可決しないかぎり,当該30日が経過した日においてその効力を失う。

また,パンジャーブ州に関して,1987年5月11日,1項に基づいて発せられた布告については,この項の第1ただし書において,「3年」とあるのは「5年」と読替えるものとする。

(5) 4項の規定にかかわらず,3項の規定に基づいて発せられた日から1年を超える期間につき布告の効力継続を承認する決議は,次に掲げる場合を除き,国会の議院によって可決されてはならない。

（a）非常事態の布告が,当該決議の可決されるときにインドの全域又は当該州の全域若しくは一部に施行されているとき

（b）選挙委員会が,当該決議中に定められた期間中,当該州下院の総選挙を行うことが困難であるという理由から3項の規定に基づいて承認された布告の効力継続を,必要であると認めるとき

ただし,この項の規定は,パンジャーブ州に関して1987年5月11日,1項に基づいて発せられた布告には適用しない。

第357条（第356条の規定による布告施行中の立法権の行使）

(1) 第356条1項の規定に基づいて発せられる布告により,州議会の権限は,国会がこれを行使し又は国会の権限に基づいて行使されることが宣言されたときには,

（a）国会は,法律を制定する州議会の権限を大統領に与え,また,大統領に与えられた権限を大統領が適当と認める条件の制限内において,その指示する他の機関に委任することを承認する権限を有する。

（b）国会又はa号の規定に基づいて法律を制定する権限を与えられた大統領若しくはその他の機関は,連邦又はその官吏若しくはその機関に対し権限を与え,任務を課し,又は権限を与え,任務を課すことを承認する法律を制定する権限を有する。

（c）大統領は,下院が閉会中であるときは,国会が承認するまで,州統合基金からの支出を承認する権限を有する。

251

(2) 国会又は大統領若しくは 1 項 a 号の規定に基づくその他の機関が州議会の権限を行使して制定する法律は,第356条の規定に基づく布告がない場合には,国会,大統領又はその他の機関が制定する権限を有しないものであり,当該布告が効力を失った後,権限ある州議会又はその他の機関により改正,廃止,又は修正がなされるまで効力を有する。

第358条 (非常事態における第19条の停止)

(1) インド又はその領土の一部の安全が戦争又は外患により脅かされていると宣言する非常事態の布告中,第19条の規定は,第 3 編に規定された条項がないならば,いかなる法律をも制定し,また,いかなる執行上の措置をも採ることのできる,第 3 編で定められた国の権限を制限するものではない。このようにして制定された法律は,当該法律が効力を失う前にすでになされ,又はなされないこととなった事項を除き,布告が効力を失うと同時に本来権限を有していない限度において効力を失う。

ただし,非常事態の布告がインド領内の一部にのみ施行されているときには,インド又はその領土の一部の安全が,当該非常事態の布告が施行されているインド領内の一部において,又はその領域に関する活動により脅かされているかぎり,当該非常事態の布告が施行されていない地域又はその一部における州又は連邦直轄領に関してこの規程に基づいて法律を制定し,又は執行上の措置をとることができる。

(2) 1 項の規定は,次に掲げるものには適用されない。

　(a) 制定されたときに,施行中の非常事態に関する効力の説明を含まない法律

　(b) 前号の説明を含む法律に基づかないで採られた執行上の措置

第359条 (第 3 編の規定に基づく権利の行使の非常事態における停止)

(1) 非常事態の布告の施行中,大統領は,命令で,当該布告の施行中又は当該命令で定めるそれより短い期間中,(第20条及び第21条を除く)第 3 編の規定に基づく権利の行使についての裁判請求権であって当該命令で指示するもの,又は当該権利の行使について裁判所に係属中の訴訟であって当該命令で指示するものの停止を宣言することができる。

（1A）第3編の規定（第20条及び第21条を除く）に基づく権利について，1項の規定に基づく命令が施行されているときには，それらの権利を定める第3編の規定は，第3編で定められた国が同編中に規定する条項に関するものを除き，法律を制定し，行政上の措置をとることができる権限を制限するものではない。制定された法律は，その法律が効力を失う前になされ又はなされなかった当該事項に関する場合を除き，前記命令が効力を失うとともに，本来権限を有していない限度において，その効力を失う。

ただし，非常事態の布告がインド領内の一部にのみ施行されているときには，インド又はその一部の安全が，当該非常事態の布告が施行されているインド領の一部において，又はその地域に関する活動により脅かされているかぎり，当該非常事態の布告が施行されていない地域又はその一部における州若しくは連邦直轄領に関してこの条の規定に基づいて法律を制定し，又は執行上の措置をとることができる。

（1B）1A項の規定は，次のものには適用されない。

（a）制定されたときに，施行中の非常事態に関する効力の説明を含まない法律

（b）前号の説明を含む法律に基づかないで行われた執行上の措置

（2）前号の規定に基づく命令は，インド領の全部又は一部に及ぶ。

ただし，非常事態の布告がインド領内の一部にのみ施行されているときには，当該布告は，大統領が，インド又はその領土の一部の安全が，当該非常事態の布告が施行されているインド領の一部における又はその地域に関する活動によって脅かされているとみなして，インド領内の他の部分にも適用することが必要だと認めなければ，当該他の部分には適用されない。

（3）1項の規定に基づく命令は，発令後できるかぎりすみやかに，国会の両議院に提出しなければならない。

第360条（財政非常事態に関する規定）

（1）大統領は，インド又はその領域の一部の財政上の安定又は信用が脅かされていると認めるときには，布告でその旨を宣言することができる。

（2）1項の規定に基づいて発せられる布告は，

（a）それに続く布告によって廃止又は変更することができる。

（b）国会の両議院に提出されねばならない。

（c）２月の期間経過前に,国会の両議院の決議によって承認されなければ,当該期間が経過したときにその効力を失う。

ただし,当該布告が,下院が解散されているとき又は下院の解散がｃ号に規定する２月の期間中に生じた場合において,当該布告を承認する決議が上院で可決され,当該布告に関する決議が当該期間経過前に下院で可決されなかったときには,その布告は,再編成後の下院の最初の開会の日から30日を経過する前に下院が当該布告を承認する決議を可決しないかぎり,当該30日が経過した日において効力を失う。

（3）１項の規定に基づく布告の施行中,連邦の執行権は,州に対し一定の財政手法を守ることを指令し,又は大統領が必要若しくは適当と認めるその他の指令を与える権限を含むものとする。

（4）この憲法の規定にかかわらず,

（a）当該指令は,次の規定を含むことができる。

（i）州の事務に関して服務する全部又は一部の職階の者の俸給又は手当の減額を要求する規定

（ii）金銭法案又は第207条の規定の適用を受けるその他の法案について,州議会がこれを可決した後,大統領の考慮を求めるため保留することを要求する規定

（b）大統領は,この条の規定に基づく布告の施行中は,最高裁判所及び高等裁判所の裁判官を含め,連邦の事務に関して服務する全部又は一部の職階の者の俸給又は手当の減額に対し指令を発する権限を有する。

第19編　雑則

第361条（大統領、知事及びラジプラムクの保護）

（1）大統領又は州の知事若しくはラジプラムクは,その職務上の権限若しくは任務の行使若しくは遂行につき,又はその職務上の権限若しくは任務の行

使若しくは遂行の際になし若しくはなさんとする行為について,裁判所に対して責任を負うことはない。

ただし,大統領の行為は,第61条の規定に基づく告発の審査のため,国会のいずれかの議院が任命又は指定する裁判所,審判所又は機関によって審査することができる。

さらに,この項の規定は,何人に対してもインド政府又は州政府を相手とする訴訟を行う権利を制限するものと解釈してはならない。

(2) 大統領又は州の知事の在任中は,これらの者を相手方とするいかなる刑事訴訟も裁判所に提起することはできない。また,これらの者を相手方とするいかなる刑事訴訟も裁判所に係属することができない。

(3) 裁判所は,大統領又は州の知事に対しては,その在任中逮捕又は拘禁の手続きをとることができない。

(4) 大統領又は州の知事の在任中,その就任前又は就任後個人的資格においてなし又はなさんとした行為に関し,これらの者を相手方として救済を求める民事訴訟は,大統領又は州知事に対し,書面による通告又はその事務所に出頭することにより,訴訟の性質,提訴理由,提訴権者の氏名,地位及び住所並びに要求する代償を述べた後2月を経過した後でなければ提起することができない。

第361A条(国会及び州議会の議事手続き公表の保障)

(1) 何人も国会のいずれかの議院又は州議会の下院若しくはそのいずれかの議院の議事手続きについての重要な真実の報道を新聞で公表することに関して,その公表が悪意をもってなされたことが明らかな場合を除き,裁判所において民事上又は刑事上訴追されることはない。

ただし,この項の規定は,国会のいずれかの議院又は州議会の下院若しくはいずれかの議院の秘密会の議事手続き報告書の公表には適用されない。

(2) 1項は,新聞で公表される報道又は事項に関して適用されるとともに,放送局により提供される番組の一部として無線電信手段によって放送される報道又は事項にも適用されるものとする。

(原注)この条において「新聞」とは,新聞で公表される資料を含む,報道機関

の報道をいうものとする。

第361B条（報酬をともなう政治職への任命についての無資格）

　いずれかの議院の議員でいずれかの政党に属する国会議員は,第十附則第2条に基づきその議員の資格を失ったときには,その欠格となった日から議員の任期が満了するまでの間,又はいずれかの議院の選挙での当選を争っているときには,その当選が認められるまでのいずれか早い日までの間,報酬をともなういかなる政治職に就く資格をも有しない。

（原注）この条の目的のために,

　（a）「議院」とは,第十附則第1条a号で示された意味を有する。

　（b）「報酬のともなう政治職」とは,支払われるその俸給,又は報酬が補償的性質を持つものを除き,次の職を意味する。

　　（i）インド政府又は州政府の下で,それぞれインド政府又は州政府の財源から支払われる職

　　（ii）法人化されているか否かを問わず,全体として若しくは一部がインド政府又は州政府によって所有されている団体の下にあり,当該職に対する俸給又は報酬がその団体によって支払われている職

第362条（インド藩王国統治者の権利及び特権）〔削除〕[20]

第363条（一定の条約、協定等により生ずる紛争に対する裁判所の干与禁止）

（1）最高裁判所その他の裁判所は,この憲法の規定にかかわらず,第143条の規定の制限内において,この憲法施行前インド藩王国統治者とインド自治領政府又はその前任政府との間において締結し,又は施行された条約,協定,約定,議渡証書その他類似の文書に関し,この憲法の規定に基づいて生ずる権利又は負担若しくは義務に関する紛争に対しては管轄権を有しない。

（2）この条において,

　（a）「インド藩王国」とは,この憲法施行前,イギリス国王陛下又はインド自治領政府がインド藩王国として承認した領域をいい,また,

　（b）「統治者」とは,この憲法施行前,イギリス国王陛下又はインド自治領政府がインド藩王国統治者として承認した王侯,首長又はその他の者を含

20）憲法第26次改正（1971年）により削除された。

256

む。

第363A条（インド藩王国統治者としての承認の失効及び内帑金の廃止）

この憲法又は現に効力を有する法律の規定にかかわらず，

(a) 王侯,首長若しくは1971年憲法（第26次改正）法施行時,大統領によりインド藩王国統治者と認められたその他の者,又は当該改正法施行前に大統領により当該統治者の後継者と認められた者は,当該改正法施行時以後,当該統治者又は当該統治後継者と認められないものとする。

(b) 1971年憲法（第26次改正）法施行以後,内帑金は廃止され,内帑金に関するすべての権利,負担又は義務は失効する。また,そのとき以後,統治者又はａ号で規定する当該統治者の後継者若しくはその他の者には,内帑金としていかなる金銭も支払われないものとする。

第364条（主要港及び空港に関する特別規定）

(1) この憲法の規定にかかわらず,大統領は,公示で,当該公示において指定する期日以後,次に掲げる旨指令することができる。

(a) 国会又は州議会の制定する法律が主要港又は空港に適用されない旨又は当該公示に規定する適用除外若しくは読替えをして適用される旨

(b) 当該指定された期日前になされ又はなされないこととなった事項に関するものを除き,既存の法律が,主要港又は空港に対して効力を失う旨,又は当該公示に規定する適用除外若しくは読替えをして効力を有する旨

(2) この条において,

(a)「主要港」とは,国会の制定する法律又は既存の法律により又はこれに基づいて主要港として宣言される港をいい,かつ,当分の間,当該港域内のすべての地域を含むものとする。

(b)「空港」とは,航空路,航空機及び航空に関する法令上定義される空港をいう。

第365条（連邦の指令に従わず、又はこれを施行しない場合の効果）

この憲法に基づき連邦の執行権を行使して行った指令に,州がしたがわず,又は当該指令を実施しないときには,大統領は州の統治がこの憲法の規定に基づいて行われない事態が発生したものと適法に認めることができる。

257

第366条（定義）

　この憲法において、次に掲げる用語の意義は、文脈の許すかぎり、当該各項に定めるところによるものとする。

(1)「農業所得」とは、インド所得税に関する法令上定義される農業所得をいう。

(2)「アングロ・インディアン」とは、その父又は男系祖先がヨーロッパ人の血統を引く者であって、本人がインド領内に居住し、その親がインドに一時的滞在者ではなく定住者であった者をいう。

(3)「条」とは、この憲法の条をいう。

(4)「借入」とは、年賦金の付与による金銭の調達を含み、「起債」もこれにしたがって解釈するものとする。

(5)「項」とは、その語が用いられている条の項をいう。

(6)「法人税」とは、租税が会社によって支払われ、かつ、次の条件をみたしている場合の税であるかぎり、所得についての税をいう。

　　(a) それが農業所得に関して課されたものでないこと

　　(b) 会社の納付する税に関し、会社が個人に支払う配当から控除することを税法により認めていないこと

　　(c) 当該配当をうけた個人の総所得に対するインド所得税を算定し、又は当該個人が支払い若しくは当該個人に払い戻されるインド所得税を算定するに際し、会社の納付した前号に規定する税を勘定に入れる旨の規定のないこと

(7)「対応する旧州」、「対応するインド藩王国」又は「対応する州」につき疑義があるときには、大統領が個々の疑義について決定するところの対応する旧州、対応するインド藩王国又は対応する州をいうものとする。

(8)「債務」とは、年賦による元金返済義務に関する負債及び保証付負債を含み、「債務負担」もこれにしたがって解釈するものとする。

(9)「遺産税」とは、死亡と同時に移転し、又は国会若しくは州議会の制定する法律に基づいて移転するものとみなされる一切の財産に対し、国会又は州議会の制定する法律により、又はこれに基づいて定める税規則にてらして確定

258

される原価にしたがい,又はこれを斟酌して課される税をいう。

(10)「既存の法律」とは,この憲法施行前,法律,政令,命令,細則,規則又は規程の制定権を有する議会,機関又は人が可決し,又は制定した法律,政令,命令,細則,規則又は規程をいう。

(11)「連邦法院」とは,1935年インド統治法に基づいて設置された連邦裁判所をいう。

(12)「物品」とは,一切の原料,商品及び品物を含む。

(12A)「物品及びサービス税」は,消費目的の酒類供給に課される税を除く物品,サービスまたはその両方の提供に対する税をいう。

(13)「保証」とは,この憲法施行前,企業利潤が一定額に達しない場合に支払いをなすことを定めた債務を含む。

(14)「高等裁判所」とは,この憲法施行前において州についての高等裁判所として認められている裁判所をいい,かつ,次のものを含む。

  (a) この憲法に基づいて高等裁判所としてインド領内に設置され又は再配置される裁判所

  (b) 国会が,法律で,この憲法の一切の又はいずれかの目的のために高等裁判所として宣言する,インド領内のその他の裁判所

(15)「インド藩王国」とは,インド自治領政府がインド藩王国として承認した領域をいう。

(16)「編」とは,この憲法の編をいう

(17)「年金」とは,拠出制であると否とを問わず,人に対し又は人に関して支給されるすべての種類の年金をいい,支給される退職金,賜金及び利子その他の付加金を付し又は付さない積立基金への掛け金の返済金を含む。

(18)「非常事態の布告」とは,第352条1項の規定に基づいて発する布告をいう。

(19)「公示」とは,インド官報又は州官報の告示をいう。

(20)「鉄道」には,次のものを含まない。

  (a) 全部が1地方団体の地域内にある軌道,又は

  (b) 全部が1州内にあるその他の交通機関の線路であって,国会が鉄道で

ないと宣言したもの

(21)〔削除〕[21]

(22)「統治者」とは,王侯,首長又は1971年憲法(第26次改正)法施行前,大統領がインド藩王国の統治者として認めた者,又は当該憲法改正法施行前に,大統領が統治者の後継者として認めた者をいう。

(23)「附則」とは,この憲法の附則をいう。

(24)「指定カースト」とは,第341条の規定に基づいてこの憲法の適用上指定カーストとみなされるカースト,人種若しくは部族又は当該カースト,人種若しくは部族内の部分若しくは集団をいう。

(25)「指定部族」とは,第342条の規定に基づいて,この憲法の適用上指定部族とみなされる部族若しくは部族社会又は当該部族若しくは部族社会内の部分若しくは集団をいう。

(26)「証券」とは,株式を含む。

(27)「号」とは,その語が用いられる項の号をいう。

(28)「課税」とは,一般的,地方的若しくは特殊的であると否とを問わず,租税又は賦課金の賦課を含み,また,「租税」もこれにしたがって解釈するものとする。

(29)「所得に関する税」とは,超過利得税の性質を有する税を含む。

(29A)「物品の売買に関する税」とは,次に掲げるものを含む。

   (a) 契約の履行以外の手段による,現金,繰延支払又はその他の有償対価による物品財産の譲渡に関する税

   (b) 労働契約の実行に含まれる(物品その他の形を問わず),物品財産の譲渡に関する税

   (c) 割賦法又は分割による支払制度についての物品引渡に関する税

   (d) (期日が特定されていると否とを問わず)現金,繰延支払又はその他の有償対価による一定の目的についての物品使用権の譲渡に関する税

   (e) 法人格なき社団又は団体によりその構成員に対して現金,繰延支払又はその他の有償対価によりなされる物品の提供に関する税

---

21) 憲法第7次改正(1956年)により削除された。

（f） 人の消費する食物その他の品物又は飲物(アルコール飲料か否かを問わない)である物品を役務又はいずれかの形式,又はその部分として,現金,繰延支払又はその他の有償対価により提供することに関する税

　　また,物品の当該譲渡,引渡又は提供は,譲渡,引渡又は提供を行う人によるそれらの物品の売却及び当該譲渡,引渡又は提供を行われた人によるそれらの物品の購買とみなされる。

（30）「連邦直轄領」とは,第一附則に定める連邦直轄領をいい,インド領内にあり,当該附則には定められていない他の領土を含む。

第367条（解釈）

（1） 1897年の一般条項に関する法律は,文脈の許すかぎり,第372条の規定に基づいて行われる読替えをしてインド自治領議会の制定法の解釈に適用されるのと同様にこの憲法の解釈にも適用される。

（2） この憲法において国会が制定する制定法若しくは法律又は州議会が制定する制定法若しくは法律とあるときには,それぞれ大統領が制定する大統領令又は州知事が制定する知事令を含むものと解釈しなければならない。

（3） この憲法において「外国」とは,インド以外の国をいう。

　　ただし,大統領は,国会が制定する法律の範囲内において,命令で当該法令の適用上,いずれかの国が外国でない旨を宣言することができる。

第20編　憲法改正

第368条（国会の憲法改正権とその手続き）

（1） この憲法の規定にかかわらず,国会は,この条に定められた手続きにしたがい,この憲法の条項を追加,変更又は廃止することによってその憲法改正権を行使することができる。

（2） この憲法の改正は,国会のいずれかの議院における改正法案の提出によってのみ発案することができる。当該法案が両議院においてその議院の総議員の過半数であり,かつ,出席して投票する議員の3分の2以上の多数で可決されたときには,認証を求めるため大統領へ提出されるものとし,認証さ

261

たとき,憲法は,当該法案の字句にしたがって改正される。

ただし,その改正が,次に掲げるものを変更しようとする場合には,当該改正は当該改正を規定する法案が認証を求めるため大統領へ提出される前に,2分の1以上の州の議会によってこれを承認する決議を可決することにより,承認されなければならない。

    (a) 第54条,第55条,第73条,第162条,第241条若しくは第279A条,

    (b) 第5編第4章,第6編第5章若しくは第11編第1章,

    (c) 第七附則の表,

    (d) 国会における州の代表,又は

    (e) この条の規定

(3) 第13条の規定は,この条の規定に基づいてなされる改正には,適用されない。

(4) この条の規定に基づいてなされ,又はなされんとするこの憲法の改正(第3編の規定を含む)は,1976年憲法(第42次改正)法第55条の施行前後を問わず,いかなる理由に基づいても裁判所で審査されることはない。

(5) 疑義を除去するため,この条の規定に基づいて行われるこの憲法の条項の追加,変更又は廃止を行う国会の憲法改正権はいかなる制限もないことをここに宣言する。

第21編　暫定的、経過的及び特別規定

第369条(州管轄事項表に掲げる事項を共通管轄事項とみなして立法する国会の暫定的権限)

この憲法の規定にかかわらず,国会はこの憲法施行後5年間,次に掲げる事項に関し共通管轄事項表に掲げる事項に対するのと同様の立法権を有する。

    (a) 綿及び毛の織物,綿花,(繰綿及び非繰綿すなわち実綿を含む),綿実,紙(新聞印刷用紙を含む),食料品(食用の油種子及び油を含む),家畜飼料(油粕及びその他の凝結物を含む),石炭(コークス及び石炭派生物を含む),鉄,鋼及び雲母の1州内における取引及び商業並びに生産,供給及び配給

262

（b）a号に掲げる事項に関する法律違反,最高裁判所以外の一切の裁判所の当該事項に関する管轄権及び権限並びに裁判所の収納する手数料を除く当該事項に関する手数料

ただし,国会の制定する法律であって,この条の規定する場合を除いて制定の権限のない事項に関するものは,当該5年の期間経過前になされ又はなされないこととなった事項を除き,その権限のない限度において,当該期間が経過した日にその効力を失う。

第370条（ジャンムー・カシュミール州に関する暫定規定）

（1）この憲法の規定にかかわらず,

（a）第238条の規定は,ジャンムー・カシュミール州に関しては適用しない。

（b）当該州に対する国会の立法権は,次のものに限定される。

（i）連邦管轄事項表及び共通管轄事項表に掲げる事項であって,大統領が当該州政府と協議して,当該自治州のインド自治領加入文書において自治領議会が当該州のために立法権を有する旨を定めている事項に対応するものであると宣言するもの

（ii）前記事項表に掲げるその他の事項であって,大統領が当該州政府の同意を得て命令で定めることができるもの

（原注）この条にいう州政府とは,1948年3月5日付マハラジャ布告に基づいて在任する大臣会議の助言により当分の間職務を行うジャンムー・カシュミールの藩王として大統領が認める者をいう。

（c）第1条及びこの条の規定は,当該州に関し適用する。

（d）この憲法のその他の規定は,大統領が命令で定める適用除外及び読替えをして,当該州に関して適用する。

ただし,b号（i）目に規定するインド自治領加入文書記載事項に関する命令を発するには、当該州政府と協議しなければならない。

さらに,上ただし書に規定する事項以外の事項に関する命令を発するには,当該政府の同意を得なければならない。

（2）1項b号（ii）目又は同項d号第2ただし書に規定する当該州政府の同意が当該州の憲法制定を目的とする憲法制定議会招集前に与えられているとき

には,当該同意は当該議会に上程しなければならない。

(3) 前項までの規定にかかわらず,大統領は公示で,当該公示において定める一定期間以後,この条の規定が効力を失う旨又は公示において規定する適用除外若しくは読替えをしてのみ有効である旨を宣言することができる。

　ただし,大統領が当該公示を行うには,2項に規定する当該州憲法制定議会の勧告を必要とする。

第371条（マハーラーシュトラ州及びグジャラート州に関する特別規定）

(1) 〔削除〕[22]

(2) この憲法の規定にかかわらず,大統領は命令で,マハーラーシュトラ州及びグジャラート州に関して,次に掲げる事項について当該州知事の特別の責任を定めることができる。

- (a) ヴィダールバ,マーラトワダ及びマハーラーシュトラ州その他の地域についての個別開発委員会,又はサウラーシュトラ,カッチ及びグジャラート州のその他の地域についての個別開発委員会の設置。ただし,これらの各個別開発委員会の活動についての報告は,毎年当該州下院に提出されなければならないという規定を含むものとする。

- (b) 当該州全体の要請にしたがうという条件の下で,前記地域に対する開発支出のための資金を公平に割り当てること

- (c) 当該州全体の要請にしたがうという条件の下で,前記地域のすべてに関し,技術教育及び言語訓練のための充分な施設並びに当該州政府の監督の下にある役務への雇用に対する充分な機会を提供する公平な調整

第371A条（ナガランド州に関する特別規定）

(1) この憲法の規定にかかわらず,

- (a) 次の事項に関する国会制定法は,ナガランド州にあっては,当該州下院が決議によってその旨議決しなければ適用されない。

- (i) ナガ族の宗教的・社会的慣行

- (ii) ナガ慣習法及び手続き

- (iii) ナガ慣習法にしたがってなされた決定を含む民事及び刑事裁判の運

---

22) 憲法第32次改正(1974年)により削除された。

264

用

(iv) 土地及びその資源の所有及び譲渡

(b) ナガランド州知事は,ナガランド州の形成までナガ丘陵チュエンサン地域で発生した騒乱が当該地域又はその一部で継続しているとみなすときには,当該州の法と秩序に関する特別の職責を有し,それに関して任務を遂行するに際しては,大臣会議と協議した後,採るべき措置を自らの判断で行使する。

　ただし,ある事項が知事自らの判断の行使を要求するこの号の規定に基づいているか否かに関して疑義が生じたときには,知事の裁量による当該決定は最終的なものであり,知事によってなされた決定の効力は,知事自らの判断を行使すべきだったか否かという理由で異議を申立てられることはない。

　さらに,大統領は,当該知事からの報告を受け取ったことにより又はその他のことによって,知事がナガランド州における法と秩序に関し特別の職責を有する必要がもはや存在しないとみなしたときには,命令で,知事が当該命令で定める日以降当該職責の効力を失う旨指令することができる。

(c) 交付金を求める要求に関する勧告を行うにあたって,ナガランド州知事は,特定の役務又は目的のためインド統合基金からインド政府によって供与される金銭が当該役務又は目的に関する交付金を求める要求を含み,その他の要求を含まないことを保証しなければならない。

(d) ナガランド州知事が,公示により定めた日以降,35人の委員により構成されるチュエンサン県のための県協議会が設置されるものとし,知事は,その裁量で,次の事項を定める規則を制定することができる。

(ⅰ) 地域協議会の構成及び地域協議会の委員を選出する方法

　ただし,チュエンサン県の副長官は,職務上当該地域協議会の委員長となるものとし,地域協議会の副委員長は,委員の中から互選されるものとする。

(ⅱ) 地域協議会委員に任命され,在職する資格

265

(iii) 地域協議会委員の任期並びに有給の場合にはその委員に支払われるその俸給及び手当

(iv) 地域協議会の事務手続き及び事務処理

(v) 地域協議会の役員及び職員の任命並びにその勤務条件

(vi) 地域協議会の構成及び適当な活動のために規則を制定する必要があるものについてのその他の事項

(2) この憲法の規定にかかわらず,ナガランド州の形成の日以後10年間又は知事が地域協議会の勧告に基づいて公示で定めるその後の期間,

(a) チュエンサン県の行政は,知事により行われる。

(b) ナガランド州全体の要求に応じて,ナガランド州政府に対しインド政府により金銭が供与されるときには,当該知事はその裁量でチュエンサン県とその他の地域との間に当該金銭を公平に配分するための調整を行う。

(c) ナガランド州議会の制定する法律は,知事が,公示で,地域協議会の勧告に基づき,かつ,当該法律に関する指示を行うにあたって,当該法律は地域協議会の勧告に基づいて定める適用除外及び読替えをしてチュエンサン県又はその一部に適用される旨定めなければ,チュエンサン県には適用されない。

ただし,この号に基づいてなされる指示は,遡及効果をもってなされるものとする。

(d) 知事は,チュエンサン県の平和,進歩及び善政のために規則を制定することができる。制定された規則は,必要なときには当該県に適用されている国会制定法その他の法律を遡及的に廃止,改正することができる。

(e) (i) ナガランド州下院においてチュエンサン県を代表する議員のうち1人は,知事により首相の助言に基づきチュエンサン問題担当大臣として任命される。

首相は,助言をなすにあたって前記議員の多数の勧告に基づいて行為しなければならない。

(ii) チュエンサン問題担当大臣は,チュエンサン県に関するすべての事

項を取扱い,知事に直接進言することができる。ただし,同様のことについて首相に報告しておかなければならない。

(f) この項の前記諸規定にかかわらず,チュエンサン県に関するすべての事項の最終決定は,知事がその裁量で行うことができる。

(g) 第54条,第55条及び第80条4項における州下院の被選議員又はその各議員についての規定は,この条の規定に基づいて設置された地域協議会により選挙されたナガランド下院議員に対する規定を含むものとする。

(h) 第170条において,

(i) 1項は,ナガランド下院に関しては「60」を「46」に置き換えたうえで効力を有するものとする。

(ii) 同項における州の地域的選挙区からの直接選挙についての規定は,この条の規定に基づいて設置された地域協議会の委員による選挙を含むものとする。

(iii) 2項及び3項における地域的選挙区についての規定は,コヒマ県及びモコックチュン県における地域的選挙区への規定を意味するものとする。

(3) この条の前項までの規定を施行するにあたって困難が生じたときには,大統領は命令で,この困難を除去するのに必要とみなした(他の条の読替えを含めて)措置をとることができる。

ただし,当該命令は,ナガランド州の形成の日から3年経過した後に発することはできない。

(原注) この条において,コヒマ県,モコックチュン県及びチュエンサン県は,1962年のナガランド州に関する法律におけると同じ意味を有するものとする。

第371B条(アッサム州に関する特別規定)

この憲法の規定にかかわらず,大統領は,命令で,アッサム州に関して第六附則第20条に付された表の第1編に定める部族地域から選挙されたアッサム州下院議員により構成された下院委員会の構成及び運営について及び当該命令で定められた当該議員のその他の議員の数,並びに当該委員会の構成及び適

切な運営のために当該議院の手続き規則中に定められた変更について定めることができる。

第371C条（マニプル州に関する特別規定）

(1) この憲法の規定にかかわらず,大統領は,命令で,マニプル州に関して当該州の丘陵地域から選挙された州下院議員により構成された下院委員会の構成及び運営について,当該政府の活動についての規則中及び下院の手続き規則中に定められた変更について,並びに当該委員会の適切な運営を保証するための知事の特別の責任について定めることができる。

(2) 知事は,毎年又は大統領により必要と認められたときにはいつでも,マニプル州における丘陵地域の行政に関して大統領に報告をなすものとし,連邦の行政権は,前記地域の行政に関して当該州に対する指示を与えることに及ぶものとする。

（原注）この条において「丘陵地域」とは,大統領が命令で丘陵地域と宣言するものをいう。

第371D条（アーンドラ・プラデーシュ州に関する特別規定）

(1) 大統領は,命令で,アーンドラ・プラデーシュ州に関し,州全体の要求に配慮しつつ,公雇用及び教育に関して,当該州の異なった部分に属する人民のために公平な機会と施設のための規定を定めることができ,当該州のそれぞれの部分のために異なった規定がつくられるものとする。

(2) 1項の規定に基づく命令は,とくに,

　(a) 州政府が,州の文官職の職階又は州の下にある文官職を州のそれぞれの地域ごとの地方組織に,当該命令で定められた原則及び手続きにしたがって,当該官職を保持する人を地方に配置する。

　(b) 次に掲げる事項につき,地方的区域とみなされる州の地域を定めることができる。

　　(i) 州政府の下にある地方組織中の（この条の規定に基づく命令の実施にあたって組織されたか他の規定に基づいて構成されたかを問わず）官職への直接募集

　　(ii) 州内の地方機関の下にある組織における官職への直接募集

第三章　インド憲法（和訳）本文

　　　（ⅲ）州内の大学又は州政府の監督の下にあるその他の教育機関への入学
　（c）優遇又は留保が与えられ又は行われる範囲,方法及び条件を,当該組織,
　　　大学又はその他の教育施設に関して,当該命令で定められた期間中,その
　　　地方に居住し又は勉学していた志願者に対し,又はその者のために,次に
　　　掲げる法律で規定する。
　　　（ⅰ）命令で,当該目的のためにb号で規定された組織における官職への
　　　　　直接募集の方法
　　　（ⅱ）命令で,当該目的のためにb号で規定された大学又はその他の教育
　　　　　施設への入学の方法
（3）大統領は,命令で,1973年憲法（第32次改正）法施行まで,（最高裁判所以外
の）裁判所又は審判所若しくは次に掲げる事項に関して当該命令中に定めら
れたその他の機関が行使することのできた管轄権,権限及び職権を含む管轄
権,権限及び職権を行使するため,アーンドラ・プラデーシュ州の行政審判所
の構成につき規定することができる。
　（a）当該命令で定められた,当該州の公務における文官職の職階への,州の
　　　下にある文官職への,又は当該州内の地方機関の監督の下にある官職の
　　　職階への任命,配置又は昇任
　（b）当該命令で定められた,当該州の公務における文官職の職階へ,州の下
　　　にある文官職の職階へ,又は州内の地方機関の監督の下にある官職の職
　　　階へ任命,配置又は昇任される者の優先順位
　（c）当該命令で定められた,当該州の公務における文官職の職階へ,州の下
　　　にある文官職の職階へ,又は州内の地方機関の監督の下にある官職の職
　　　階へ任命,配置又は昇任される者のその他の勤務条件
（4）3項の規定に基づいて発せられた命令は,次に掲げる事項を含む。
　（a）大統領が,命令で定める管轄権の範囲内にある事項及び当該命令に基
　　　づき行政審判所が適当と認める事項に関する不服申立ての救済提出を受
　　　理する権限を行政審判所に与えること
　（b）大統領が必要とみなした（行政審判所の侮辱処罰権に関する規定を含
　　　む）行政審判所の権限,権能及び手続きに関する規定を設けること

269

(c) その管轄権内にある事項に関する手続きであり,当該命令の施行まで(最高裁判所以外の)裁判所,審判所又はその他の機関に係属している手続きを,当該命令で定めた審級の行政審判所に移送することについて定めること

(d) 大統領が必要とみなした補足的,付随的及び結果的規定(手数料及び証拠制限,証拠法則に関する規定又は適用除外若しくは読替えにより,そのときに施行されていた法律を適用することについての規定を含む)を設けること

(5) 事件を最終的に処理する行政審判所の命令は,州政府による確認があった日又は当該命令が発せられた日から3月経過する日のうちいずれか早い日に確定する。

ただし,州政府は,文書で,かつ,その中で明示された理由に基づいてなされた特別命令により,それが確定する前に行政審判所の命令を変更又は取消すことができる。

この場合においては,行政審判所の命令は,変更された形式においてのみ効力を有し又は有しないものとする。

(6) 5項ただし書に基づき,州政府により発せられたすべての特別命令は,それが発せられた後すみやかに州議会の両議院に提出されるものとする。

(7) 当該州の高等裁判所は,行政審判所に対するいかなる監督権も有しない。また,いかなる裁判所(最高裁判所を除く)又は審判所も行政審判所の又は行政審判所に関する管轄権,権限,権能に服する事項に関する管轄権,権限又は権能を行使しない。

(8) 大統領は,行政審判所の継続的存置が不必要だとみなした場合には,命令で,当該行政審判所を廃止し,当該廃止まで当該審判所に係属していた事件の移送及び処理のため適当とみなす規定を当該命令で定めることができる。

(9) 裁判所,審判所その他の機関の判決,決定,命令にかかわらず,次に掲げる事項はその者に対する当該任命,補職,昇任又は転任が,そのときに効力を有し,当該任命,補職,昇任又は転任に関しハイデラバード州内又はアーンドラ・プラデーシュ州の1地域内における住所に関する要件について定める法律にした

270

がってなされていないという理由のみに基づいて違法若しくは無効とみなされ,又は違法若しくは無効となることはない。

（a）次に掲げる任命,補職,昇任又は転任であって,

（ⅰ）1956年11月1日より前に存在していたハイデラバード州政府又はその地方機関の下にある官職について,当該期日より前になされたもの

（ⅱ）1973年憲法（第32次改正）法施行前,アーンドラ・プラデーシュ州政府又はその地方機関その他の機関の下にある官職についてなされたもの

（b）a号に規定された者により,又はその者に関してとられた措置又はなされた事項

(10) この条及びそれに基づいて大統領によりなされた命令の規定は,この憲法の他の規定及びそのときに効力を有するその他の規定にかかわらず,効力を有するものとする。

第371E条（アーンドラ・プラデーシュにおける中央大学）

国会は,法律で,アーンドラ・プラデーシュ州における大学の設置についての規定を設けることができる。

第371F条（シッキム州に関する特別規定）

この憲法の規定にかかわらず,

（a）シッキム州下院は,30人以上の議員で構成する。

（b）1975年憲法（第36次改正）法施行日以後,（以下この条において「指定日」という）

（ⅰ）1974年4月,シッキムにおいて行われた選挙の結果選挙された32人の議員（以下「在籍議員」という）で構成されたシッキム州議会は,この憲法の規定に基づいて正当に構成されたシッキム州下院とみなされる。

（ⅱ）在籍議員は,この憲法の規定に基づいて正当に選挙されたシッキム州下院の議員とみなされる。

（ⅲ）当該州下院は,この憲法の規定に基づいて州下院の権限を行使し,その作用を遂行する。

(c) b号の規定に基づいてシッキム州下院とみなされる議院の場合,第172
条1項における5年の期間という規定は,4年の期間についての規定と
解釈するものとし,当該4年の期間は指定日からはじまったものとみな
す。

(d) 国会が法律で別段の規定を設けるまで,国会下院の1議席がシッキム
州に割当てられ,シッキム国会選挙区とよばれる一つの国会選挙区が形
成される。

(e) 指定日に存在していた国会下院におけるシッキムの代表は,シッキム
州下院議員によって選挙されるものとする。

(f) 国会は,シッキム住民の各部門の権利及び利益を保護するために,当該
部門に属する候補者によって占められる,シッキム州下院の議席数につ
いての規定及び当該部門のみに属する候補者がシッキム州下院に立候補
する議院選挙区の範囲画定についての規定を設けることができる。

(g) シッキム州知事は,平和のため及びシッキム住民の各部門の社会的・
経済的発展を保障するための公平な調整を行う特別責任を有し,この項
に基づく特別責任を履行するにあたってシッキム州知事は,大統領が時
宜に応じて適当とみなしその裁量で発した指令に従うものとする。

(h) 指定日まで,シッキム政府又はシッキム政府のためのその他の機関若
しくは人に与えられたすべての財産及び資産(シッキム州を構成する地
域の内外を問わない)は,指定日以後シッキム州政府に与えられる。

(i) シッキム州を構成する地域において,指定日までその職能を果たして
いる高等裁判所は,指定日以後シッキム州高等裁判所とみなされる。

(j) シッキム州全域にわたる,民事,刑事及び租税の管轄権を有するすべて
の裁判所,司法,執行及び内閣のすべての機関及び官吏は,指定日以後この
憲法の規定にしたがいそれぞれの職能を行使する。

(k) シッキム州にある地域又はその部分において,指定日まで効力を有し
ていたすべての法律は,権限を有する議会又はその他の機関により改正
又は廃止されるまで,当該地域において効力を継続する。

(l) シッキム州の行政に関して,k号で規定する法律の適用を促進するた

272

第三章　インド憲法（和訳）本文

め,及び当該法律の条項をこの憲法の規定に調和させるため,大統領は,指定日から２年以内,命令で,必要性又は便宜に応じて廃止又は改正によって,当該読替えを行うことができる。また,当該すべての法律は,この読替えに基づいて効力を有するものとし,当該読替えは,いかなる裁判所の審査にも服さないものとする。

(m) 最高裁判所及びその他の裁判所は,シッキムに関する条約,協定,協約又はその他の文書から生じた紛争又はその他の条項であって,指定日より前に締結又は執行されたものであり,かつ,インド政府又はその先任政府のあるものが１当事者であるものに関しては管轄権を有しない。ただし,この条における規定は,第143条の条項に抵触するように解釈されてはならない。

(n) 大統領は,公示により,その適切とみなした制限又は読替えをして,当該公示日にインドの１州で効力を有する法令を,シッキム州に適用することができる。

(o) この条の前号までの規定を施行するに際して,困難が生じた場合には,大統領は,命令で,当該困難を除去するために必要とみなしたあらゆる措置(他の条文の読替えを含む)をとることができる。

　　ただし,指定日より２年を経過した後は,当該命令を発することはできない。

(p) 指定日に始まり1975年憲法(第36次改正)法が大統領の裁可を受ける日までに終わる期間中,シッキム州又はそれに含まれる地域において又はそれに関連して行われたすべての事項又はすべての行為は,それが1975年憲法(第36次改正)法により改正されたこの憲法の規定に抵触しないかぎり,すべての点について当該改正法の規定に基づいて有効になされたものとみなされる。

第371G条（ミゾラム州に関する特別規定）

この憲法の規定にかかわらず,

(a) 次に掲げる事項に関して定める法律は,ミゾラム州下院が,当該法律と同一の決定を行った場合にのみ,ミゾラム州に適用される。

273

(i) ミゾの宗教的・社会的慣行

(ii) ミゾ慣習法及び訴訟手続き

(iii) ミゾ慣習法に基づく決定を行うための民事・刑事裁判の遂行

(iv) 土地所有及び譲渡

　　ただし,この号は,1986年憲法(第53次改正)法施行までミゾラム連邦直轄領において効力を有していた連邦法には適用されない。

(b) ミゾラム州下院は,40人以上の議員によって構成する。

第371H条(アルナーチャル・プラデーシュ州に関する特別規定)

この憲法の規定にかかわらず,

(a) アルナーチャル・プラデーシュ州知事は,アルナーチャル・プラデーシュ州における法と秩序に関して特別の責任を有しており,それに関して任務を遂行するに際しては,大臣会議と協議した後,採るべき措置を自らの判断で行使する。

　　ただし,ある事項が知事自らの判断の行使を要求するこの号の規定に基づいているか否かに関して疑義が生じたときには,知事の裁量による当該決定は最終的なものであり,知事によってなされた決定の効力は,知事自らの判断を行使すべきだったか否かという理由で異義を申立てられることはない。

　　さらに,大統領は,当該知事からの報告を受け取ったことにより,又はその他のことによって,知事がアルナーチャル・プラデーシュ州における法と秩序に関し特別の責任を有する必要がもはや存在しないとみなしたときには,命令で定める日以降当該責任の効力を失う旨指令することができる。

(b) アルナーチャル・プラデーシュ州下院は,30人以上の議員で構成する。

第371I条(ゴア州に関する特別規定)

この憲法の規定にかかわらず,ゴア州下院は,30人以上の議員で構成する。

第371J条(カルナータカ州に関する特別規定)

(1) 大統領は,カルナータカ州に関わる命令により,次の事項に関する知事の特別な責務について定めることができる。

274

（a）独立したハイデラバード・カルナータカ地域開発評議会の設置及びこの年次報告書を州議会に提出することの規定

（b）州全体の要請にしたがい,上記の地域における開発支出のための財源の平等な配分

（c）州全体の要請にしたがい,上記の地域に属する者の公務への雇用,教育及び職業訓練に関わる機会及び施設の平等

（2）前項 c 号に基づく命令において次の事項を定めることが出来る。

（a）ハイデラバード・カルナータカ地域を出生地又は居住地とする学生の教育及び職業訓練機関における留保の割合

（b）州政府及びハイデラバード・カルナータカ地域にある州政府の管理する団体若しくは機関における職又は職の階級の指定,ハイデラバード・カルナータカ地域を出生地又は居住地とする者の留保の割合,並びに直接の募集若しくは昇進又は命令で定めるその他の方法によるこれらの職への任命

第372条（既存の法律の効力継続及びその適合化）

（1）第395条に規定する法令のこの憲法による廃止にかかわらず,この憲法のその他の規定の制限内において,この憲法施行までインド領内において効力を有する一切の法律は,権限ある議会又は権限あるその他の機関により変更し,廃止し,又は改正されるまで効力を継続する。

（2）大統領は,インド領内において効力を有する法律の規定をこの憲法の規定に適合させるため,命令で,当該法律の廃止又は改正により,必要又は適当と認める読替えを行い,また,当該命令で定める期日以後当該法律がその読替えの制限内において効力を有する旨を規定することができる。その読替えは,裁判所において審査されることはない。

（3）2項の規定は,

（a）この憲法の施行の日から3年を経過した後まで大統領に法律の読替えをなす権限を与えるものとみなしてはならず,

（b）同項の規定に基づいて大統領が読替えをなした法律を権限ある議会又は権限あるその他の機関が廃止し又は改正することを妨げるものとみな

275

してはならない。

（原注Ⅰ）この条にいう「効力を有する法律」とは,この憲法施行前インド領内における権限ある議会又は権限あるその他の機関が可決又は制定した法律であって,この憲法施行前廃止されていないものを含むものとし,当該法律の全部又は一部が当時インド領の全部又は一部に施行されていたものであるか否かを問わない。

（原注Ⅱ）インド領内における議会又は権限あるその他の機関が可決又は制定した法律であって,この憲法施行までインド領内におけると同様にインド領外に対しても効力を有したものは,当該読替えの制限内において当該領土に対して効力を継続する。

（原注Ⅲ）この条の規定は,臨時的法律の効力を,その定める期間を経過した日以後又はこの憲法が施行されないものとした場合において期限が経過することとなる日以後,なお,その効力を継続させるものと解釈してはならない。

（原注Ⅳ）1935年のインド統治法第88条の規定に基づいて旧州の知事が発した命令でこの憲法施行まで効力を有するものは,対応する州の知事が事前に廃止した場合を除き,第382条1項の規定に基づきその州下院がこの憲法施行後最初に集会した日から6週間を経過した日において効力を失うものとし,この条の規定は,当該命令の効力を当該期限を超えて継続させるものと解釈してはならない。

第372A条（法律を適合化する大統領の権限）

(1) 大統領は,1956年憲法（第7次改正）法施行まで,インド又はその一部において効力を有していた法律の規定を同法により改正されたこの憲法の規定に適合させるため,1957年11月1日より前に発せられた命令で,廃止又は改正により必要又は妥当と認める当該法律の読替えを行い,当該命令で定める期日以後,当該法律がその読替えの制限内において効力を有する旨を規定することができる。その読替えは,裁判所において審査されることはない。

(2) 1項の規定は,同項に基づいて大統領が読替えをした法律を,権限ある議会又は権限あるその他の機関が廃止し又は改正することを妨げるものとみなしてはならない。

第373条（一定の場合における予防拘禁者に関する大統領の命令権）

　第22条7項の規定に基づいて国会が規定を設ける日又はこの憲法施行後1年を経過する日のいずれか早い期日まで,同条の規定は同条4項及び7項中に国会とあるものは大統領と,国会の制定する法律とあるものは大統領の制定する命令と読替えて効力を有するものとする。

第374条（連邦法院裁判官及び連邦法院又はイギリス枢密院に係属中の訴訟に関する規定）

（1）この憲法施行まで在任する連邦法院の裁判官は,他に選任されないかぎり,この憲法施行と同時に最高裁判所裁判官となり,かつ,最高裁判所裁判官に関し第125条の規定に基づいて定める俸給及び手当並びに休暇及び年金に関する権利を有する。

（2）この憲法施行のさい,民事たると刑事たるとを問わず,連邦法院に係属中の一切の訴訟,上訴及び訴訟手続きは,最高裁判所へ移送されるものとし,最高裁判所は,それを審理し,かつ,判決する権限を有する。また,この憲法施行前連邦法院が下し,又は発した判決又は命令は,最高裁判所が下し,又は発したと同様の効力を有する。

（3）インド領内の裁判所の下した判決,決定又は命令に関する上訴又は請願を処理するイギリス枢密院の管轄権の行使は,当該管轄権の行使が法律で認められているかぎり,この憲法により無効とされることはない。また,この憲法施行後上訴又は請願について発せられるイギリス枢密院令は,最高裁判所がこの憲法により与えられる管轄権を行使して発する命令又は指令と同様の効力を有するものとする。

（4）この憲法施行の日以後第一附則B編に規定する州内の裁判所の下した判決,決定又は命令に関する上訴又は請願を受理し,又は処理する当該州の枢密院としての権限を有する機関の管轄権は消滅するものとし,当該機関に係属中の上訴その他の訴訟手続きは,この憲法施行の日において最高裁判所に移送され,その処理を受けるものとする。

（5）この条の規定を施行するために必要な事項は,国会が法律で定める。

第375条（憲法の規定の制限内における裁判所、機関及び公務員の権能の継続）

　インド領の全域にわたり,民事,刑事及び租税の管轄権を有するすべての裁判所並びに司法,執行及び行政の権限を有するすべての機関及び公務員は,この憲法の規定の制限内において,その権限を引き続き行使する。

第376条（高等裁判所裁判官に関する規定）

（1）　第217条2項の規定にかかわらず,この憲法施行まで在任する旧州の高等裁判所裁判官は,他に選任されないかぎり,この憲法施行と同時に対応する州の高等裁判所裁判官となり,高等裁判所裁判官に関して第221条の規定に基づいて定められる俸給及び手当並びに休暇及び年金に関する権利を有する。

　当該裁判官は,インド市民でない場合にも,当該高等裁判所の所長又は他の高等裁判所の所長若しくは裁判官に任命される資格を有する。

（2）　第一附則B編に規定する州に対応するインド藩王国にこの憲法施行まで在任する高等裁判所裁判官は,他に選任されないかぎり,この憲法施行と同時に当該附則B編に規定する州の高等裁判所裁判官となり,第217条1項及び2項の規定にかかわらず同条ただし書の制限内において,大統領が命令で決定する期間が経過する日まで引き続き在任する。

（3）　この条にいう「裁判官」には,臨時代理裁判官又は補佐裁判官を含まないものとする。

第377条（インド会計検査院長に関する規定）

　この憲法施行まで在任するインド会計検査長官は,他に選任されないかぎり,この憲法施行と同時に会計検査院長に関する第148条3項の規定に基づいて規定される俸給並びに休暇及び年金に関する権利を有し,かつ,この憲法施行まで当該長官に適用された規定に基づいて決定される任期の満了する日まで引き続き在任する権利を有する。

第378条（公務委員会に関する規定）

（1）　この憲法施行まで在任するインド自治領公務委員会委員は,他に選任されないかぎり,この憲法施行と同時に連邦公務委員会委員となり,かつ,第316条1項及び2項の規定にかかわらず,同条2項のただし書の制限内において,

278

この憲法施行まで当該委員に適用された規定に基づいて決定される任期の満了する日まで引き続き在任する。

(2) この憲法施行まで在任する旧州の公務委員会委員又は2以上の旧州のために在任する公務委員会委員は,他に選任されないかぎり,この憲法施行と同時にそれぞれ対応する州の公務委員会委員又は2以上のための合同公務委員会委員となり,かつ,第316条1項及び2項の規定にかかわらず,同条2項ただし書の制限内において,この憲法施行まで当該委員に適用された規則に基づいて決定される任期の満了する日まで引き続き在任する。

第378A条(アーンドラ・プラデーシュ州下院の継続に関する特別規定)

第172条の規定にかかわらず,1956年州再編成法第28条及び第29条の規定に基づいて構成されたアーンドラ・プラデーシュ州下院は,すみやかに解散されない場合には,同法第29条で規定する日から5年の間継続することができ,当該期日の満了により当該下院は解散されたものとみなされる。

第379条〜第391条 〔削除〕[23]

第392条(困難を排除するための大統領の権限)

(1) 何らかの困難,特に1935年インド統治法の規定からこの憲法の規定に移行する際に起こりうる困難を除去するため,大統領は,命令で,当該命令で定める期間中この憲法の適用について大統領が必要又は妥当と認める読替え又は適用除外をする旨を指示することができる。

ただし,当該命令は,第5編第2章の規定に基づいて正式に構成された国会が最初の会議を行った後は,これを発することができない。

(2) 1項の規定に基づいて発せられたすべての命令は,国会に提出するものとする。

(3) この条,第324条,第367条3項及び第391条の規定により大統領に与えられる権限は,この憲法施行前はインド自治領総督が行使する。

---

23) 憲法第7次改正(1956年)により削除された。

第22編　略称、施行、ヒンディー語による正文及び廃止

第393条（略称）

この憲法をインド憲法と称する。

第394条（施行）

この条並びに第5条,第6条,第7条,第8条,第9条,第60条,第324条,第366条,第367条,第379条,第380条,第388条,第391条,第392条及び第393条の規定は,即時これを施行し,この憲法のその他の規定は,この憲法の施行日としてこの憲法に規定する1950年1月26日から施行する。

第394A条（ヒンディー語による正文）

(1) 大統領は,その権限により,次のものを公刊せしめるものとする。

　(a) 制憲議会議員が署名したヒンディー語訳憲法に,ヒンディー語による連邦法の正文の言語,文体及び用語法と一致するように必要な修正を加え,その公刊までになされたこの憲法のすべての改正を盛り込んだ,ヒンディー語によるこの憲法の書換え,並びに

　(b) 英語でなされた,この憲法のすべての改正のヒンディー語への書換え

(2) 1項の規定に基づいて公刊されたこの憲法及びすべての憲法改正の書換えは,その原本と同一の意味をもつものとみなされる。また,書換えの箇所で同一の意味をもつものとみなすのに困難がともなうときには,大統領が適切に改訂せしめるものとする。

(3) この条の規定に基づいて公刊された,この憲法及びそのすべての改正の書換えは,すべてヒンディー語による正文とみなされる。

第395条（廃止）

1947年インド独立法並びに1935年インド統治法及びこれを修正・補足する一切の法令は,1949年枢密院令を除き,廃止する。

第三章　インド憲法(和訳) 附則

第一附則

（第1条及び第4条）

Ⅰ．州

1．アーンドラ・プラデーシュ

　1953年アーンドラ州法第3条1項,1956年州再編法第3条1項,1959年アーンドラ・プラデーシュ及びマドラス(境界変更)法第1附則並びに1968年アーンドラ・プラデーシュ及びマイソール(領域移転)法附則に定める領域から1959年アーンドラ・プラデーシュ及びマドラス(境界変更)法第2附則に定める領域を除外したもの並びに2014年アーンドラ・プラデーシュ再編法第3条に定める領域

2．アッサム

　憲法施行直前の時点でアッサム州,カーシ国及びアッサム部族地域を構成していた領域から1951年アッサム(領域変更)法附則,1962年ナガランド州法第3条1項並びに1971年北東領域(再編)法第5条,第6条及び第7条に定めるものを除外した領域,並びに2015年憲法(第100次改正)法第2附則第1編に定める領域で,1960年憲法(第9次改正)法第3条a号に定める領域に関わらず2015年憲法(第100次改正)法第2附則第1編に定める領域

3．ビハール

　憲法施行直前の時点でビハール州を構成し又は同州の一部を構成するとみなされ統治されていた領域並びに1968年ビハール及びウッタル・プラデーシュ(境界変更)法第3条1項a号に定める領域から1956年ビハール及び西ベンガル(領域移転)法第3条1項,1968年ビハール及びウッタル・プラデーシュ(境界変更)法第3条1項b号,並びに2000年ビハール再編法第3条に定める領域を除外したもの

4．グジャラート

　1960年ボンベイ(再編)法第3条1項の適用される領域

281

5．ケーララ

1956年州再編法第5条1項に定める領域

6．マディヤ・プラデーシュ

1956年州再編法第9条1項及び1959年ラージャスターン及びマディヤ・プラデーシュ（領域移転）法第1附則に定める領域から2000年マディヤ・プラデーシュ再編法第3条に定める領域を除外したもの

7．タミル・ナードゥ

憲法施行直前の時点でマドラス州を構成し,又は同州の一部を構成するとみなされ統治されていた領域並びに1956年州再編法第4条及び1959年アーンドラ・プラデーシュ及びマドラス（境界変更）法第2附則に定める領域から1953年アーンドラ州法第3条1項及び第4条1項,1956年州再編法第5条1項b号,同第6条及び第7条1項d号,並びに1959年アーンドラ・プラデーシュ及びマドラス（境界変更）法第1附則に定める領域を除外したもの

8．マハーラーシュトラ

1956年州再編法第8条1項に定める領域から1960年ボンベイ再編法第3条1項が適用される領域を除外したもの

9．カルナータカ

1956年州再編法第7条1項に定める領域から1968年アーンドラ・プラデーシュ及びマイソール（領域移転）法附則に定める領域を除外したもの

10．オディーシャ

憲法施行直前の時点でオリッサ州を構成し,又は同州の一部を構成するとみなされ統治されていた領域

11．パンジャーブ

1956年州再編法第11条及び1960年獲得領域（併合）法第1附則第2編に定める領域から1960年憲法（第9次改正）法第1附則第2編,並びに1966年パンジャーブ再編法第3条1項,第4条及び第5条1項に定める領域を除外したもの

12．ラージャスターン

1956年州再編法第10条に定める領域から1959年ラージャスターン及びマ

ディヤ・プラデーシュ(領域移転)法第1附則に定める領域を除外したもの

13. ウッタル・プラデーシュ

憲法施行直前の時点で連合州とされていた州を構成し,又は同州の一部を構成するとみなされ統治されていた領域並びに1968年ビハール及びウッタル・プラデーシュ(境界変更)法第3条1項b号及び1979年ハリヤーナー及びウッタル・プラデーシュ(境界変更)法第4条1項b号に定める領域から1968年ビハール及びウッタル・プラデーシュ(境界変更)法第3条1項a号,2000年ウッタル・プラデーシュ再編法第3条,並びに1979年ハリヤーナー及びウッタル・プラデーシュ(境界変更)法第4条1項a号に定める領域を除外したもの

14. 西ベンガル

憲法施行直前の時点で西ベンガル州を構成し,又は同州の一部を構成するとみなされ統治されていた領域,1954年シャンデルナゴル(併合)法第2条c号に定める領域, 並びに1956年ビハール及び西ベンガル(領域移転)法第3条1項に定める領域, 並びに憲法(第100次改正)法第1附則第3表に定める領域及び同法第2附則第3表に定める領域に関わる1960年憲法(第9次改正)法第3条c号の規定に関わらず, 憲法(第100次改正)法第1附則第3編に定める領域で, 同法第2附則第3編に定める領域を除外したもの

15. ジャンムー・カシュミール

憲法施行直前の時点でインド領ジャンムー・カシュミールを構成していた領域

16. ナガランド

1962年ナガランド州法第3条1項に定める領域

17. ハリヤーナー

1966年パンジャーブ再編法第3条1項並びに1979年ハリヤーナー及びウッタル・プラデーシュ(境界変更)法第4条1項a号に定める領域から同法第4条1項b号に定める領域を除外したもの

18. ヒマーチャル・プラデーシュ

憲法施行直前の時点でヒマーチャル・プラデーシュ及びビラスプールの名

により行政長官領として統治されていた領域,並びに1966年パンジャーブ再編法第5条1項に定める領域

19. マニプル

憲法施行直前の時点でマニプルの名により行政長官領として統治されていた領域

20. トリプラ

憲法施行直前の時点でトリプラの名により行政長官領として統治されていた領域,及び1960年憲法(第9次改正)法第3条d号の規定に関わらず,憲法(第100次改正)法第1附則第2編に定める領域

21. メガラヤ

1971年北東地域(再編)法第5条に定める領域及び憲法(第100次改正)法第1附則第1編に定める領域で,同法第2附則第2編に定める領域を除外したもの

22. シッキム

1975年憲法(第36次改正)法施行直前の時点でシッキムを構成していた領域

23. ミゾラム

1971年北東地域(再編)法第6条に定める領域

24. アルナーチャル・プラデーシュ

1971年北東地域(再編)法第7条に定める領域

25. ゴア

1987年ゴア,ダマン及びディーウ再編法第3条に定める領域

26. チャッティースガル

2000年マディヤ・プラデーシュ再編法第3条に定める領域

27. ウッタラカンド

2000年ウッタル・プラデーシュ再編法第3条に定める領域

28. ジャールカンド

2000年ビハール再編法第3条に定める領域

29. テランガーナ

2014年アーンドラ・プラデーシュ再編法第3条に定める領域

第三章　インド憲法（和訳）附則

Ⅱ．連邦直轄領

1．デリー
　憲法施行直前の時点でデリー行政長官領として統治されていた領域
2．アンダマン・ニコバル諸島
　憲法施行直前の時点でアンダマン・ニコバル諸島行政長官領として統治されていた領域
3．ラクシャドウィープ
　1956年州再編法第6条に定める領域
4．ダドラ及びナガル・ハーヴェリ
　1961年8月11日直前の時点で自由ダドラ及びナガル・ハーヴェリを構成していた領域
5．ダマン及びディーウ
　1987年ゴア,ダマン及びディーウ再編法第4条に定める領域
6．プドゥチェーリ
　1962年8月16日直前の時点でポンディシェリー,カリカル,マヘ及びヤナムとされるインド領内のフランス領を構成していた領域
7．チャンディーガル
　1966年パンジャーブ再編法第4条に定める領域

第二附則

（第59条3項,第65条3項,第75条6項,第97条,第125条,第148条3項,第158条3項,第164条5項,第186条,第221条）

A編：大統領及び州知事に関する規定

1．大統領及び州知事に対し,次に掲げる月額の俸給を支給しなければならない。

大統領　10,000ルピー[24]

州知事　5,500ルピー[25]

2．大統領及び州知事に対し,この憲法施行直前の時点でインド総督及び対応する州知事のそれぞれに支払われていた手当を支払わなければならない。

3．大統領及び州知事は,その職にある期間中この憲法施行直前の時点でインド総督及び対応する州知事が享受していた特権を付与されなければならない。

4．副大統領若しくはその他の者が大統領の権能を行使するとき若しくはその代理となるとき,又は何人も州知事の権能を行使するときには,それぞれその権能を行使する大統領又は州知事と同じ俸給,手当又は特権を享受する。

B編　〔削除〕[26]

C編：国会下院議長及び副議長、国会上院議長及び副議長、並びに州議会議長及び副議長に関する規定

7．国会下院議長及び上院議長に対しては,この憲法施行直前の時点でインド自治領制憲議会議長に対して支払われた俸給及び手当を支給しなければならず,国会下院副議長及び上院副議長に対しては,この憲法施行直前の時点でインド自治領制憲議会副議長に対して支払われた俸給及び手当を支給しなければならない。

8．州下院議長及び副議長並びに州上院議長及び副議長に対しては,それぞれこの憲法施行直前の時点で対応する州の下院議長及び副議長並びに州上院議長及び副議長に支払われた俸給及び手当を支給しなければならない。この憲法施行直前の時点で対応する州に州上院が置かれていなかったときには,州上院議長及び副議長に対しては,州知事の定める額の俸給及び手当が支払

24）2008年大統領の報酬及び年金（改正）法により,現在150,000ルピーとされている。

25）2008年州知事の（報酬,手当,及び特権）（改正）法により,現在110,000ルピーとされている。

26）憲法第7次改正（1956年）により削除された。

第三章　インド憲法（和訳）附則

われなければならない。

D編：最高裁判所及び高等裁判所裁判官に関する規定

9．（1）最高裁判所の裁判官に対し,その在職期間中,次に掲げる月額の俸給を支給しなければならない。

　最高裁判所長官　　　10,000ルピー[27]

　最高裁判所裁判官　　9,000ルピー[28]

　ただし,最高裁判所裁判官がその任命の時点で,インド政府若しくはこれに先立つ政府又は州政府若しくはこれに先立つ政府における前職により年金（障害年金を除く）を受給しているときには,最高裁判所における職務に関する俸給は,次のものを減額する。

　（a）年金の額

　（b）任命の前に前職に関連して支払われるべき年金の一部の代わりに等価値のものを受給したとき,年金の一部の額

　（c）任命の前に前職に関連して退職金を受給したとき,退職金と同額の年金額

（2）すべての最高裁判所裁判官は,その公邸を使用料を支払うことなく使用することができなければならない。

（3）この条2項の規定は,この憲法施行直前の時点において

　（a）連邦裁判所長官の職にあり,憲法施行により第374条1項に基づいて最高裁判所長官に就任した者,又は

　（b）連邦裁判所において長官以外の裁判官の職にあり,この憲法施行により前述の規定に基づいて最高裁判所裁判官（長官を除く）に就任した者

に対しては,最高裁判所長官又は裁判官の職にある間は適用されず,最高裁判所長官又は裁判官に就任した者は,最高裁判所長官又は裁判官としての在職期間中,適宜この条1項に定める俸給に加え,定める額と憲法施行直前の時点

27）2009年高等裁判所及び最高裁判所裁判官（俸給及び勤務条件）改正法により,現在月額100,000ルピーとされている。

28）同改正法により,現在月額90,000ルピーとされている。

287

において支払われていた額との差額を受給することができる。

(4) 最高裁判所のすべての裁判官は,インド領内における業務出張費用について適当な手当を受け取り,出張に関して大統領が時宜に応じて定める適当な施設を提供される。

(5) 最高裁判所裁判官の休暇(休暇手当を含む)及び年金の権利は,この憲法施行直前の時点において連邦裁判所裁判官に適用されていた規定に基づく。

10. (1) 高等裁判所の裁判官に対し,その在職期間中,次に掲げる月額の俸給を支給しなければならない。

　　高等裁判所長官　　　9,000ルピー [29]
　　高等裁判所裁判官　　8,000ルピー [30]

　ただし,高等裁判所裁判官がその任命の時点で,インド政府若しくはこれに先立つ政府又は州政府若しくはこれに先立つ政府における前職により年金(障害年金を除く)を受給しているときには,高等裁判所における職務に関する俸給は,次のものを減額する。

　(a) 年金の額

　(b) 任命の前に前職に関連して支払われるべき年金の一部の代わりに等価値のものを受給したとき,年金の一部の額

　(c) 任命の前に前職に関連して退職金を受給したとき,退職金と同額の年金額

(2) この憲法施行直前の時点において

　(a) 州の高等裁判所長官の職にあり,憲法施行により第376条1項に基づいて対応する州の高等裁判所長官に就任した者,又は

　(b) 州の高等裁判所において長官以外の裁判官の職にあり,この憲法施行により前述の規定に基づいて対応する州の高等裁判所裁判官(長官を除く)に就任した者で,この憲法施行直前の時点においてこの条1項に定める額よりも高い俸給を受給していた者は,

高等裁判所長官若しくは裁判官としての在職期間中,定められた額とこの憲

---

29) 同改正法により,現在月額90,000ルピーとされている。

30) 同改正法により,現在月額80,000ルピーとされている。

288

法施行直前の時点で得ていた額との差額を,1項に定める俸給に加えて特別に受給することができる。

（3）1956年憲法第7次改正法施行直前の時点で,第一附則B編に定める州の高等裁判所長官の職にあった者で,当該改正法施行により,改正された附則に定める州の高等裁判所長官の職に就任した者は,当該改正法施行直前の時点においてその俸給に加え特別手当を受給していたときには,高等裁判所長官としての在職期間中,この条1項に定める俸給に加えて同額の手当を受給することができる。

11. この編において,文脈の許すかぎり,

（a）「長官」には「長官代理」を,「裁判官」には「特別裁判官」を含む。

（b）「在職」には

（ⅰ）裁判官としての職務遂行中の期間及び大統領の要請によりその他の職務を遂行している期間

（ⅱ）裁判官が許可により外出しているときを除く休日

（ⅲ）高等裁判所から最高裁判所,又は高等裁判所から別の高等裁判所への転任の際の引き継ぎ期間を含む。

E編：インド会計検査院長に関する規定

12.（1）インド会計検査院長に対し,月額4000ルピー[31]の俸給を支払わなければならない。

（2）この憲法施行直前の時点においてインド会計長官の職にあり,憲法施行により第377条に基づきインド会計検査院長の職に就任した者は,この条1項に定める俸給に加え,定める俸給の額とこの憲法施行直前の時点においてインド会計長官に支払われていた俸給との差額を特別手当として受給することができる。

（3）インド会計検査院長の休暇,年金及びその他の勤務条件に関する権利は,この憲法施行直前の時点でインド会計長官に対し適用されていた規定が,適

31）1971年会計検査院長の（職責,権限及び勤務条件）法により,その俸給は最高裁判所裁判官の俸給と同額とされた。したがって,現在月額90,000ルピーとされている。

宜適用され,又は適用され続けなければならず,当該規定の中で総督について規定する部分については大統領がこれにあたるものと解釈しなければならない。

第三附則

(第75条4項,第99条,第124条6項,第148条2項,第164条3項,第188条及び第219条関連)

宣誓又は約言の形式

Ⅰ
連邦の大臣職における宣誓の形式
「私,A.B.は,インド憲法及び制定された法律への信頼と忠誠を示し,インドの主権と統一を支持し,連邦大臣としての職務を誠実にかつ良心をもって遂行し,すべての人民に対し偏見や悪意なく公平に正義を実践することを,神の名において誓います(又は厳粛に約言します)。」

Ⅱ
連邦大臣の守秘義務に関する宣誓の形式
「私,A.B.は,大臣としての職務遂行に必要とされる場合を除き,自らの考慮の下に置かれるべき又は連邦大臣として自らが知りうる事項について,いかなる者にも直接的に若しくは間接的に伝達又は漏洩しないことを神の名において誓います(又は厳粛に約言します)。」

Ⅲ
A　国会選挙立候補者による宣誓又は約言の形式
「国会上院(又は下院)議員立候補者に指名された私,A. B.は,インド憲法及び制定された法律への信頼と忠誠を示し,インドの主権と統一を支持するこ

とを,神の名において誓います（又は厳粛に約言します）。」

B　国会議員による宣誓又は約言の形式

「国会上院（又は下院）議員に選出（任命）された私,A．B.は,インド憲法及び制定された法律への信頼と忠誠を示し,インドの主権と統一を支持し,これより誠実に職務を遂行することを,神の名において誓います（又は厳粛に約言します）。」

Ⅳ

最高裁判所裁判官及びインド会計検査院長による宣誓又は約言の形式

「インド最高裁判所長官（又は裁判官）（又はインド会計検査院長）に任命された私,A．B.は,インド憲法及び制定された法律への信頼と忠誠を示し,インドの主権と統一を支持し,適切かつ誠実に,自らの能力,知識及び判断の限りを尽くして,偏見や悪意なく公平に職務を遂行し,インド憲法及び法令を支持することを神の名において誓います（又は厳粛に約言します）。」

Ⅴ

州の大臣職における宣誓の形式

「私,A．B.は,インド憲法及び制定された法律への信頼と忠誠を示し,インドの主権と統一を支持し,＿＿＿＿＿州大臣としての職務を誠実にかつ良心をもって遂行し,すべての人民に対し偏見や悪意なく公平に正義を実践することを,神の名において誓います（又は厳粛に約言します）。」

Ⅵ

州大臣の守秘義務に関する宣誓の形式

「私,A．B.は,大臣としての職務遂行に必要とされる場合を除き,自らの考慮の下に置かれるべき又は＿＿＿＿＿州大臣として自らが知りうる事項について,いかなる者にも直接的に若しくは間接的に伝達又は漏洩しないことを神の名において誓います（又は厳粛に約言します）。」

Ⅶ

A　州議会選挙立候補者による宣誓又は約言の形式

「州下院(又は州上院)議員立候補者に指名された私,A．B.は,インド憲法及び制定された法律への信頼と忠誠を示し,インドの主権と統一を支持することを,神の名において誓います(又は厳粛に約言します)。」

B　州議会議員による宣誓又は約言の形式

「州下院(又は州上院)議員に選出(任命)された私,A．B.は,インド憲法及び制定された法律への信頼と忠誠を示し,インドの主権と統一を支持し,これより誠実に職務を遂行することを,神の名において誓います(又は厳粛に約言します)。」

Ⅷ

高等裁判所裁判官による宣誓又は約言の形式

「＿＿＿＿高等裁判所長官(又は裁判官)に任命された私,A．B.は,インド憲法及び制定された法律への信頼と忠誠を示し,インドの主権と統一を支持し,適切かつ誠実に,自らの能力,知識及び判断の限りを尽くして,偏見や悪意なく公平に職務を遂行し,インド憲法及び法令を支持することを神の名において誓います(又は厳粛に約言します)。」

第四附則

（第4条第1項及び第80条2項関連）

国会上院議席配分

　下記の表の第一列に定める州又は連邦直轄領のそれぞれについて,第一列に対応する形で第二列において記された議席数が適宜割り当てられる。

表

1.	アーンドラ・プラデーシュ	11
2.	テランガーナ	7
3.	アッサム	7
4.	ビハール	16
5.	ジャールカンド	6
6.	ゴア	1
7.	グジャラート	11
8.	ハリヤーナー	5
9.	ケーララ	9
10.	マディヤ・プラデーシュ	11
11.	チャッティースガル	5
12.	タミル・ナードゥ	18
13.	マハーラーシュトラ	19
14.	カルナータカ	12
15.	オディーシャ	10
16.	パンジャーブ	7
17.	ラージャスターン	10
18.	ウッタル・プラデーシュ	31
19.	ウッタラカンド	3
20.	西ベンガル	16
21.	ジャンムー・カシュミール	4
22.	ナガランド	1
23.	ヒマーチャル・プラデーシュ	3
24.	マニプル	1
25.	トリプラ	1
26.	メガラヤ	1
27.	シッキム	1
28.	ミゾラム	1
29.	アルナーチャル・プラデーシュ	1
30.	デリー	3
31.	プドゥチェーリ	1
計		233

第五附則

（第244条1項関連）

A編　総則

1．解釈

　この附則において特に定めのないかぎり,「州」には,アッサム州,メガラヤ州,トリプラ州及びミゾラム州を含まない。

2．指定地域における州の執行権

　この附則の条文に基づき,州は州内の指定地域にその執行権を有する。

3．指定地域の行政に関する大統領への州知事による報告

　指定地域を持つ各州の知事は,当該州の指定地域における行政に関して大統領に毎年又は大統領の要請に応じて報告を行い,中央は州に対して当該地域の行政に関して命令を出すことにより執行権を及ぼす。

B編　指定地域及び指定部族の行政及び管理

4．部族諮問協議会

（1）指定地域をもつ州,又は大統領の命令に基づき,指定部族が居住しつつも指定地域のない州に,20人を超えない委員数で,かつその定員の4分の3にできる限り近い数を指定部族出身の州下院議員で構成する部族諮問協議会をおく。

　ただし,州下院における指定部族出身議員の数が部族諮問協議会において議員により占められるべき数よりも少ないときは,指定部族出身のその他の者が残りの委員を占めなければならない。

（2）部族諮問協議会は,知事より付託された指定部族の福祉及び向上に関する事項について,諮問を行わなければならない。

（3）知事は,下記の事項について規定を設けることができる。

　（a）協議会の委員数,委員の任命方法及び議長,事務担当官等の任命

　（b）会合の運営及び一般的手続き

第三章　インド憲法（和訳）附則

　　（c）その他の付随的事項

5．指定地域に適用される法律

（1）この憲法の規定にかかわらず,知事は公示により,国会若しくは州議会による特定の制定法を指定地域若しくはその一部に適用しない,又は公示された知事の命令による適用除外若しくは修正に基づいて適用するよう命令を出すことができ,この項により出された命令は過去にさかのぼって効力を有することができる。

（2）知事は,指定地域と定められている州内の地域の平和及び安定した統治のために規則を制定することができる。特に,前述の権限の一般性を侵害することなく,この規則は下記の事項について規定することができる。

　　（a）当該地域内における,指定部族による又は指定部族間の土地譲渡の禁
　　　　止又は制限
　　（b）当該地域内における,指定部族への土地分配の規制
　　（c）当該地域内において,指定部族を対象に金貸しを営む金貸業に対する
　　　　規制

（3）前項における規則を設けるにあたり,知事は国会又は州議会により制定された法令又は当該地域に適用可能な法令の廃止又は改正を行うことができる。

（4）この条に基づいて定める規則は,大統領に送付され,これが署名されるまで効力を有しない。

（5）部族諮問協議会が存在するときには,この条に基づいて定められた規則はその諮問を経ない限り効力を有しない。

C編　指定地域

6．指定地域

（1）この憲法において,「指定地域」とは大統領が大統領令により指定地域として宣言した地域を示す。

（2）大統領は,適宜命令により

　　（a）指定地域の全部又は一部を指定地域又はその一部でなくすことを指示

295

することができ,

(b) 州知事との協議の後,指定地域を拡大することができ,

(c) 州境の変更,連邦への併合又は新たな州の創設に際して,それまで当該州の領域になかった地域を指定地域又は指定地域の一部として宣言することができ,

(d) いかなる州又は複数の州に関連しても,この条に基づき発せられた命令を撤回し,関連する州知事との協議の後,指定地域とされる地域を再定義する新たな命令を発することができる。

大統領が必要かつ適切であると認めた付随的及び派生的規定を命令に含めることができるが,いかなる命令によっても1項に基づく大統領令を無効にすることは出来ない。

D編　附則の改正

7．附則の改正

(1) 国会は,時宜に応じて法律でこの附則の規定について追加,変更及び削除を行うことにより改正することができ,附則が改正されたときには,憲法のこの附則の参照とは,改正後の附則の参照と解釈する。

(2) この条1項に定める法律とは,第368条における憲法改正とはみなさない。

第六附則

（第244条2項及び第275条1項関連）

アッサム州、メガラヤ州、トリプラ州及びミゾラム州における部族地域の行政に関する規定

1．自治県及び自治地域

(1) この条の規定にしたがい,第20条に示した表の各号（Ⅰ,Ⅱ,ⅡA及びⅢ）における部族地域を自治県とする。

296

第三章　インド憲法（和訳）附則

(2) 自治県内に異なった指定部族が居住している場合には,知事は公示により,地域又は当該部族が居住している地域を分割し自治地域とすることができる。

(3) 知事は公示により,

　(a)　いかなる地域も前述の表の部分に含めることができ,

　(b)　いかなる地域も前述の表の部分から除外することができ,

　(c)　新たな自治県を創設することができ,

　(d)　自治県の領域を拡大することができ,

　(e)　自治県の領域を削減することができ,

　(f)　２以上の自治県又はその一部を,１の自治県を形成するために統合することができ,

　(ff)　自治県の名称を変更することができ,

　(g)　自治県の境界線を確定することができる。

　ただし,この項c,d,e及びf号に基づく知事の命令は,この附則第14条１項に基づき任命された委員会の報告を検討することなくなされてはならない。

　さらに,　知事は,命令に効力を与えるために必要と認めたときには,この項に基づく命令に付随的及び派生的規定(第20条の改正及び前述の表の改正を含む)を含めることができる。

２．県協議会及び地域協議会

(1) 各自治県には30人を超えない議員,そのうちの４人は知事により任命され,残りは成人で選挙権を持つものにより選出されるものにより構成される,県協議会を設置しなければならない。

(2) この附則第１条２項による自治地域を構成する各地域には,個別の地域協議会を設置しなければならない。

(3) すべての県協議会及びすべての地域協議会は,それぞれ(県名)県協議会及び(地域名)地域協議会と称する法人であり,継続的存続をし,印章を保持し,その名において訴訟を提起し又は訴訟の相手方となる。

(4) この附則の規定に基づき,自治県の行政権は,この附則に基づく当該県内の地域協議会に付与されたものでないかぎり,当該県に関しては県協議会に,

297

自治地域の行政権は当該地域に関しては地域協議会に付与される。

(5) 地域協議会の存在する自治県において,県協議会は,当該領域に関して附則により付与された権限に加えて,地域協議会の権限の及ぶその領域について,地域協議会から付与された権限を行使する。

(6) 知事は,関連する自治県又は地域に存在する部族協議会又はその他の部族の代表機関との協議の後,県協議会及び地域協議会の最初の構成にあたって規則を制定しなければならず,当該規則には下記の事項を定めるものとする。

　(a) 県協議会及び地域協議会の構成並びにその議席の配分

　(b) 前掲の協議会議員選挙のための選挙区の確定

　(c) 選挙における投票資格及び選挙人名簿の作成

　(d) 前掲の協議会議員として選出されるための資格

　(e) 地域協議会議員の任期

　(f) 協議会の選挙及び任命に関連するその他の事項

　(g) 県協議会及び地域協議会において,空席にもかかわらず行使される権限を含む職務上の手続き及び遂行

　(h) 県協議会及び地域協議会の役員及び職員の任命

(6A) 県協議会の被選出議員は,協議会選挙の後第1回目の会合に指名された日から5年の任期の間,第16条に基づいて県協議会が解散されないかぎり在職し,任命議員は,知事の定めにより在職する。

　ただし,緊急事態宣言が発せられているとき,又は知事の意見により選挙の実施が不可能となる状況が存在するときには,知事は1年を超えない限りにおいて,緊急事態宣言が発せられていた場合において当該宣言が停止されたときは6月を超えないかぎりにおいて5年と定められた任期を延長することができる。

　さらに,空席となった議席のために選出された議員は,元の議員の任期の残りの期間を在職期間とする。

(7) 県又は地域協議会は,第1回会合の後,知事の承認を得てこの条6項に列挙された事項について規則を制定することができ,同様の承認を得て以下の

事項についての規則を制定することができる。

(a) 下位の地区協議会又は評議会の設置並びにその職務上の手続及びその遂行，並びに

(b) 県又は地域の行政に適宜かかわる職務の遂行に関連する一般的な事項のすべて

ただし，この項に基づく規則が県又は地域協議会により制定されるまでは，知事がこの条6項に基づき制定する，各協議会の選挙，役員及び職員，並びに職務上の手続き及びその遂行にかかわる規則が効力を有する。

3．県協議会及び地域協議会の法令制定権

(1) 自治地域協議会は当該地域内の全領域に対して，自治県協議会は当該県内において地域協議会の権限が及ぶ領域以外の全領域に対して，以下の事項に関する法令を制定する権限を持つ。

(a) 保存林を除く，農業用，放牧用，住宅用，その他の非農業目的の，又は農村若しくは都市住民の利益を促進させるための土地の配分，占有又は利用，区分

　　ただし，当該法令は，関連する州政府が公共目的で，占有しているか否かにかかわらず，その時点で収用を根拠づける法令に従って土地の強制収用を行うことを，妨げるものではない。

(b) 保存林を除く森林の管理

(c) 農業のための運河又は用水路の利用

(d) 焼畑（Jhum）又はその他の形態の移動農業の規制

(e) 村落又は町委員会の設置及びその権限

(f) 村落又は町警察，公衆衛生を含む村落又は町行政に関わるその他の事項

(g) 長老の任命又は承継

(h) 財産の相続

(i) 婚姻及び離婚

(j) 社会慣習

(2) この条において「保存林」とは，1891年アッサム森林規則又はその時点

で効力を持つその他の法令により保存林とされている地域をいう。

(3) この条に基づいて制定されたすべての法令は知事に提出されなければならず,その署名を得るまでは効力を有しない。

4. 自治県及び自治地域における司法行政

(1) 自治地域協議会は当該地域内の全領域において,自治県協議会は当該県内において地域協議会の権限が及ぶ領域以外の全領域において,指定部族間の訴訟で第5条1項が適用される訴訟以外のものについて州内の裁判所を除外して取り扱う村協議会又は法廷を設置することができ,当該村協議会のメンバーについて適当な者及び当該法廷に参加する職員を任命することができ,また,この附則第3条に基づいて制定された法令の運用に必要な職員の任命を行うことができる。

(2) 憲法の規定に関わらず,自治地域協議会又は自治地域協議会により設置された法廷,又は地域協議会を持たない自治県においては自治県協議会又は自治県協議会により設置された法廷は,当該県又は地域内に設置された村協議会又は法廷により審査可能であり,この附則第5条1項が適用される訴訟以外の訴訟の控訴院としての権限を持ち,高等裁判所又は最高裁判所以外の裁判所はこれらの訴訟に関して管轄権を持たない。

(3) 高等裁判所は,この条2項が適用される訴訟のうち知事が命令で定めるものに関して管轄権を持ち又はこれを行使する。

(4) 地域協議会又は県協議会は,場合により,知事の事前の承認に基づき

  (a) 村協議会若しくは法廷の設置又はこの条に基づきこれらの機関が行使する権限

  (b) この条1項に基づき村落協議会又は法廷が訴訟を審判する手続

  (c) 地域又は県協議会又はこれらの協議会により設置されるすべての法廷のこの条2項に基づく控訴の手続

  (d) これらの協議会又は法廷による裁決の執行

  (e) この条1項及び2項に定める事項を運用するために必要なその他の事項

について規則を制定することができる。

（5）大統領が,関連する州政府との協議の後,告示により指定した日以後,告示で示す自治県又は地域に関してこの条は,下記の効力を有する。

（i）1項の「指定部族間の訴訟で第5条1項が適用される訴訟以外のもの」の文を,「知事の指定する,この附則第5条1項を参照する性質を有しない訴訟」に置き換える。

（ii）2項及び3項を削除する。

（iii）4項の

（イ）「地域協議会又は県協議会は,場合により,知事の事前の承認に基づき…規則を制定することができる。」の文を,「知事は…規則を制定できる。」に置き換える。

（ロ）a号を,以下の文に置き換える。

「村協議会若しくは法廷の設置又はこれらの機関が行使する権限,村協議会若しくは法廷の決定に対する控訴の提起される裁判所」

（ハ）c号を,以下の文に置き換える。

「地域協議会又は県協議会又はこれらの協議会により大統領が5項に基づき指定した日の直前の時点で設置されていた法廷に係属中の控訴又はその他の手続きの移送」

（ニ）e号について,「この条1項及び2項」の語を「この条1項」に置き換える。

5. 特定の訴訟及び犯罪の審理における地域協議会及び県協議会への,並びに特定の法廷及び公務員への1908年インド民事訴訟法及び1898年インド刑事訴訟法に基づく権限の付与

（1）知事は,自治県若しくは地域において効力を有する,知事が定める法律に基づく訴訟又はインド刑法若しくはその他の当該県若しくは地域において適用される法律に基づき死刑,無期懲役若しくは5年を超える有期懲役の刑罰が科せられる犯罪の審理に際し,当該県若しくは地域において権限を有する県協議会若しくは地域協議会若しくはこれらの協議会により設置される法廷又は知事が任命する公務員に対して,1908年インド民事訴訟法又は1898年インド刑事訴訟法に基づく権限を,適当とみなすかぎり付与することができ,当

301

該協議会,法廷又は公務員は付与された権限を行使し,訴訟又は犯罪を審理しなければならない。

(2) 知事は,この条1項に基づき県協議会,地域協議会,法廷又は公務員に対して付与した権限を撤回又は修正することができる。

(3) この条に明記されていないかぎり,1908年民事訴訟法又は1898年刑事訴訟法は,この条の規定が適用される自治県若しくは自治地域における訴訟又は犯罪に対して適用されない。

(4) 大統領がいかなる自治県若しくは自治地域に関しても,第4条5項に基づき指定した日に,又はその日から,当該県若しくは地域への適用にあたり,県協議会,地域協議会若しくは県協議会により設置される法廷に対してこの条1項に基づき知事は権限を付与しうるとはみなさない。

6．初等学校等を設置する県協議会の権限

(1) 自治県における県協議会は,県内に初等学校,診療所,市場,家畜用溜池,渡船,養魚場,道路,陸上交通機関,水路を設置し,建設し又は管理することができ,知事の事前の承認に基づき前掲の施設の規制又は管理に関する規則を制定することができ,とくに県内の初等学校においてなされる初等教育での言語や手法について定めることができる。

(2) 知事は,県協議会の合意により,条件付きで又は無条件で,協議会又はその公務員に対して農業,畜産,コミュニティ事業,協同組合,社会福祉,村開発計画又は州の行政権が及ぶその他の事項を委任することができる。

7．県及び地域基金

(1) それぞれの自治県に県基金が,それぞれの自治地域に地域基金が設置され,それぞれの県については県協議会が,地域については地域協議会が憲法の規定に従い当該県又は地域の行政の中で受領したすべての金銭を納める。

(2) 知事は,県基金若しくは地域基金の管理にかかわる規則,当該基金への金銭の払い込み若しくは払い出しに際して従うべき手続,金銭の管理及びその他の事項,又は前述の事項について付随的な事項に関して定めることができる。

(3) 県協議会又は地域協議会の会計は,インド会計検査院長が大統領の承認

第三章　インド憲法（和訳）附則

を得て定める形式により,これを管理しなければならない。

(4) 会計検査院長は,適切と考える方法により,県及び地域協議会の会計を監査させなければならず,会計検査院長による報告は知事に提出され,知事はこれを協議会に提示させなければならない。

8. 地税の算定,徴収及び課税権

(1) 自治地域における地域協議会は,その領域内のすべての土地について,自治県における県協議会は,その領域内の土地のうち地域協議会が権限を及ぼす土地を除くものについて,その時点で州政府が地税のために一般的に行う算定に従い,地税の算定及び徴収を行う権限を有する。

(2) 自治地域における地域協議会は,その領域内のすべてについて,自治県における県協議会は,その領域のうち地域協議会が権限を及ぼす領域を除くものについて,土地及び建物に関する税並びに当該地域に居住する住民に対する税を賦課及び徴収する権限を有する。

(3) 自治県における県協議会は,当該県内において下記の税のすべて又は一部を賦課及び徴収する権限を有する。

　(a) 専門職, 取引, 職業及び雇用に関する税

　(b) 動物, 車両及び船舶に関する税

　(c) 物品入市税, 船舶による旅客又は物品の運搬税

　(d) 学校, 診療所又は道路の管理に関する税

　(e) 娯楽及び遊興税

(4) 地域協議会又は県協議会は,本条2項及び3項に明記する税の賦課及び徴収に関して定める規則を制定することができる。当該規則は知事に提出されなければならず,その署名を得るまでは効力を有しない。

9. 鉱物の試掘又は精錬の許可又は貸与

(1) 州政府により自治県内の領域に関して付与された鉱物の試掘若しくは精錬のための許可又は貸与から毎年度生じる使用料の配分は,州政府と県協議会との合意に基づき県協議会に譲渡される。

(2) 県協議会に譲渡された使用料の配分に関して紛争が生じたときには,知事の裁決に付され,知事が裁量により決定した額は1項に基づいて県協議会に

303

支払われうる額とされる。知事のこの決定は最終のものとされる。

(3) 知事は,命令により,この条に基づく県協議会への使用料の配分について１項に基づく合意の日又は２項に基づく決定の日から１年以内に県協議会に譲渡することを指示することができる。

10. 非指定部族による金貸業及び商取引の管理のための,県協議会の規則制定権

(1) 自治県における県協議会は,当該県内に居住する指定部族以外の者による県内での金貸業又は商取引について制限及び管理するための規則を定めることができる。

(2) 前記の権限の一般性にかかわらず,とくに当該規則においては以下の規定を定める。

　(a) 金貸業営業の許可を保有している者を除く営業禁止の規定

　(b) 金貸業者の賦課又は回収しうる利率の最大限度の規定

　(c) 金貸業者の会計管理及び県協議会により任命された公務員による会計監査に関する規定

　(d) 指定部族に属さない住民が,県協議会の発行する許可状なく日用品の卸売業又は小売業を営むことの禁止に関する規定

ただし,この条に基づく規則は,県協議会の総議席数の４分の３を超える賛成により制定される。

さらに,当該規則制定以前から県内で金貸業又は販売業を営んでいた者に対して許可状の発行を拒否することは,いかなる規則に基づいてもなしえない。

(3) この条に基づくすべての規則は知事に提出されなければならず,知事の署名を得るまではその効力を有しない。

11. この附則に基づいて制定された法律，規則及び規制の公刊

この附則に基づき県協議会又は地域協議会により制定されたすべての法律,規則及び規制は,州官報に掲載されなければならず,その公表により法としての効力を有する。

12. アッサム州内の自治県及び自治地域への国会制定法及びアッサム州議

第三章　インド憲法（和訳）附則

会制定法の適用

(1)　この憲法の規定にかかわらず,

　（a）　この附則第3条に定める事項で県協議会又は地域協議会が法律を制定
　　しうる事項に関するアッサム州法及び非蒸留アルコール飲料の消費を禁
　　止又は制限するアッサム州法は,いずれの場合においても当該県協議会
　　又は当該地域について管轄権を持つ県協議会が公示により指令を発しな
　　いかぎり適用されることはなく,法律に関して指令を発した県協議会は,
　　法律の当該県若しくは当該地域又はそれらの一部への適用について適当
　　と考える除外又は修正にしたがわなければならないことを指令すること
　　ができ,

　（b）　知事は,公示により,前号の規定が適用されない連邦法又はアッサム州
　　法を,当該州内の自治県若しくは自治地域に適用しないこと又は公示に
　　より定めた除外若しくは修正にしたがい当該県若しくは当該地域若しく
　　はその一部に適用しなければならないことを指令することができる。

(2)　この条1項に定められたいかなる指令も,その効力を遡及させることが
できる。

12A.　メガラヤ州内の自治県及び自治地域への国会制定法及びメガラヤ州議会制定法の適用

この憲法の規定にかかわらず,

　（a）　メガラヤ州内の県協議会若しくは地域協議会が制定したこの附則第3
　　条1項に定める事項に関する法律の規定又は第8条若しくは第10条に基
　　づき県協議会若しくは地域協議会が発した規制の文言が,　当該事項に関
　　するメガラヤ州法の規定と抵触するとき,県協議会若しくは地域協議会
　　が定めた法律又は規制は,メガラヤ州法よりも以前に定められていたか
　　否かにかかわらず抵触する範囲において無効とされ,メガラヤ州議会の
　　定めた法律が優越する。

　（b）　大統領は,いかなる連邦法についても,公示により,メガラヤ州内の自治
　　県若しくは自治地域に適用しないこと又は公示により定めた除外若しく
　　は修正にしたがい当該県若しくは当該地域又はその一部に適用されなけ

305

ればならないことを指令することができ,これらの指令はその効力を遡及させることができる。

12AA. トリプラ州内の自治県及び自治地域への国会制定法及びトリプラ州議会制定法の適用

この憲法の規定にかかわらず,

(a) この附則第3条に定める事項で県協議会又は地域協議会が法律を制定しうる事項に関するトリプラ州法及び非蒸留アルコール飲料の消費を禁止若しくは制限するトリプラ州法は,いずれの場合においても当該県協議会若しくは当該地域について管轄権を持つ県協議会が公示により指令を発しないかぎり適用されることはなく,法律に関して指令を発した県協議会は,法律の当該県若しくは当該地域又はそれらの一部への適用について適当と考える除外又は修正にしたがわなければならないことを指令することができ,

(b) 知事は,公示により,前号の規定が適用されない連邦法又はトリプラ州法を,当該州内の自治県若しくは自治地域に適用しないこと又は公示により定めた除外若しくは修正にしたがい当該県若しくは当該地域又はその一部に適用しなければならないことを指令することができ,

(c) 大統領は,いかなる連邦法についても,公示により,トリプラ州内の自治県若しくは自治地域に適用しないこと又は公示により定めた除外若しくは修正にしたがい当該県若しくは当該地域又はその一部に適用しなければならないことを指令することができ,これらの指令は効力を遡及させることができる。

12B. ミゾラム州内の自治県及び自治地域への国会制定法及びミゾラム州議会制定法の適用

この憲法の規定にかかわらず,

(a) この附則第3条に定める事項で県協議会又は地域協議会が法律を制定しうる事項に関するミゾラム州法及び非蒸留アルコール飲料の消費を禁止若しくは制限するミゾラム州法は,いずれの場合においても当該県協議会若しくは当該地域について管轄権を持つ県協議会が公示により指令

を発しないかぎり適用されることはなく,法律に関して指令を発した県協議会は,法律の当該県若しくは当該地域又はそれらの一部への適用について適当と考える除外又は修正にしたがわなければならないことを指令することができ,

（b）知事は,公示により,前号の規定が適用されない連邦法又はミゾラム州法を,当該州内の自治県若しくは自治地域に適用しないこと又は公示により定めた除外若しくは修正にしたがい当該県若しくは当該地域又はその一部に適用しなければならないことを指令することができ,

（c）大統領は,いかなる連邦法についても,公示により,ミゾラム州内の自治県若しくは自治地域に適用しないこと又は公示により定めた除外若しくは修正にしたがい当該県若しくは当該地域又はその一部に適用しなければならないことを指令することができ,これらの指令は効力を遡及させることができる。

13. 年次財政報告書とは別に提出される，自治県にかかわる歳入及び歳出見積り

自治県の州統合基金からの歳入又は同基金への歳出見積りは,まず県協議会に提出されなければならず,討議の後,第202条に基づく年次財政報告書とは別に州議会に提出される。

14. 自治県及び自治地域の行政を調査し報告する委員会の任命

（1）知事は随時,州内の自治県又は自治地域の行政に関して,この附則第1条3項c,d,e及びf号に指定された事項を含む,知事の指定する事項について検討し,報告する委員会を任命することができ,又は随時州内の自治県並びに自治地域の行政に関して,一般的に又はとりわけ

（a）当該県又は地域における教育,医療又は交通の提供

（b）当該県又は地域における新たな又は特別な立法の必要性

（c）県協議会又は地域協議会により定められた法律,規則及び規制の執行について調査し,報告する委員会を任命することができ,これらの委員会の従う手続を定めることができる。

（2）知事の勧告とともに,それぞれの事項に関する委員会の報告は,州政府に

307

求められる行動についての解説とともに,関係する州大臣により州議会に提出されなければならない。

(3) 州政府の大臣間の職務分掌に際して,知事は,当該州内の自治県又は自治地域における福祉をとくに担当する大臣をおくことができる。

15. 県及び地域協議会の法令及び決議の無効又は停止

(1) 知事は,県協議会若しくは地域協議会の行為又は決議がインドの安全をおびやかす,又は治安を侵害するおそれがあると判断するときには,随時当該行為若しくは決議を無効にし又は停止することができ,(協議会の停止又は協議会に付与され若しくは行使しうるすべての若しくは一部の権限を知事自身に移転させることを含む)当該行為の遂行若しくは継続又は当該決議の効力の発生を妨げるために必要と考える措置をとることができる。

(2) この条1項に基づき知事の発した命令は,その発出理由とともに州議会にできるかぎりすみやかに提出されなければならず,当該命令は,州議会により取り消されないかぎり,発出から12月間効力を有する。

ただし,州議会により当該命令の継続を認める決議がなされたときには,知事が命令を撤回しないかぎり,本条に基づき効力が停止される日からさらに12月間継続される。

16. 県及び地域協議会の解散

(1) 知事は,この附則第14条に基づき任命した委員会の勧告により,公示によって県協議会又は地域協議会の解散を命じることができ,

(a) 協議会を再構成するための総選挙のすみやかな実施を指令することができ,又は

(b) 州議会の事前の承認に従い,当該協議会の権限であった当該領域における行政を,12月を超えない間,自らが代行し若しくは前掲の委員会若しくは知事が適当と考えるその他の機関の下に置くことができる。

ただし,この項a号に基づく命令が発せられたとき,知事は,本項b号に基づく当該領域の行政に関する行為として協議会の再構成のための総選挙を延期させることができる。

さらに,この項b号に基づく行為は,県協議会又は場合により地域協議会に

対し,州議会における意見陳述の機会を与えずになされてはならない。

(2) 知事は,自治県又は自治地域の行政が附則の規定通りに運営されえない状況が発生したことを認めたとき,公示により,県協議会若しくは地域協議会に付与された,又はこれらが行使しうる機能若しくは権限を自らが代行し,知事がこの件に関して指定する個人又は機関が当該機能又は権限を6月を超えない期間において行使しうることを宣言することができる。

　ただし,知事は,先に発した命令についてさらなる命令により,6月間延長することができる。

(3) この条2項に基づく命令は,その発出の理由とともに州議会に提出されなければならず,命令発出以降第1回目の州議会開会から30日間の期限をもって,当該期限内に州議会により承認されないかぎり,運用を停止しなければならない。

17. 自治県における選挙区確定にさいして当該自治区から除外する領域

　アッサム,メガラヤ,トリプラ又はミゾラム州議会選挙のために,知事は命令により,アッサム州,メガラヤ州,トリプラ州又はミゾラム州の自治県内にある特定の領域を,当該県のために留保されている議席のための選挙区の一部とすることなく,命令において特定された留保されていない議席のための選挙区の一部とすることを宣言することができる。

18. 〔削除〕[32]

19. 経過規定

(1) この憲法の施行後できるかぎりすみやかに,知事はこの附則に基づきそれぞれの自治県に県協議会を設置しなければならず,自治県に県協議会が設置されるまでは,当該県における行政は知事に委任され,当該領域の行政に関して前掲の規定の代わりに以下の規定が適用される。

　　(a) 知事が公示により指示しないかぎり,連邦法及び州法は当該領域に適用されず,知事は法令に関して指令を出す際に,当該法律の当該領域又はその一部への適用について適当と考える除外又は修正にしたがわなければならないことを指令することができる。

―――――――――――
32) 1971年北東領域(再編)法に基づき削除された。

309

(b) 知事は,当該領域の平和及び健全な統治のために規制を設けることができ,当該規制は,いかなる連邦法,州法又は当該領域においてその時点で効力を有する既存の法令をも廃止又は改正することができる。

(2) この条1項a号に基づく知事による命令は遡及効を有する。

(3) この条1項b号に基づくすべての規制は,大統領に提出されなければならず,その承認を得るまで効力は生じない。

20. 部族地域

(1) アッサム州,メガラヤ州,トリプラ州及びミゾラム州内において下記の表I,II,IIA及びIII編により特定される地域を部族地域とする。

(2) 下記の表I,II及びIII編において県として指示されているものは,1971年北東領域(再編)法第2条b号により定められた日の直前の時点で存在していた,この名称の自治県に含まれる領域と解釈する。

ただし,この附則第3条1項e及びf号,第4条,第5条,第6条,第8条2項,3項a,b及びd号,4項並びに第10条2項d号に関して,シロン町に含まれる領域は,カーシ丘陵県に含まれるとはみなされない。

(3) 下記の表IIAにおいて「トリプラ部族地域県」として示されているものは,1979年トリプラ部族地域県協議会法第1附則で示された部族地域を含む領域を示しているものと解釈される。

表

I編	1. 北カチャール丘陵県
	2. カービ・アンロン県
II編	1. カーシ丘陵県
	2. ジャインティア丘陵県
	3. ガロ丘陵県
IIA編	トリプラ部族地域県
III編	1. チャクマ県
	2. マラ県
	3. ライ県

第三章　インド憲法（和訳）附則

20A.　ミゾ県協議会の解散

（1）　この附則の規定にかかわらず,定められた日の直前の時点において存在したミゾ県協議会（以下ミゾ県協議会とする。）は解散され,これを停止する。

（2）　ミゾラム連邦直轄領行政官は,1若しくは複数の命令により,下記のすべての又は一部の事項について定めることができる。

（a）　ミゾ県協議会の資産,債権及び債務（同協議会の締結した契約に基づく債権及び債務を含む）の連邦又はその他の機関への移転

（b）　ミゾ県協議会が当事者となっている法的手続きについて,連邦若しくはその他の機関による交替又は連邦若しくはその他の機関の当事者への追加

（c）　ミゾ県協議会の職員の連邦若しくはその他の機関への異動又は連邦若しくはその他の機関による再雇用。異動又は再雇用後の当該職員に適用される任期又は待遇

（d）　ミゾ県協議会により制定され,協議会解散の直前の時点において効力を有していた法令が,権限を有する議会若しくは機関により変更,削除若しくは改正されるまでの,行政官が定める削除若しくは改正による調整又は修正に基づく継続

（e）　行政官が必要と考えるその他の付随的,間接的及び補完的事項

（原注）　この条及びこの附則第20B条において「定められた日」とは,ミゾラム連邦直轄領議会が1963年連邦直轄領政府法の規定により及びこれに基づき正式に構成された日をいう。

20B.　ミゾラム連邦直轄領自治地域を自治県とするための経過規定

（1）　この附則の規定にかかわらず,

（a）　ミゾラム連邦直轄領において,定められた日の直前の時点で存在したすべての自治地域は,当該日以降,当該連邦直轄領における自治県（以下,対応する新たな県とする）とされ,その行政官は,1又は複数の命令により,この規定の効力を発するために必要な改正を,この附則第20条（表のⅢ編を含む）に基づき行うことができ,これにより第20条及び同表Ⅲ編はこれに応じて改正されたものとみなさなければならない。

311

(b) ミゾラム連邦直轄領内の自治地域において,定められた日の直前の時点で存在するすべての地域協議会(以下,存在する地域協議会とする)は,当該日以降,対応する新たな県のための県協議会が正式に組織されるまで当該県のための県協議会(以下,対応する新たな県協議会とする)とみなす。

(2) 存在する地域協議会の,選挙による又は任命によるすべての議員は,対応する新たな県協議会のために選出又は任命されたものとみなし,この附則に基づき対応する新たな県に正式に県協議会が組織されるまでをその任期とする。

(3) 対応する新たな県協議会によりこの附則第2条7項及び第4条4項に基づく規則が制定されるまで,存在する地域協議会により制定され,定められた日の直前の時点において効力を有する規則は,ミゾラム連邦直轄領行政官による調整及び修正にしたがい,対応する新たな県協議会に関して効力を有する。

(4) ミゾラム連邦直轄領行政官は,1又は複数の命令により,下記のすべての又は一部の事項について定めることができる。

(a) 存在する地域協議会の資産,債権及び債務(同協議会の締結した契約に基づく債権及び債務を含む)の対応する新たな県協議会への移転

(b) 存在する地域協議会が当事者となっている法的手続について,対応する新たな県協議会による交替

(c) 存在する地域協議会の職員の対応する新たな県協議会への異動又は対応する新たな県協議会による再雇用。異動又は再雇用の後の当該職員に適用される任期又は待遇

(d) 存在する地域協議会により制定され,協議会解散直前の時点において効力を有していた法令が,権限を有する議会若しくは機関により変更,削除若しくは改正されるまでの,行政官が定める削除若しくは改正による調整又は修正に基づく継続

(e) 行政官が必要と考えるその他の付随的,結果的及び補完的事項

20BA. 知事の権限行使における裁量権

知事は,この附則第1条2項及び3項,第2条1項,6項,第1ただし書を除く6A項及び7項,第3条3項,第4条4項,第5条,第6条1項,第7条2項,第8条4項,第9条3項,第10条3項,第14条1項,第15条1,並びに第16条1項及び2項に基づく権限を行使するにあたり,大臣会議及び北カチャール丘陵自治協議会又はカービ・アンロン自治協議会との協議の後に,その裁量で,必要と考える措置をとることができる。

20BB. 知事の権限行使における裁量権

知事は,この附則第1条2項及び3項,第2条1項及び7項,第3条3項,第4条4項,第5条,第6条1項,第7条2項,第9条3項,第14条1項,第15条1項並びに第16条1項及び2項に基づく権限を行使するにあたり,大臣会議及び必要と考える場合には,関係する県協議会又は地域協議会との協議の後に,その裁量で必要と考える措置をとることができる。

20C. 解釈

この附則の規定は,ミゾラム州に適用するにあたり,

（1）知事及び州政府は,憲法第239条に基づく連邦直轄領行政官を,州（州政府という記述を除く）は,ミゾラム連邦直轄領を,州議会は,ミゾラム連邦直轄領議会を指す。

（2）（a）第4条5項における州政府との協議にかかわる規定を削除する。

（b）第6条2項の「州の行政権が及ぶ範囲」を「ミゾラム連邦直轄領議会の立法権について」に置き換える。

（c）第13条の「第202条に基づき」を削除する。

21. この附則の改正

（1）国会は,時宜に応じ法律により,この附則の規定を追加,変更又は廃止することにより改正することができ,附則が改正されたときには,この憲法でのこの附則についての参照は,改正附則の参照と解釈されなければならない。

（2）この条1項において定められた法律は,憲法第368条によるこの憲法の改正とはみなさない。

第七附則

（第246条）

第 I 表　連邦管轄事項

1．防衛の準備,戦争状態においてその遂行に資するすべての行動及びその終了における実効的な軍の解散を含むインド及びその一部の防衛

2．海軍,陸軍及び空軍。その他の連邦の戦力

2A．連邦のすべての戦力若しくは連邦の管理下にあるその他のすべての戦力又は文民の支援によるすべての州におけるその分団若しくは部隊の展開。当該展開におけるこれらの戦力の構成員の権限,管轄,特権及び責任

3．駐屯地域の設定,当該地域における地方自治体,駐屯地域機関の設置及び権限並びに当該地域における住宅にかかわる規制（賃料の管理を含む）

4．海軍,陸軍及び空軍の業務

5．兵器,小火器,弾薬及び爆弾

6．原子力及びその発生に必要な鉱物資源

7．国会により,防衛又は戦争の遂行に必要であることを宣言された工業

8．中央情報調査局

9．防衛,外交又はインドの安全を理由とする予防的拘禁。その対象となる者

10．外交。連邦と他国との関係をもたらすすべての事項

11．大使,領事及び通商代表

12．国際連合機関

13．国際会議,協会及びその他の組織への参加並びにその決定の実行

14．条約及び他国との協約への加入並びに他国との条約,協約及び協定の実行

15．戦争及び講和

16．外国の裁判管轄権

17．市民権,帰化及び外国人

第三章　インド憲法（和訳）附則

18.　犯罪人引渡し

19.　インドへの入国許可,移民及び国外退去。旅券及び査証

20.　インド国外への巡礼

21.　公海又は空中における海賊行為及び犯罪。地上,公海又は空中における
違法行為

22.　鉄道

23.　国会により制定された法律により国道とされた道路

24.　国会により制定された法律により国有水路とされた内陸水路における,
機械推進式船舶による輸送及び航行。当該水路における通行規則

25.　潮河における輸送及び航行を含む海上輸送及び航行。商業船舶のための
教育及び訓練に関する設備並びに州及びその他の機関によりなされる当該教
育及び訓練に関する規制

26.　灯台船を含む灯台,ビーコン並びにその他の船舶及び航空機の安全のた
めの施設

27.　国会により制定された法律又は既存の法律により主要港とされた港に関
する,その境界設定並びに当該港での港湾機関の設置及び権限を含む事項

28.　港に隣接する病院を含む港における検疫。海員病院及び海軍病院

29.　航空業。航空機及び運航。空港設備についての規定。運航及び空港に関
する規定及び組織。航空教育及び訓練に関する規定並びに州及びその他の機
関によりなされる当該教育及び訓練に関する規制

30.　鉄道,海運及び航空による,並びに機械推進式船舶による国有水路におけ
る旅客及び物資の運送

31.　郵便及び電報。電話,無線,放送及びその他のコミュニケーション手段

32.　連邦の資産及びこれから得る収入,ただし州の領域内にある資産につい
ては議会が法律により異なる定めをしないかぎり州の立法にしたがう

33.　〔削除〕[33]

34.　インド藩王国の統治者の領有地における裁判所

---

33) 憲法第7次改正(1956年)により削除された。

315

35. 連邦公債

36. 通貨,硬貨及び法定通貨,外国為替

37. 外国債

38. インド準備銀行

39. 郵便貯金

40. インド政府及び州政府による富籤

41. 他国との貿易及び通商。関税境界を通過する輸入及び輸出,関税境界の設定

42. 州際貿易及び通商

43. 銀行,保険及び金融企業を含み,組合を含まない商業団体の組織,規制及び解散

44. 1州のみを対象としない,商業又は非商業を問わない団体で大学を含まないものの組織,規制及び解散

45. 銀行

46. 為替手形,小切手,約束手形及びその他の手段

47. 保険

48. 証券及び先物取引

49. 特許,新案及び意匠。著作権,商標

50. 度量衡基準の設定

51. インド国外への輸出品目及び州際取引商品の品質基準の設定

52. 国会が法律により公益に適うものとし,連邦により管理される産業

53. 油田及び鉱物油資源の規制ならびに開発。石油及び石油製品。議会が法律により危険な爆発物としたその他の液体及び固体

54. 国会が法律により公益に適うものとし,連邦により管理される範囲での鉱物に関する規制及び鉱山開発

55. 鉱山及び油田における労働並びに安全に関する規制

56. 国会が法律により公益に適うものとし,連邦により管理される範囲での州際河川及び峡谷の規制並びに開発

57. 領海外での漁業及び漁民

58. 連邦機関による塩の精製,供給及び配給,その他の機関による塩の精製,供給及び配給の管理

59. アヘンの栽培,精製及び海外への販売

60. 上映する映画の認可

61. 連邦の被用者に関する労使紛争

62. この憲法施行の時点で,国立図書館,インド博物館,帝国戦争博物館,ビクトリア記念館及びインド戦争記念館並びにその他の機関でインド政府がその全部または一部について財政負担をしており,国会が法律により国家的重要機関としているもの

63. この憲法施行の時点で,バナーラス・ヒンドゥー大学,アリーガル・イスラーム大学及びデリー大学とされていた組織。第371E条に基づき設置された大学。その他の組織で国会が法律により国家的重要組織としているもの

64. 科学及び技術教育の組織でインド政府がその全部又は一部について財政負担をしており,国会が法律により国家的重要組織としているもの

65. 連邦の組織及び機関で,

　（a）警察官の訓練を含む,専門職,職業及び技術訓練のためのもの,

　（b）特殊教育及び研究を促進するためのもの,又は

　（c）犯罪の捜査及び発見に対する科学的又は技術的支援のためのもの

66. 高等教育又は研究のための機関及び科学技術機関の調整並びに基準の設定

67. 古代遺跡及び歴史的遺跡及び記録並びに考古学的遺跡及び遺構で,国会が法律により国家的重要物としているもの

68. インド地理院。インド地質学院,植物院,動物院及び人類学調査院。気象観測機関

69. 国勢調査

70. 連邦公務員。全インド公務職。連邦公務委員会

71. 連邦年金,すなわちインド政府により又はインド統合基金から支払われる年金

72. 国会,州議会並びに大統領職及び副大統領職の選挙。選挙委員会

317

73. 国会議員,国会上院議長及び副議長並びに下院議長及び副議長の俸給及び手当

74. 国会両院,その議員及び委員会の権限,特権並びに免責特権。国会により任命された者の証人としての出席又は記録の作成の強制

75. 大統領及び知事の報酬,手当,特権並びに休暇に関わる権利。連邦大臣の俸給及び手当。会計検査院長の俸給,手当及び休暇に関わる権利

76. 連邦及び州の会計検査

77. 最高裁判所の設置,構成,管轄及び権限(裁判所侮辱を含む)並びに当該裁判所における手数料。最高裁判所で法曹業務を行う権限を持つ者

78. 高等裁判所の設置,構成(休廷日を含む)で高等裁判所職員及び雇員に関する規定を除くもの。高等裁判所で法曹業務を行う権限を持つ者

79. 高等裁判所の管轄の拡大,連邦直轄領からの高等裁判所の管轄の除外

80. 所属州外の地域で,当該地域の存在する州政府の合意なくいかなる州に所属する警察官も権限及び管轄を行使することのないようにするための,所属州外での権限及び管轄の範囲。州に所属する警察官の,当該州外の鉄道地域での権限及び管轄の範囲

81. 州際移民,州際検疫

82. 農業収入以外にかかわる所得税

83. 輸出税を含む関税

84. 次の製造又は生産された物品に関する税,すなわち

　(a) 原油

　(b) 高速ディーゼル

　(c) 自動車燃料(いわゆるガソリン)

　(d) 天然ガス

　(e) 航空機タービン燃料　並びに

　(f) タバコ及びタバコの生産品

85. 法人税

86. 個人又は会社の農地を除く資産に対する税。会社の資本に対する税

87. 農地を除く所有物に対する遺産税

第三章　インド憲法（和訳）附則

88.　農地を除く所有物に対する相続税

89.　鉄道,海路又は空路により運送される旅客又は物品の到着税。鉄道運賃及び航空運賃に対する税

90.　証券取引及び先物取引にかかわる税で印紙税を除くもの

91.　為替手形,小切手,約束手形,船荷証券,信用状,保険証券,株式譲渡,債券,委任状及び領収書にかかわる印紙税の税率

92.　新聞の売買及びこれに掲載される宣伝広告に対する税

92A.　州際取引によりなされた新聞以外の商品の売買に対する税

92B.　州際取引によりなされた物品の託送（当該託送がこれをなしたもの宛かそれ以外のもの宛かにかかわらず）に対する税

92C.　〔削除〕[34]

93.　この表に掲げられた事項に関する法令に対する違反

94.　この表に掲げられた事項の目的のための調査,測量及び統計

95.　この表に掲げられた事項に関する,最高裁判所を除くすべての裁判所の管轄及び権限。海事管轄

96.　裁判所における手数料を除く,本表に掲げられた事項に関する手数料

97.　第Ⅱ表及び第Ⅲ表に掲げられていない事項,ただしこれらの表に掲げられていない税を含む。

第Ⅱ表　州管轄事項

１．治安（海軍,陸軍,空軍又は連邦のその他の戦力又は連邦の管理下にあるその他の戦力又は文民により支援される分団及び部隊の派遣を含まない）

２．第Ⅰ表2A号の規定に基づく警察（鉄道警察及び村警察を含む）

３．高等裁判所の職員及び雇員。地代及び租税裁判所の手続。最高裁判所を除くすべての裁判所における手数料

４．刑務所,矯正院,少年院及びその他の同種の施設で留置を行うもの。刑務所及びその他の施設の使用についての他州との調整

５．地方政府,すなわち町,改良信託,県協議会,鉱業区及びその他の地方自治又

34）憲法第101次改正（2016年）により削除された。

319

は村行政のための地方組織の設置及び権限

6．公衆保健及び衛生。病院及び診療所

7．インド国外へのものを除く巡礼

8．酒類,すなわち酒類の生産,精製,所有,運搬,購買及び販売

9．障害者及び就業不能者の救済

10．埋葬及び埋葬地。火葬及び火葬場

11．〔削除〕[35]

12．図書館,博物館及びその他の類似の施設で州の管理下にあり又は州が財政負担しているもの。古代遺跡又は歴史的記念物又は記録で国会により又は国会の制定した法律により国家的重要物としているものを除いたもの

13．交通機関,すなわち道路,橋梁,渡し舟その他の交通手段で第Ⅰ表に記載されていないもの。市内電車。ロープウェー。内水路並びに第Ⅰ表及び第Ⅲ表の規定に基づく水路における交通。機動式のものを除く乗物

14．農業教育及び研究,病害虫からの予防及び植物の病害予防を含む農業

15．家畜の保全,保護及び改良並びに動物の病害予防,獣医学訓練及び実習

16．家畜小屋及び家畜侵入の防止

17．水,すなわち水の供給,灌漑及び水路,排水及び堤防,貯水及び第Ⅰ表56号の規定に基づく水力

18．土地,すなわち,土地にかかわる又は土地に対する権利,地主と借地人との関係を含む土地保有,地代の徴収。農地の譲渡及び移転。土地改良及び農業金融。拓殖

19．〔削除〕[36]

20．〔削除〕[37]

21．漁業

22．第Ⅰ表第34項目の規定に基づく邸宅。負担のある又は付随する不動産

23．連邦の管理による規制及び開発にかかわる第Ⅰ表の規定に基づく鉱物及

35）憲法第42次改正（1976年）により削除された。

36）同上。

37）同上。

第三章　インド憲法（和訳）附則

び鉱業開発の規制

24. 第Ⅰ表第7項目及び第52項目の規定に基づく産業

25. ガス及びガス事業

26. 第Ⅲ表第33項目の規定に基づく州内における取引及び商業

27. 第Ⅲ表第33項目の規定に基づく物品の生産,供給及び配給

28. 市場及び市

29. 〔削除〕[38]

30. 金貸し及び金貸し業者。農業債務の救済

31. 宿泊所及びその管理人

32. 第Ⅰ表に記載されたものを除く法人及び大学の法人化,規制並びに解散。法人化されていない商業,識字,科学,宗教及びその他の団体並びに協会。協同組合

33. 劇場及び演劇。第Ⅰ表第60項目の規定に基づく映画。スポーツ,演芸及び娯楽

34. 賭事及び賭博

35. 州に付与された又は州が保有する事業,土地及び建物

36. 〔削除〕[39]

37. 国会の定める法律の規定に基づく州議会選挙

38. 州議会議員,州下院議長及び副議長並びに,もし州上院が存在する場合には州上院議長及び副議長の俸給及び手当

39. 州下院とその議員及び委員会,並びに州上院が存在する場合は州上院とその議員及び委員会の権限,特権,並びに免責特権。州議会の委員会に証人として出席し証言すること,又は文書を提出することの強制

40. 州大臣の俸給及び手当

41. 州公務員。州公務委員会

42. 州年金,すなわち州又は州統合基金から支給される年金

43. 州公債

---

38) 憲法第42次改正（1976年）により削除された。

39) 憲法第7次改正（1956年）により削除された。

321

44. 埋蔵物

45. その算定及び徴収,土地台帳の維持,地代関連及び地権記録目的の測量並びに地代の転用を含む地代

46. 農業所得税

47. 農地の相続に対する税

48. 農地にかかわる遺産税

49. 土地及び建物にかかわる税

50. 国会が鉱業開発に関して法律により定める制限の下での鉱業権に対する税

51. 下記の品目の州内における精製又は生産に対する税及び類似の品目でインド国内の別の場所で精製又は生産されたものと相当の,又はより低い率での税

（a）個人的消費のためのアルコール飲料

（b）アヘン,インド大麻及びその他の中毒性薬物,並びに麻薬

ただし,アルコール又はこの項目bに定める成文を含む医薬用及びトイレ用のアルコールは除くものとする

52. 〔削除〕[40]

53. 電気の消費又は販売に対する税

54. 原油,高速ディーゼル,自動車燃料(いわゆるガソリン),天然ガス,航空機タービン燃料及び個人消費のためのアルコール飲料の販売で,当該物品の州際取引若しくは商業活動又は国際取引若しくは商業活動における販売を除くものに関わる税

55. 〔削除〕[41]

56. 道路又は内水路により運搬される物品及び旅客に対する税

57. 機動式か否かにかかわらず,第Ⅲ表35号の規定に基づくトロッコを含む,道路において使用するのに適した車両に対する税

58. 動物及びボートに対する税

---

40) 憲法第101次改正(2016年)により削除された。

41) 同上。

59. 通行料

60. 専門職業,取引,職業及び雇用に対する税

61. 人頭税

62. パンチャーヤト, 町, 地域協議会又は県協議会により課され及び徴収される娯楽及び遊興税

63. 第Ⅰ表の印紙税の税率にかかわる規定に定める文書を除くものにかかわる印紙税

64. この表に掲げられた事項に関する法令に対する違反

65. 最高裁判所を除くすべての裁判所の,この表に掲げられた事項に関する管轄および権限

66. 裁判所における手数料を除く,この表に掲げられた事項に関する手数料

第Ⅲ表　共通管轄事項

1. この憲法制定の時点でインド刑法典に含まれているすべての事項を含む刑事法であって,第Ⅰ表及び第Ⅱ表に定める事項にかかわる法令違反並びに海軍,陸軍若しくは空軍又は文民の支援による連邦の武装戦力の使用を除くもの

2. この憲法施行のとき刑事訴訟法に含まれているすべての事項を含む刑事訴訟手続き

3. 国家の安全,治安の維持又はコミュニティに不可欠な供給及びサービスの維持に関連する予防拘禁。当該拘禁された者

4. 収監者,被告人及び本表第3項目に基づき予防拘禁された者の州間移送

5. 婚姻及び離婚。幼児及び未成年者。養子。遺言。無遺言相続及び相続。合同家族及び分離。訴訟当事者がこの憲法施行直前の時点で自らの家族法に従っていた場合に関するすべての事項

6. 農地を除く資産の移転。不動産譲渡証書及び書証の登録

7. パートナーシップ,代理,運送契約及びその他の特別な形式のものを含み,農地にかかわるものを除く契約

8. 請求可能な不法行為

9. 破産及び債務超過

10. 信託及び受託者

11. 管財人及び公的受託者

11A. 司法行政。最高裁判所及び高等裁判所を除くすべての裁判所の設置及び組織

12. 証言及び宣誓,法の承認,公的措置及び記録,並びに司法手続

13. この憲法施行のときに民事訴訟法に含まれているすべての事項を含む民事手続き,出訴期限及び仲裁

14. 最高裁判所侮辱を除く裁判所侮辱

15. 移動民。遊牧民及び移動部族

16. 精神障害及び知的障害(精神障害及び知的障害者の収容又は治療する場を含む)

17. 動物に対する残虐行為の予防

17A. 森林

17B. 野生動物及び野鳥の保護

18. 食糧及びその他の物品の品質悪化

19. アヘンにかかわる第Ⅰ表第59項目の規定に基づく薬品及び毒物

20. 経済及び社会計画

20A. 人口管理及び家族計画

21. 商業的及び産業的独占,企業合同

22. 労働組合。産業及び労使紛争

23. 社会保障及び社会保険。雇用及び失業

24. 労働条件,共済基金,使用者責任,労働者補償,就労不能及び老齢者年金並びに母性保護を含む労働者の福祉

25. 第Ⅰ表63号,64号及び65号の規定に基づく,技術教育,医学教育及び大学教育を含む教育。労働者の職業訓練及び技術訓練

26. 法曹,医師及びその他の専門職

27. インド及びパキスタンの領地設定により本来の居住地から離れた者の救済及び再定住

28. 慈善事業及び慈善団体,慈善的及び宗教的寄付並びに宗教団体

29. 人間,動物又は植物に感染する伝染性又は接触感染性の病気又は植物病の他州への拡散の予防

30. 出生及び死亡の登録を含む人口動態統計

31. 国会により制定された法律に基づき主要港とされたものを除く港

32. 内陸水路における機動式船舶による輸送及び航行,当該水路における通行規則,国有水路にかかわる第Ⅰ表の規定に基づく内水路における旅客及び物品の運送

33. (下記の物品にかかわる)取引及び通商,生産,供給及び配給

  (a) 国会が法律により公益に適うものとし,連邦の管理下におかれた産業による生産品及び同種の輸入品

  (b) 食用の脂肪種子及び食用油を含む食糧

  (c) 固形油かす及びその他の濃厚飼料を含む家畜飼料

  (d) 繰られているか否かにかかわらない生綿,綿実,並びに

  (e) 生ジュート麻

33A. 基準の設定を除く度量衡

34. 価格統制

35. 車両に対する課税方針を含む機械推進式車両

36. 工場

37. ボイラー

38. 電力

39. 新聞,書籍及び印刷物

40. 国会により制定された法律に基づき国家的重要物とされたものを除く考古学的遺跡及び遺構

41. 法律により避難民の資産とされたもの(農地を含む)の保管,管理及び処分

42. 資産の収用及び徴用

43. 税及びその他の公的要求で地代の滞納及び回収可能な滞納金を含むものにかかわる,州外からの請求にかかわる回復措置

44. 法的印紙により徴収される税又は手数料を除く印紙税,ただし印紙税の税率は除く

45. 第Ⅱ表及び第Ⅲ表に掲げられた事項の目的のための調査及び統計

46. 最高裁判所を除くすべての裁判所の,この表に掲げられた事項に関する管轄及び権限

47. 裁判所における手数料を除く,本表に掲げられた事項に関する手数料

第八附則

（第344条第1項及び第351条）

言語

1. アッサミーズ

2. ベンガリ

3. ボド

4. ドグリ

5. グジャラーティー

6. ヒンディー

7. カンナダ

8. カシミーリー

9. コンカニ

10. マッティリー

11. マラヤーラム

12. マニプリ

13. マラーティー

14. ネパーリー

15. オディア

16. パンジャービー

17．サンスクリット

18．サンターリー

19．シンディー

20．タミル

21．テルグ

22．ウルドゥー

第九附則

（第31B条）

1．1950年ビハール土地改革法（1950年ビハール法30号）

2．1948年ボンベイ土地保有及び農地法（1948年ボンベイ法67号）

3．1949年ボンベイ・マレキ土地保有廃止法（1949年ボンベイ法61号）

4．1949年ボンベイ・タルクダーリー土地保有廃止法（1949年ボンベイ法62号）

5．1949年パンチマハル・メーワシ土地保有廃止法（1949年ボンベイ法63号）

6．1950年ボンベイ・コーティ廃止法（1950年ボンベイ法6号）

7．1950年ボンベイ・パラガナ及びクルカラニ・ワタン廃止法（1950年ボンベイ法60号）

8．1950年マディヤ・プラデーシュ所有権（私有地,村落地,被譲渡地）廃止法（1951年マディヤ・プラデーシュ法1号）

9．1948年マドラス不動産（廃止及びライーヤトワーリー転化）法（1948年マドラス法26号）

10．1950年マドラス不動産（廃止及びライーヤトワーリー転化）法改正法（1950年マドラス法1号）

11．1950年ウッタル・プラデーシュ・ザミンダーリー廃止及び土地改革法（1951年ウッタル・プラデーシュ法1号）

12. 1358Fハイデラバード(ジャギール廃止)規則(Fasli1358年69号)

13. 1359Fハイデラバード・ジャギール(変更)規則(Fasli1359年25号)

14. 1950年ビハール立退き住民定住(土地収用)法(1950年ビハール法38号)

15. 1948年連合州土地収用(立退き住民定住)法(1948年連合州法26号)

16. 1948年立退き住民定住(土地収用)法(1948年法60号)

17. 1950年保険法改正法(1950年法67号)第42条により追加された1938年保険法(1938年法4号)第52A条から第52G条

18. 1951年鉄道会社(緊急条項)法(1951年法51号)

19. 1953年産業(発展及び規制)法改正法(1953年法26号)第13条により追加された1651年産業(発展及び規制)法(1951年法65号)第3A章

20. 1951年西ベンガル法29号により改正された1948年西ベンガル土地開発及び計画法(1948年西ベンガル法21号)

21. 1961年アーンドラ・プラデーシュ農業用借地制限法(1961年アーンドラ・プラデーシュ法10号)

22. 1961年アーンドラ・プラデーシュ(テランガーナ地域)土地保有及び農地(有効化)法(1961年アーンドラ・プラデーシュ法21号)

23. 1961年アーンドラ・プラデーシュ(テランガーナ地域)イジャラ及びコウリ地における不備なパッタの取消並びに政府授与地評価廃止法(1961年アーンドラ・プラデーシュ法36号)

24. 1959年アッサム州公益宗教団体及び慈善団体に帰属する土地の収用に関する法(1961年アッサム法9号)

25. 1953年ビハール土地改革(改正)法(1954年ビハール法20号)

26. 1961年ビハール土地改革(制限地域確定及び余剰地収用)法(1962年ビハール法12号)(ただし同法28条を除く)

27. 1954年ボンベイ・タルクダーリー土地保有廃止(改正)法(1955年ボンベイ法1号)

28. 1957年ボンベイ・タルクダーリー土地保有廃止(改正)法(1958年ボンベイ法18号)

29. 1958年ボンベイ・イナーム地(カッチ地域)廃止法(1958年ボンベイ法

第三章　インド憲法（和訳）附則

98号）

30. 1960年ボンベイ土地保有及び農地（グジャラート改正）法（1960年グジャラート法16号）

31. 1960年グジャラート農地制限法（1961年グジャラート法27号）

32. 1962年サグバラ及びメーワシ不動産（所有権廃止）規則（1962年グジャラート規則１号）

33. 1963年グジャラート残存処分権廃止法（1963年グジャラート法33号）ただし同法第２条第3項 d 号に定められた譲渡に基づくものを除く

34. 1961年マハーラーシュトラ農地（保有制限）法（1961年マハーラーシュトラ法27号）

35. 1961年ハイデラバード土地保有及び農地（再制定,有効化及び再改正）法（1961年マハーラーシュトラ法45号）

36. 1950年ハイデラバード土地保有及び農地法（1950年ハイデラバード法21号）

37. 1960年ジェンミカラム支払（廃止）法（1961年ケーララ法３号）

38. 1961年ケーララ地税法（1961年ケーララ法13号）

39. 1963年ケーララ土地改革法（1964年ケーララ法1号）

40. 1959年マディヤ・プラデーシュ地代法（1959年マディヤ・プラデーシュ法20号）

41. 1960年マディヤ・プラデーシュ農地保有制限法（1960年マディヤ・プラデーシュ法20号）

42. 1955年マドラス農業用借地保護法（1955年マドラス法25号）

43. 1956年マドラス農業用借地（適正借地料支払）法（1956年マドラス法24号）

44. 1961年マドラス・クディイルップ占有者（退去からの保護）法（1961年マドラス法38号）

45. 1961年マドラス公益信託（農地管理規制）法（1961年マドラス法57号）

46. 1961年マドラス土地改革（土地制限確定）法（1961年マドラス法58号）

47. 1952年マイソール土地保有法（1952年マイソール法13号）

48. 1957年クールグ借地法（1957年マイソール法14号）

329

49. 1961年マイソール村役廃止法(1961年マイソール法14号)

50. 1961年ハイデラバード土地保有及び農地(有効化)法(1961年マイソール法36号)

51. 1961年マイソール土地改革法(1962年マイソール法10号)

52. 1960年オリッサ土地改革法(1960年オリッサ法16号)

53. 1963年オリッサ統合領域(村役廃止)法(1963年オリッサ法10号)

54. 1953年パンジャーブ土地保有保障法(1953年パンジャーブ法10号)

55. 1955年ラージャスターン土地保有法(1955年ラージャスターン法3号)

56. 1959年ラージャスターン・ザミンダーリー及びビスウェダーリー廃止法(1959年ラージャスターン法8号)

57. 1960年クマウン及びウッタラカンド・ザミンダーリー廃止及び土地改革法(1960年ウッタル・プラデーシュ法17号)

58. 1960年ウッタル・プラデーシュ土地保有制限強制法(1961年ウッタル・プラデーシュ法1号)

59. 1953年西ベンガル不動産収用法(1954年西ベンガル法1号)

60. 1955年西ベンガル土地改革法(1956年西ベンガル法10号)

61. 1954年デリー土地改革法(1954年デリー法8号)

62. 1960年デリー土地保有(制限)法(1960年法24号)

63. 1960年マニプル地代及び土地改革法(1960年法33号)

64. 1960年トリプラ地代及び土地改革法(1960年法43号)

65. 1969年ケーララ土地改革(改正)法(1969年ケーララ法35号)

66. 1971年ケーララ土地改革(改正)法(1971年ケーララ法25号)

67. 1973年アーンドラ・プラデーシュ土地改革(農地保有制限)法(1973年アーンドラ・プラデーシュ法1号)

68. 1972年ビハール土地改革(制限地域確定及び余剰地収用)(改正)法(1973年ビハール法1号)

69. 1973年ビハール土地改革(制限地域確定及び余剰地収用)(改正)法(1973年ビハール法9号)

70. 1972年ビハール土地改革(改正)法(1972年ビハール法5号)

71. 1972年グジャラート農地制限（改正）法（1974年グジャラート法2号）

72. 1972年ハリヤーナー土地保有制限法（1972年ハリヤーナー法26号）

73. 1972年ヒマーチャル・プラデーシュ土地保有制限法（1972年ヒマーチャル・プラデーシュ法19号）

74. 1972年ケーララ土地改革（改正）法（1972年ケーララ法17号）

75. 1972年マディヤ・プラデーシュ農地保有制限（改正）法（1974年マディヤ・プラデーシュ法12号）

76. 1972年マディヤ・プラデーシュ農地保有制限（第2次改正）法（1974年マディヤ・プラデーシュ法13号）

77. 1973年マイソール土地改革（改正）法（1974年カルナータカ法1号）

78. 1972年パンジャーブ土地改革法（1973年パンジャーブ法10号）

79. 1973年ラージャスターン農地保有制限強制法（1973年ラージャスターン法11号）

80. 1969年グダルール・ジャンマム不動産（廃止及びライーヤトワーリーへの転化）法（1969年タミル・ナードゥ法24号）

81. 1972年西ベンガル土地改革（改正）法（1972年西ベンガル法12号）

82. 1964年西ベンガル不動産収用（改正）法（1964年西ベンガル法22号）

83. 1973年西ベンガル不動産収用（第2次改正）法（1973年西ベンガル法33号）

84. 1972ボンベイ土地保有及び農地（グジャラート改正）法（1973年グジャラート法5号）

85. 1974年オリッサ土地改革（改正）法（1974年オリッサ法9号）

86. 1974年トリプラ地代及び土地改革（第2次改正）法（1974年トリプラ法7号）

87. 〔削除〕[42]

88. 1951年産業（開発及び規制）法（1951年法65号）

89. 1952年不動産の接収及び収用に関する法律（1952年法30号）

90. 1957年鉱山及び鉱物（規制及び開発）法（1957年法67号）

91. 1969年独占及び制限取引慣行法（1969年法54号）

---

42) 憲法第44次改正（1976年）により削除された。

92. 〔削除〕[43)

93. 1971年コークス用炭鉱(緊急規定)法(1971年法64号)

94. 1972年コークス用炭鉱(国有化)法(1972年法36号)

95. 1972年一般保険業務(国有化)法(1972年法57号)

96. 1972年インド銅会社(事業接収)法(1972年法58号)

97. 1972年経営悪化繊維事業(管理引受)法(1972年法72号)

98. 1973年炭鉱(管理引受)法(1973年法15号)

99. 1973年炭鉱(国有化)法(1973年法26号)

100. 1973年外国為替規制法(1973年法46号)

101. 1973年オルコック・アシュダウン株式会社(事業接収)法(1973年法56号)

102. 1974年炭鉱(保全及び開発)法(1974年法28号)

103. 1974年追加的報酬(強制預金)法(1974年法37号)

104. 1974年外国為替保全及び密輸行為防止法(1974年法52号)

105. 1974年経営悪化繊維事業(国有化)法(1974年法57号)

106. 1964年マハーラーシュトラ農地(保有制限)(改正)法(1965年マハーラーシュトラ法16号)

107. 1965年マハーラーシュトラ農地(保有制限)(改正)法(1965年マハーラーシュトラ法32号)

108. 1968年マハーラーシュトラ農地(保有制限)(改正)法(1968年マハーラーシュトラ法16号)

109. 1968年マハーラーシュトラ農地(保有制限)(第2次改正)法(1968年マハーラーシュトラ法33号)

110. 1969年マハーラーシュトラ農地(保有制限)(改正)法(1969年マハーラーシュトラ法37号)

111. 1969年マハーラーシュトラ農地(保有制限)(第2次改正)法(1969年マハーラーシュトラ法38号)

112. 1970年マハーラーシュトラ農地(保有制限)(改正)法(1970年マハーラー

---

43) 憲法第44次改正(1976年)により削除された。

第三章　インド憲法（和訳）附則

シュトラ法27号）

113.　1972年マハーラーシュトラ農地（保有制限）（改正）法（1972年マハーラーシュトラ法13号）

114.　1973年マハーラーシュトラ農地（保有制限）（改正）法（1973年マハーラーシュトラ法50号）

115.　1965年オリッサ土地改革（改正）法（1965年オリッサ法13号）

116.　1966年オリッサ土地改革（改正）法（1967年オリッサ法8号）

117.　1967年オリッサ土地改革（改正）法（1967年オリッサ法13号）

118.　1969年オリッサ土地改革（改正）法（1969年オリッサ法13号）

119.　1970年オリッサ土地改革（改正）法（1970年オリッサ法18号）

120.　1972年ウッタル・プラデーシュ土地保有制限強制（改正）法（1973年ウッタル・プラデーシュ法18号）

121.　1974年ウッタル・プラデーシュ土地保有制限強制（改正）法（1975年ウッタル・プラデーシュ法2号）

122.　1975年トリプラ地代及び土地改革（第3次改正）法（1975年トリプラ法3号）

123.　1971年ダードラー及びナガル・ハーヴェリー土地改革規則（1971年3号）

124.　1973年ダードラー及びナガル・ハーヴェリー土地改革（改正）規則（1973年5号）

125.　1939年自動車法第66A条及び第4A章（1939年法4号）

126.　1955年必需品法（1955年法10号）

127.　1976年密輸者及び外国為替操作者（財産没収）法（1976年法13号）

128.　1976年奴隷的労働制度（廃止）法（1976年法19号）

129.　1976年外国為替保全及び密輸行為防止（改正）法（1976年法20号）

130.　〔削除〕[44]

131.　1976年砂糖価格平準化基金法（1976年法31号）

132.　1976年都市地域土地（制限及び規制）法（1976年法33号）

133.　1976年連邦会計部門化（職員異動）法（1976年法59号）

44）憲法第44次改正（1979年）により削除された。

333

134. 1956年アッサム土地保有制限確定法(1957年アッサム法1号)

135. 1958年ボンベイ土地保有及び農地(ヴィダルバ地域)法(1958年ボンベイ法99号)

136. 1972年グジャラート私有林(収用)法(1973年グジャラート法14号)

137. 1976年ハリヤーナー土地保有制限(改正)法(1976年ハリヤーナー法17号)

138. 1972年ヒマーチャル・プラデーシュ土地保有及び土地改革法(1974年ヒマーチャル・プラデーシュ法8号)

139. 1974年ヒマーチャル・プラデーシュ・村共有地の付与及び利用に関する法律(1974年ヒマーチャル・プラデーシュ法18号)

140. 1974年カルナータカ土地改革(第2次改正及び雑則)法(1974年カルナータカ法31号)

141. 1976年カルナータカ土地改革(第2次改正)法(1976年カルナータカ法27号)

142. 1966年ケーララ退去防止法(1966年ケーララ法12号)

143. 1969年ティルップヴァラム支払(廃止)法(1969年ケーララ法19号)

144. 1969年シュリーパダム地解放法(1969年ケーララ法20号)

145. 1971年シュリパンダラヴァカ地(付与及び解放)法(1971年ケーララ法20号)

146. 1971年ケーララ私有林(付与及び譲渡)法(1971年ケーララ法26号)

147. 1974年ケーララ農業労働者法(1974年ケーララ法18号)

148. 1974年ケーララ・カシュー工場(収用)法(1974年ケーララ法29号)

149. 1975年ケーララ・チッティー法(1975年ケーララ法23号)

150. 1975年ケーララ指定部族(土地移転制限及び譲渡地回復)法(1975年ケーララ法31号)

151. 1976年ケーララ土地改革(改正)法(1976年ケーララ法15号)

152. 1976年カナン土地保有廃止法(1976年ケーララ法16号)

153. 1974年マディヤ・プラデーシュ農地保有制限(改正)法(1974年マディヤ・プラデーシュ法20号)

第三章　インド憲法（和訳）附則

154.　1975年マディヤ・プラデーシュ農地保有制限（改正）法（1976年マディヤ・プラデーシュ法2号）

155.　1961年西カンデシュ・メーワシ不動産（所有権廃止等）法（1962年マハーラーシュトラ規則1号）

156.　1974年マハーラーシュトラ指定部族に対する土地回復法（1975年マハーラーシュトラ法14号）

157.　1972年マハーラーシュトラ農地（保有限度引き下げ及び制限）並びに（改正）法（1975年マハーラーシュトラ法21号）

158.　1975年マハーラーシュトラ私有林（収用）法（1975年マハーラーシュトラ法29号）

159.　1975年マハーラーシュトラ農地（保有限度引き下げ及び制限）並びに（改正）法（1975年マハーラーシュトラ法47号）

160.　1975年マハーラーシュトラ農地（保有限度引き下げ及び制限）並びに（改正）法（1976年マハーラーシュトラ法2号）

161.　1951年オリッサ不動産廃止法（1952年オリッサ法1号）

162.　1954年ラージャスターン開拓法（1954年ラージャスターン法27号）

163.　1963年ラージャスターン土地改革及び領主の不動産の収用に関する法律（1964年ラージャスターン法8号）

164.　1976年ラージャスターン農地保有制限強制（改正）法（1976年ラージャスターン法8号）

165.　1976年ラージャスターン土地保有（改正）法（1976年ラージャスターン法12号）

166.　1970年タミル・ナードゥ土地改革（土地制限引下げ）法（1970年タミル・ナードゥ法17号）

167.　1971年タミル・ナードゥ土地改革（土地制限確定）改正法（1971年タミル・ナードゥ法41号）

168.　1972年タミル・ナードゥ土地改革（土地制限確定）改正法（1972年タミル・ナードゥ法10号）

169.　1972年タミル・ナードゥ土地改革（土地制限確定）第2次改正法（1972年

335

タミル・ナードゥ法20号)

170. 1972年タミル・ナードゥ土地改革(土地制限確定)第3次改正法(1972年タミル・ナードゥ法37号)

171. 1972年タミル・ナードゥ土地改革(土地制限確定)第4次改正法(1972年タミル・ナードゥ法39号)

172. 1972年タミル・ナードゥ土地改革(土地制限確定)第6次改正法(1974年タミル・ナードゥ法7号)

173. 1972年タミル・ナードゥ土地改革(土地制限確定)第5次改正法(1974年タミル・ナードゥ法10号)

174. 1974年タミル・ナードゥ土地改革(土地制限確定)改正法(1974年タミル・ナードゥ法15号)

175. 1974年タミル・ナードゥ土地改革(土地制限確定)第3次改正法(1974年タミル・ナードゥ法30号)

176. 1974年タミル・ナードゥ土地改革(土地制限確定)第2次改正法(1974年タミル・ナードゥ法32号)

177. 1975年タミル・ナードゥ土地改革(土地制限確定)改正法(1975年タミル・ナードゥ法11号)

178. 1975年タミル・ナードゥ土地改革(土地制限確定)第2次改正法(1975年タミル・ナードゥ法21号)

179. 1971年ウッタル・プラデーシュ土地法(改正)法(1971年ウッタル・プラデーシュ法21号)及び1974年ウッタル・プラデーシュ土地法(改正)法(1974年ウッタル・プラデーシュ法34号)に基づく1950年ウッタル・プラデーシュ・ザミンダーリー廃止及び土地改革法(1951年ウッタル・プラデーシュ法1号)の改正

180. 1976年ウッタル・プラデーシュ土地保有制限強制(改正)法(1976年ウッタル・プラデーシュ法20号)

181. 1972年西ベンガル土地改革(第2次改正)法(1972年西ベンガル法28号)

182. 1973年西ベンガル譲渡地回復法(1973年西ベンガル法23号)

183. 1974年西ベンガル土地改革(改正)法(1974年西ベンガル法33号)

第三章　インド憲法（和訳）附則

184.　1975年西ベンガル土地改革（改正）法（1975年西ベンガル法23号）

185.　1976年西ベンガル土地改革（改正）法（1976年西ベンガル法12号）

186.　1976年デリー土地保有（制限）改正法（1976年法15号）

187.　1975年ゴア，ダマン及びディーウ・ムンドカール（退去からの保護）法
（1976年ゴア，ダマン及びディーウ法1号）

188.　1973年ポンディシェリー土地改革（土地制限確定）法（1974年ポンディ
シェリー法9号）

189.　1971年アッサム（一時的居住地域）土地保有法（1971年アッサム法23号）

190.　1974年アッサム（一時的居住地域）土地保有（改正）法（1974年アッサム法
18号）

191.　1974年ビハール土地改革（制限地域確定及び余剰地収用）（改正）（改正過
程）法（1975年ビハール法13号）

192.　1976年ビハール土地改革（制限地域確定及び余剰地収用）（改正）法（1976
年ビハール法22号）

193.　1978年ビハール土地改革（制限地域確定及び余剰地収用）（改正）法（1978
年ビハール法7号）

194.　1979年土地収用（ビハール改正）法（1980年ビハール法2号）

195.　1977年ハリヤーナー土地保有制限（改正）法（1977年ハリヤナ法14号）

196.　1978年タミル・ナードゥ土地改革（土地制限確定）改正法（1978年タミル・
ナードゥ法25号）

197.　1979年タミル・ナードゥ土地改革（土地制限確定）改正法（1979年タミル・
ナードゥ法11号）

198.　1978年ウッタル・プラデーシュ・ザミンダーリー廃止法（改正）法（19778
年ウッタル・プラデーシュ法15号）

199.　1978年西ベンガル譲渡地回復（改正）法（1978年西ベンガル法24号）

200.　1980年西ベンガル譲渡地回復（改正）法（1980年西ベンガル法56号）

201.　1964年ゴア，ダマン及びディーウ農地保有法（1964年ゴア，ダマン及び
ディーウ法7号）

202.　1976年ゴア，ダマン及びディーウ農地保有（第5次改正）法（1976年ゴア，ダ

337

マン及びディーウ法17号）

203. 1959年アーンドラ・プラデーシュ指定地域土地移転規則（1959年アーンドラ・プラデーシュ規則1号）

204. 1963年アーンドラ・プラデーシュ指定地域法（拡大及び改正）規則（1963年アーンドラ・プラデーシュ規則2号）

205. 1970年アーンドラ・プラデーシュ指定地域土地移転（改正）規則（1970年アーンドラ・プラデーシュ規則1号）

206. 1971年アーンドラ・プラデーシュ指定地域土地移転（改正）規則（1971年アーンドラ・プラデーシュ規則1号）

207. 1978年アーンドラ・プラデーシュ指定地域土地移転（改正）規則（1978年アーンドラ・プラデーシュ規則1号）

208. 1885年ビハール土地保有法（1885年ビハール法8号）

209. 1908年チョーター・ナーグプル土地保有法（1908年ベンガル法6号）（第8章第46,47,48,48A,49条,第10章第71,71A,71B条,第18章第240,241,242条）

210. 1949年サンタール・パルガナス土地保有（補足規定）法（1949年ビハール法14号）

211. 1969年ビハール指定地域規則（1969年ビハール規則1号）

212. 1982年ビハール土地改革（制限地域確定及び余剰地収用）（改正）法（1982年ビハール法55号）

213. 1969年グジャラート・デヴァスタン・イナーム地廃止法（1969年グジャラート法16号）

214. 1976年グジャラート土地保有法（改正）法（1976年グジャラート法37号）

215. 1976年グジャラート農地制限（改正）法（1976年大統領法43号）

216. 1977年グジャラート・デヴァスタン・イナーム地廃止法（1977年グジャラート法27号）

217. 1977年グジャラート土地保有法（改正）法（1977年グジャラート法30号）

218. 1980年ボンベイ地代（グジャラート第2次改正）法（1980年グジャラート法37号）

219. 1982年ボンベイ地代法典及び土地保有廃止法（グジャラート改正）法

（1982年グジャラート法8号）

220. 1968年ヒマーチャル・プラデーシュ土地移転（規制）法（1969年ヒマーチャル・プラデーシュ法15号）

221. 1986年ヒマーチャル・プラデーシュ土地移転（規制）（改正）法（1986年ヒマーチャル・プラデーシュ法16号）

222. 1978年カルナータカ指定地域及び指定部族（特定の土地の移転禁止）法（1979年カルナータカ法2号）

223. 1978年ケーララ土地改革（改正）法（1978年ケーララ法13号）

224. 1981年ケーララ土地改革（改正）法（1981年ケーララ法19号）

225. 1976年マディヤ・プラデーシュ地代法（第三次改正）法（1976年マディヤ・プラデーシュ法61号）

226. 1980年マディヤ・プラデーシュ地代法（改正）法（1980年マディヤ・プラデーシュ法15号）

227. 1981年マディヤ・プラデーシュ非農地保有制限法（1981年マディヤ・プラデーシュ法11号）

228. 1976年マディヤ・プラデーシュ農地保有制限（第2次改正）法（1984年マディヤ・プラデーシュ法1号）

229. 1984年マディヤ・プラデーシュ農地保有制限（改正）法（1984年マディヤ・プラデーシュ法14号）

230. 1989年マディヤ・プラデーシュ農地保有制限（改正）法（1989年マディヤ・プラデーシュ法8号）

231. 1966年マハーラーシュトラ地代法（1966年マハーラーシュトラ法41号）第36,36A,36B条

232. 1976年マハーラーシュトラ地代法及びマハーラーシュトラ指定部族に対する土地の回復に関する法律（第2次改正）法（1977年マハーラーシュトラ法30号）

233. 1985年マハーラーシュトラ特定地域における鉱山及び鉱物に対して存続中の所有権の廃止に関する法律（1985年マハーラーシュトラ法15号）

234. 1956年オリッサ指定地域（指定部族による）不動産移転規則（1956年オ

339

リッサ規則2号)

235. 1975年オリッサ土地改革(第2次改正)法(1976年オリッサ法29号)

236. 1976年オリッサ土地改革(改正)法(1976年オリッサ法30号)

237. 1976年オリッサ土地改革(第2次改正)法(1976年オリッサ法44号)

238. 1984年ラージャスターン開拓(改正)法(1984年ラージャスターン法12号)

239. 1984年ラージャスターン土地保有(改正)法(1984年ラージャスターン法13号)

240. 1987年ラージャスターン土地保有(改正)法(1987年ラージャスターン法21号)

241. 1979年タミル・ナードゥ土地改革(土地制限確定)第2次改正法(1980年タミル・ナードゥ法8号)

242. 1980年タミル・ナードゥ土地改革(土地制限確定)改正法(1980年タミル・ナードゥ法21号)

243. 1981年タミル・ナードゥ土地改革(土地制限確定)改正法(1981年タミル・ナードゥ法59号)

244. 1983年タミル・ナードゥ土地改革(土地制限確定)第2次改正法(1984年タミル・ナードゥ法2号)

245. 1982年ウッタル・プラデーシュ土地法(改正)法(1982年ウッタル・プラデーシュ法20号)

246. 1965年西ベンガル土地改革(改正)法(1965年西ベンガル法18号)

247. 1966年西ベンガル土地改革(改正)法(1966年西ベンガル法11号)

248. 1969年西ベンガル土地改革(第2次改正)法(1969年西ベンガル法23号)

249. 1977年西ベンガル不動産収用(改正)法(1977年西ベンガル法36号)

250. 1979年西ベンガル土地保有税法(1979年西ベンガル法44号)

251. 1980年西ベンガル土地改革(改正)法(1980年西ベンガル法41号)

252. 1981年西ベンガル土地保有税(改正)法(1981年西ベンガル法33号)

253. 1981年カルカッタ・ティッカ不動産(収用及び規制)法(1981年西ベンガル法37号)

第三章　インド憲法（和訳）附則

254．1982年西ベンガル土地保有税（改正）法（1982年西ベンガル法23号）

255．1984年カルカッタ・ティッカ不動産（収用及び規制）（改正）法（1984年西ベンガル法41号）

256．1968年マヘ土地改革法（1968年ポンディシェリー法1号）

257．1980年マヘ土地改革（改正）法（1981年ポンディシェリー法1号）

257A．1993年タミル・ナードゥ後進諸階層,指定カースト及び指定部族（教育機関及び州公務職への任命又はその職位に関する留保）法（1994年タミル・ナードゥ法45号）

258．1947年ビハール特別階層土地建物保有法（1948年ビハール法4号）

259．1956年ビハール保有地の統合及び断片化防止法（1956年ビハール法22号）

260．1970年ビハール保有地の統合及び断片化防止（改正）法（1970年ビハール法7号）

261．1970年ビハール特別階層土地建物保有（改正）法（1970年ビハール法9号）

262．1973年ビハール保有地の統合及び断片化防止（改正）法（1975年ビハール法27号）

263．1981年ビハール保有地の統合及び断片化防止（改正）法（1982年ビハール法35号）

264．1987年ビハール土地改革（制限地域確定及び余剰地収用）（改正）法（1987年ビハール法21号）

265．1989年ビハール特別階層土地建物保有（改正）法（1989年ビハール法11号）

266．1989年ビハール土地改革（改正）法（1990年ビハール法11号）

267．1984年カルナータカ指定カースト及び指定部族（特定の土地の移転禁止）（改正）法（1984年カルナータカ法3号）

268．1989年ケーララ土地改革（改正）法（1989年ケーララ法16号）

269．1989年ケーララ土地改革（第2次改正）法（1990年ケーララ法2号）

270．1989年オリッサ土地改革（改正）法（1990年オリッサ法9号）

271．1979年ラージャスターン土地保有（改正）法（1979年ラージャスターン法

341

16号)

272. 1987年ラージャスターン開拓(改正)法(1987年ラージャスターン法2号)

273. 1989年ラージャスターン開拓(改正)法(1989年ラージャスターン法 12号)

274. 1983年タミル・ナードゥ土地改革(土地制限確定)改正法(1984年タミル・ナードゥ法3号)

275. 1986年タミル・ナードゥ土地改革(土地制限確定)改正法(1986年タミル・ナードゥ法57号)

276. 1987年タミル・ナードゥ土地改革(土地制限確定)第2次改正法(1988年 タミル・ナードゥ法4号)

277. 1989年タミル・ナードゥ土地改革(土地制限確定)(改正)法(1989年タミ ル・ナードゥ法30号)

278. 1981年西ベンガル土地改革(改正)法(1981年西ベンガル法50号)

279. 1986年西ベンガル土地改革(改正)法(1986年西ベンガル法5号)

280. 1986年西ベンガル土地改革(第2次改正)法(1986年西ベンガル法19号)

281. 1986年西ベンガル土地改革(第3次改正)法(1986年西ベンガル法35号)

282. 1989年西ベンガル土地改革(改正)法(1989年西ベンガル法23号)

283. 1990年西ベンガル土地改革(改正)法(1990年西ベンガル法24号)

284. 1991年西ベンガル土地改革審審判所法(1991年西ベンガル法12号)

第十附則

(第102条2項及び第191条2項関連)

1．解釈

(1) この附則においては,文脈の許すかぎり,

　(a)「議院」とは,国会下院若しくは上院又は州議会を指す。

　(b)「議員団」とは,第2条,第3条又は第4条の規定に従い政党に所属して

第三章　インド憲法（和訳）附則

いる議員に関して,前掲の規定に従い政党に所属している期間,当該議院
のすべての議員により構成される集団を指す。

(c)「本来の政党」とは,議員に関連して,第2条1項のためにその者が所属
している政党を指す。

(d)「条」とは,この附則の条を指す。

２．欠格に基づく無資格（資格剥奪）

(1) 第4条及び第5条の規定に基づき政党に所属する議員は,以下の場合に
その議員としての資格を失う。

(a) その者が自発的に当該政党の党員としての地位を放棄したとき,又は

(b) その者が所属する政党若しくは当該政党を代表する権能を認められた
者若しくは機関の指示に反して,いずれの場合においても当該政党若し
くは人若しくは機関による事前の了承を得ることなく,議院において投
票若しくは棄権し,当該投票若しくは棄権がなされた日から15日以内に
当該政党,その代表者若しくは機関により認められないとき

（原注）この項の目的のため,

(a) 議院の被選出議員は,その者の選挙への立候補をなした政党に所属す
るものとみなす。

(b) 議院の任命議員は,

（ⅰ）その者が議員として任命された日に政党の党員である場合には,当
該政党に所属するものとみなし,

（ⅱ）上記の場合以外は,憲法第99条又は憲法第181条の条件を満たし,議
席についた日から6月が終了する前に政党の党員になり,又は初めて
なった者は,当該政党に所属するものとみなす。

(2) 政党による立候補者とされずに,選出された被選出議員が,当該選挙の後
に政党に加入したとき,その者は議員の資格を失う。

(3) 任命議員は,憲法第99条又は憲法第181条の要件を満たして,議席についた
日から6月が終了した後に政党に加入したときには,議員の資格を失う。

(4) この条前項までの規定にかかわらず,1985年憲法（第52次改正）法施行の
ときに議員（被選出又は任命にかかわらず）であった者は,

343

（ⅰ）当該施行の直前の時点において政党の党員であったときには,この
条1項の規定により,議員選出に際して当該政党により立候補者とさ
れたものとみなし,

（ⅱ）上記以外の場合においては,2項の規定により政党が立候補者としな
かったものとみなし,又は3項の規定により任命議員であったものと
みなす。

3.〔削除〕[45]

4. 合併によるときの不適用

(1) 議員は,その者の本来の政党が他の政党と合併し,本人及び本来の政党の
他のメンバーが,

（a）当該の他の政党の党員になり,若しくは当該合併による新たな政党の
党員になり,又は

（b）合併を受け入れず,分離した集団として行動することを選択したと主
張するときには,

第2条1項に基づいて議員の資格を失うことはない。当該合併の時点から,
他の政党若しくは新たな政党又は集団は,第2条1項の規定によりその者が
所属する政党とこれをみなし,この項の規定により本来の政党とこれをみな
す。

(2) この条1項のいう,議員の本来の政党の合併は,関係する議員団の3分の2
を下回らない数の構成員による合意によってのみ生じたものとこれをみな
す。

5. 例外

この附則の規定にかかわらず,国会下院議長若しくは副議長,国会上院副議
長,州上院議長若しくは副議長又は州下院議長若しくは副議長に選出された者
は,この附則に基づいて,以下の場合においても議員の資格を失うことはない。

（a）当該職への選出を理由として,当該選挙の直前の時点において所属し
ていた政党の党員としての地位を自発的に放棄し,その後当該職に在職

---

45) 憲法第91次改正（2004年）により削除された。

する間,当該政党に復党する若しくは他の政党に加入することがないとき,又は

(b) 当該職への選出を理由として,当該選挙の直前の時点において所属していた政党の党員としての地位を自発的に放棄し,当該職を退いた後,当該政党に復党したとき。

6．欠格に基づく無資格に関する問題についての決定

(1) この附則に基づき,議員が失格の対象となるか否かについて疑義が生じたとき,当該疑義は関連する議院の議長の判断に委ねられ,その判断が最終的なものとなる。

ただし,議院の議長が失格の対象となるか否かについて疑義が生じたときには,当該疑義は議院がこれを代表する者として選出するその議員の判断に委ねられ,その判断が最終的なものとなる。

(2) この附則に基づく議員の失格にかかわるこの条1項の手続きは,国会について憲法第122条に定める手続き又は州議会について憲法第212条に定める手続きに含むものとする。

7．裁判所の管轄の制約

この憲法の規定にかかわらず,この附則に基づく議員の失格に関するすべての事項について,裁判所は管轄権を有しない。

8．規則

(1) この条2項の規定に基づき,議院の議長は,この附則の規定を実施するための規則を制定することができ,とくに,前掲の規定を侵害することなく,規則により以下の事項について定めることができる。

(a) 議院の異なった議員が所属する,政党に関する登録簿又はその他の記録,

(b) 議員に関して議員団の長が,第2条1項b号に定める承認について提出しなければならない報告書,当該報告書の提出期限及び提出先の機関,

(c) 議員の政党への入党に関する報告書及び当該報告書が提出される議院の役員並びに,

(d) 第6条1項に定める疑義を解決するためのすべての調査手続きを含

む,当該疑義を解決するための手続き

(2) この条1項に基づき議院の議長により制定された規則は,制定後できる限りすみやかに,1会期に又は2以上の連続する会期について30日以内に議院にこれを提出しなければならず,議院が期限内に無修正若しくは修正のうえ承認せず,又は否決しないときには,当該規則は前掲の期間満了とともにこれを実施する。議院に提出された形又は修正された形により承認されたときには,当該形式によりこれを実施し,否決されたときには,これを実施しない。

(3) 議院の議長は,憲法第105条又は憲法第194条の規定及びこの憲法により付与された権限を侵害することなく,この条に基づき制定された規則に故意に違反する者について,議院の職権濫用と同様の手続きで扱うことを指示することができる。

第十一附則

（第243G条関連）

1. 農業普及事業を含む農業
2. 土地改良,土地改革の実施,土地整理及び土壌保全
3. 小規模灌漑,水管理及び流域開発
4. 畜産業,酪農業及び養鶏業
5. 漁業
6. 社会林業及び農園林業
7. 小規模森林生産物
8. 食品加工業を含む小規模工業
9. 繊維業,農村及び家内制手工業
10. 農村住宅建設
11. 飲料水
12. 燃料及び飼料

13. 道路,排水路,橋梁,渡船,用水路及びその他の交通機関
14. 電力供給を含む農村における電化
15. 非通常型エネルギー資源
16. 貧困対策事業
17. 初等及び中等学校を含む教育
18. 技術訓練及び職業訓練
19. 成人及びノンフォーマル教育
20. 図書館
21. 文化事業
22. 市場及び市
23. 病院,一次医療センター及び診療所を含む保健及び衛生
24. 家族福祉
25. 女性及び児童福祉
26. 身体障害及び精神障害に対する福祉を含む社会福祉
27. 弱者層の福祉,とくに指定カースト及び指定部族の福祉
28. 配給制度
29. コミュニティ施設の維持

第十二附則

（第243W条関連）

1．市街地計画を含む都市計画
2．土地利用及び建築物建設に関する規制
3．経済的及び社会的開発に関する計画
4．道路及び橋梁
5．家庭用,産業用及び商業用水の供給
6．公衆保健及び衛生管理,廃棄物管理

7．消防

8．都市部緑化,環境保護及びエコロジーの推進

9．身体障害者及び精神障害者を含む社会における弱者層の利益保護

10．スラム改良及び改善

11．都市部における貧困対策

12．都市部における施設,すなわち公園,庭園,遊園地等の供与

13．文化的,教育的及び美的側面の推進

14．埋葬及び埋葬地,火葬及び火葬場並びに電気式火葬

15．家畜小屋,動物に対する残虐行為の禁止

16．出生及び死亡の登録を含む人口動態統計

17．街灯,駐車場,バス停留所を含む公共の便益

18．解体処理場及び皮なめし工場の規制

あとがき

　本書旧版(関西大学出版部，2006年)の「あとがき」は，2005年10月のインド北部カシュミール地方を襲った大地震をふまえ，インド憲法においてその特別の地位が明記されている(第370条)ジャンムー・カシュミール州及びカシュミール問題にふれた後，次のように述べている。

　「…現在，政権を担当するのは，インド国民会議派を中心とする政治勢力である。この政権は，2004年5月に行われた第14回総選挙の結果を受けてインド人民党(BJP)政権に代わって政権を担当することになったとはいえ，独立前後，憲法制定前後の国民会議派に対する国民の期待と信頼，国民会議派指導者層のリーダーシップなどを思い起こすとき，半世紀の大きな変化を感じざるをえない。このことは，インド憲法がその理念として掲げ，具体的に実現して来た内容が一定程度定着・実現してきたことによるものではあろうが，その理念が今なお実現されていないこと，容易に克服しがたい困難をかかえていること，さらには「憲法理念の溶解」現象すら生じていることに因るものである。」

　この記述にならって本書の「あとがき」を記すとすれば，次のようになろう。

　現在，政権を担当するのは，インド人民党(BJP)を中心とする政治勢力である。2014年4月から5月にかけて行われた第16回総選挙では，BJPが過半数の議席を獲得し，強力な指導者としての期待を受けて，ナーレンドラ・モーディが首相に就任した。しかしながら，上院では過半数に達していないことなどから，BJPのヒンドゥー至上主義的な従来の主張が政権の基本政策として進められていくと単純には考えられない。また，「強いインド国家」建設のための「最小の政府・最大のガバナンス」政策も十分には展開し得ていない。ただ，「憲法理念の溶解」政策ともいえる政策は，とりわけ州のレベルから着実に進んでいるようにも思われる。例として，①高等教育機関の人事を通じてヒンドゥー主義を浸透させようとすること，②初等・中等教育における州の権限を用いて教科書の作成・選定に州政府の意向を反映させる

こと，③「牛保護団」の活動と州レベルでの「牛屠殺禁止法」を制定することなど，が挙げられよう。

　本書の構成は，基本的には，旧版をふまえ，その構成と内容に若干の工夫を加えたものである。内容記述の簡潔化，平易化をはかるとともに，必要と思われる節の末尾に「参考文献」を記した。また，憲法条文だけでは理解しにくいところ（憲法の委任によって法律でその人数，期間が変更されているところなど）については注記を設けたこと，などである。

　執筆者ふたりの共同作品である本書の分担をあえて明記すれば，第一章Ⅰ節及びⅢ節，第二章Ⅰ節を孝忠が，第一章Ⅱ節及び第二章Ⅱ節を浅野が執筆し，また，第三章インド憲法前文および本文の下訳を孝忠が，第三章同附則の下訳を浅野が担当し，共同作業によって本書全体を仕上げたものである。

　なお，執筆にあたっては，日本におけるインド・南アジア研究者の多くの方々の研究業績を参照させていただいた。それらの多大な学恩に深く感謝したい。と同時に，その一部しか明記できなかったことをお詫びしたい。

　本書は，関西大学研究成果出版助成金規程による出版助成を受けて公刊にいたったものである。最後になったが，学術出版が困難な中，かかる助成によって貴重な学術図書（本書がその名に値するかどうかはさておき）の出版活動を続けてきた関西大学出版部に敬意を表すとともに，本書出版のため多大な労を惜しまず協力してくださった出版課の方々，とりわけ岡村千代美氏にこの場を借りてお礼を申し述べておきたい。

　　2018年 4 月14日（憲法起草委員会委員長B.R. アンベードカルの生誕記念日に）

　　　　　　　　　　　　　　　　　　　　　　　　孝忠　延夫

　　　　　　　　　　　　　　　　　　　　　　　　浅野　宜之

著者紹介

孝忠延夫（こうちゅう・のぶお）

1949年　島根県生まれ
関西大学名誉教授，法学博士
1982年　関西大学大学院法学研究科博士課程後期課程単位修得後退学
専攻：憲法，比較憲法，インドの憲法
主要著作
『国政調査権の研究』（単著）（法律文化社，1990年），『インド憲法とマイノリティ』（単著）
（法律文化社，2005年），『差異と共同』（編著）（関西大学出版部，2011年），「「社会正義」
の実現とインド憲法」長崎暢子・堀本武功・近藤則夫編『現代インド3』（東京大学出版会，
2015年）など

浅野宜之（あさの・のりゆき）

1967年　島根県生まれ
関西大学政策創造学部教授，博士（学術）
1999年　名古屋大学大学院国際開発研究科博士課程後期課程満期退学
専攻：南アジアの憲法と地方自治，開発と法，インド障害者法
主要著作
「インド法・パキスタン法」北村一郎編『アクセスガイド外国法』（東京大学出版会，2004
年），「インド」「パキスタン」鮎京正訓編『アジア法ガイドブック』（名古屋大学出版会，
2009年），「南アジア編　統治機構」稲正樹・孝忠延夫・國分典子編著『アジアの憲法入門』
（日本評論社，2010年）など

インドの憲法〔新版〕「国民国家」の困難性と可能性

2018年12月15日　発行

著　者　孝忠延夫・浅野宜之

発行所　関 西 大 学 出 版 部
〒564-8680　大阪府吹田市山手町3‐3‐35
TEL 06-6368-1121／FAX 06-6389-5162

印刷所　石川特殊特急製本株式会社
〒540-0014　大阪府大阪市中央区龍造寺町7-38

©2018　Nobuo KOCHU/Noriyuki ASANO　　　Printed in Japan

ISBN 978-4-87354-681-0　C3032　　　　落丁・乱丁はお取替えいたします。

JCOPY ＜出版者著作権管理機構　委託出版物＞
本書(誌)の無断複製は著作権法上での例外を除き禁じられています。複製
される場合は，そのつど事前に，出版者著作権管理機構（電話03-5244-5088，
FAX 03-5244-5089，e-mail: info@jcopy.or.jp）の許諾を得てください。